记忆中国·名家自述

天趣匠心
齐白石自述

宋宗恒 徐海进 编

河南人民出版社
·郑州·

图书在版编目（CIP）数据

天趣匠心：齐白石自述 / 宋宗恒，徐海进编 . -- 郑州：河南人民出版社，2025.1
ISBN 978-7-215-13448-5

Ⅰ.①天… Ⅱ.①宋…②徐… Ⅲ.①齐白石（1863-1957）–传记 Ⅳ.①K825.72

中国国家版本馆 CIP 数据核字（2024）第 025558 号

河南人民出版社 出版发行

（地址：郑州市郑东新区祥盛街27号　邮政编码：450016　电话：0371-65788072）

新华书店经销　　　环球东方（北京）印务有限公司印刷
开本：710 mm×1000 mm　1/16　　　　　　　　　印张：24
字数：270千
2025年1月第1版　　　　　　　　　　　　2025年1月第1次印刷

定价：78.00元

目录 CONTENTS

第一辑　白石老人自述
齐白石口述　张次溪笔录

出生时的家庭状况 ··· 003
从识字到上学 ··· 010
从砍柴牧牛到学做木匠 ····································· 019
从雕花匠到画匠 ··· 027
诗画篆刻渐渐成名 ··· 041
五出五归 ··· 054
定居北京 ··· 070
避世时期 ··· 096

第二辑　齐白石的一生
张次溪　著

出生在贫农家庭 ··· 111

勤劳正直的家风	115
多病的幼年	119
祖父教他识字	122
枫林亭上学	127
学画的开始	130
砍柴牧牛不忘读书写字	134
悲喜交集的一年	140
学做木匠的波折	142
雕花自出新意	147
奠定了学画的基础	151
廿七年华始有师	156
画在锅里煮了	161
龙山结社	165
初学刻印的动机	169
诽誉百年谁晓得	173
借山而居	176
初作远游	181
载得清名而归	186
王门三匠在南昌	193
阳朔之行	197
粤游归后	201
绿天过客	205
重游粤东	208
姓名人识鬓成丝	212

目 录

连遭伤心事…………………………………………220

避乱北游……………………………………………228

定居北京……………………………………………239

画到如今不值钱……………………………………246

海国都知老画家……………………………………254

空泣思亲血…………………………………………266

讲坛生涯……………………………………………269

张园留像……………………………………………275

东望炊烟疑战云……………………………………281

门虽设而常关………………………………………284

是不为非不能也……………………………………289

刻诗拓印……………………………………………295

三百石印斋…………………………………………302

画到慈乌汗满颜……………………………………307

指着死鬼骂活人……………………………………310

蜀　游………………………………………………315

瞒天过海法…………………………………………320

乍经离乱岂无愁……………………………………323

心病复作停止见客…………………………………326

悼亡后家务的处理…………………………………329

一场虚惊……………………………………………331

陶然亭觅圹…………………………………………334

不丑长安作饿饕……………………………………339

又遭逢一场失意的事………………………………343

003

胜利幻梦……………………………………………347

何处清平著老夫……………………………………350

光明来到眼前………………………………………353

晚年的幸福生活……………………………………358

幻住幻愿……………………………………………362

崇高的荣誉…………………………………………364

身后的哀荣…………………………………………367

余　记………………………………………………370

第一辑　白石老人自述

齐白石口述　张次溪笔录

出生时的家庭状况

（一八六三年）

穷人家孩子，能够长大成人，在社会上出头的，真是难若登天。我是穷窝子里生长大的，到老了总算有了一点微名。回想这一生经历，千言万语，百感交集。从哪里说起呢？先说说我出生时的家庭状况吧！

我们家，穷得很哪！我出生在清朝同治二年（一八六三年癸亥）十一月二十二日，我生肖是属猪的。那时，我祖父、祖母、父亲、母亲都在堂，我是我祖父母的长孙，我父母的长子。我出生后，我们家就五口人了。家里有几间破屋，住倒不用发愁，只是不宽敞罢了。此外只有水田一亩，在大门外晒谷场旁边，叫作"麻子丘"。这一亩田，比别家的一亩要大得多，好年成可以打上五石六石的稻谷，收益真不算少，不过五口人吃这么一点粮食，怎么能够管饱呢？我的祖父同我父亲，只好去找零工活做。我们家乡的零工，是管饭的，做零工活的人吃了主人的饭，一天才挣得二十来个制钱的工资。别看这二十来个制钱为数少，还不是容易挣到手的哩！第一，零工活不是天天有得做；第二，能做零工活的人又挺多；第三，有的人抢着做，情愿减少工资去竞争；第四，凡是出钱雇人做零工活的，都是刻薄鬼，不是好相处的。为了这几种原因，做零工活也只能是"一天打鱼，三天晒网"，混不饱一家人的肚子。没有法子，只好上山去打点柴，卖几个钱，贴补家用。就这样，一家子对付着活下去了。

我是湖南省湘潭县人。听我祖父说，早先我们祖宗，是从江苏省砀山县（今属安徽省宿州市）搬到湘潭来的，这大概是明朝永乐年间的事。刚搬到湘潭，住在什么地方，可不知道了。只知在清朝乾隆年间，我的高祖添镒公，从晓霞峰的百步营搬到杏子坞的星斗塘，我就是在星斗塘出生的。杏子坞，乡里人叫它杏子树，又名殿子村。星斗塘是早年有块陨星，掉在塘内，所以得了此名，在杏子坞的东头，紫云山的山脚下。紫云山在湘潭县城的南面，离城有一百来里地，风景好得很。离我们家不到十里，有个地方叫烟墩岭，我们的家祠在那里，逢年过节，我们姓齐的人，都去上供祭拜，我在家乡时候，是常常去的。

我高祖以上的事情，祖父在世时，对我说过一些，那时我年纪还小，又因为时间隔得太久，我现在已记不得了，只知我高祖一辈的坟地，是在星斗塘。现在我要说的，就从我曾祖一辈说起吧！

我曾祖潢命公，排行第三，人称命三爷。我的祖宗，一直到我曾祖命三爷，都是务农为业的庄稼汉。在那个年月，穷人是没有出头日子的，庄稼汉世世代代是个庄稼汉，穷也就一直穷下去啦！曾祖母的姓，我不该把她忘了。十多年前，我回到过家乡，问了几个同族的人，他们比我长的人，已没有了，存着的，辈分年纪都比我小，他们都说，出生得晚，谁都答不上来。像我这样老而糊涂的人，真够岂有此理的了。

我祖父万秉公，号宋交，大排行是第十，人称齐十爷。他是一个性情刚直的人，心里有了点不平之气，就要发泄出来，所以人家都说他是直性子，走阳面的好汉。他经历了太平天国的兴亡盛衰，晚年看着湘勇抢了南京的天王府，发财回家，置地买屋，美得了不得。这些杀人的刽子手们，自以为有过汗马功劳，都有戴上红蓝顶子的资格，他们都说"跟着曾中堂打过长毛"，自鸣得意，在家乡好像京城里的黄带子一样，要比普通老百姓高出一头，什么事都得他们占便宜，老百姓要吃一些亏。那时候的官，没有一个不和他们一鼻孔出气的，老百姓得罪了他们，苦头就吃得大了。不论官了私休，他们总是从没理中找出理来，任凭你生着多少张嘴，也搞不过他们的强词夺理来。甚至在风平浪静，各不相扰的时候，他们看见谁家老百姓光景过得去，也想没事找事，弄些油水。

我祖父是个穷光蛋，他们打主意，倒还打不到他的头上去。但他看不惯他们欺压良民，无恶不作，心里总是不服气，忿忿地对人说："长毛并不坏，人都说不好，短毛真厉害，人倒恭维他，天下事还有真是非吗？"他就是这样不怕强暴，肯说实话的。他是嘉庆十三年（一八〇八年戊辰）十一月二十二日生的，和我的生日是同一天。他常说："孙儿和我同一天生日，将来长大了，一定忘不了我的。"他活了六十七岁，殁于同治十三年（一八七四年甲戌）的端阳节，那时我十二岁。

我祖母姓马，因为祖父人称齐十爷，人就称她为齐十娘。她是温顺和平、能耐劳苦的人，我小时候，她常常戴着十八圈的大草帽，背了我，到田里去干活。她十岁就没了母亲，跟着她父亲传虎公长大的，娘家的光景，跟我们差不多。道光十一年（一八三一年辛卯）嫁给我祖父，遇到祖父生了气，总是好好地去劝解，人家都称她贤惠。她比我祖父小五岁，是嘉庆十八年（一八一三年癸酉）十二月二十三日生的，活了八十九岁，殁于光绪二十七年（一九○一年辛丑）十二月十九日，那时我三十九岁。

祖父祖母只生了我父亲一个，有了我这个长孙，疼爱得同宝贝似的，我想起了小时候他们对我的情景，总想到他们坟上去痛哭一场。

我父亲贳政公，号以德，性情可不同我祖父啦！他是一个很怕事、肯吃亏的老实人，人家看他像是"窝囊废"，给他取了个外号，叫作"德螺头"。他逢到有冤没处伸的时候，常把眼泪往肚子里咽，真是懦弱到了极点了。

我母亲的脾气却正相反，她是一个既能干又刚强的人，只要自己有理，总要把理讲讲明白的。她待人却非常讲究礼貌，又能勤俭持家，所以不但人缘不错，外头的名声也挺好。我父亲要没有一位像我母亲这样的人帮助他，不知被人欺侮到什么程度了。

我父亲是道光十九年（一八三九年己亥）十二月二十八日生的，殁于民国十五年（一九二六年丙寅）七月初五日，活了八十八岁。我母亲比他小六岁，是道光二十五年（一八四五年乙巳）九月初八日生的，殁于民国十五年（一九二六年）三月二十日，活了八十二岁。我一年之内，连遭父母两丧，又因家乡兵乱，没有法子回去，说起了好像刀刺在心一样！

提起我的母亲，话可长啦！我母亲姓周，娘家住在周家湾，离我们星斗塘不太远。外祖父叫周雨若,是个教蒙馆的村夫子,家境也是很寒苦的。咸丰十一年(一八六一年辛酉),我母亲十七岁那年,跟我父亲结了婚。嫁过来的头一天,我们湘潭乡间的风俗,婆婆要看看儿媳妇的妆奁的,名目叫作"检箱"。因为母亲的娘家穷,没有什么值钱的东西,自己觉得有些寒酸。我祖母也是个穷出身而能撑起硬骨头的人,对她说:"好女不着嫁时衣,家道兴旺,全靠自己,不是靠娘家陪嫁东西来过日子的。"我母亲听了很激动,嫁后三天,就下厨房做饭,粗细活儿,都干起来了。她待公公婆婆,是很讲规矩的,有了东西,总是先敬翁姑,次及丈夫,最后才轮到自己。

我们家乡,做饭是烧稻草的,我母亲看稻草上面,常有没打干净剩下来的谷粒,觉得烧掉可惜,用捣衣的槌,一槌一槌地捶了下来,一天可以得谷一合,一月三升,一年就三斗六升了,积了差不多的数目,就拿去换棉花。又在我们家里的空地上,种了些麻,有了棉花和麻,我母亲就春天纺棉,夏天绩麻。我们家里,自从母亲进门,老老小小穿用的衣服,都是用我母亲亲自织的布做成的,不必再到外边去买布。我母亲织成了布,染好了颜色,缝制成衣服,总也是翁姑在先,丈夫在次,自己在后。嫁后不两年工夫,衣服和布,足足地放满了一箱。我祖父祖母是过惯了穷日子的,看见了这么多的东西,喜出望外,高兴得了不得,说:"儿媳妇的一双手,真是了不起。"她还养了不少的鸡鸭,也养过几口猪,鸡鸭下蛋,猪养大了,卖出去,一年也能挣些个零用钱,贴补家用的不足。我母亲就是这样克勤克俭地过日子,因此家境虽然穷得很,日子倒过得挺和美。

我出生的那年,我祖父五十六岁,祖母五十一岁,父亲二十五岁,母亲十九岁。我出生以后,身体很弱,时常闹病,乡间的大夫,说是不能动荤腥油腻,这样不能吃,那样不能吃,能吃的东西,就很少的了。吃奶的孩子,怎能够自己去吃东西呢?吃的全是母亲的奶,大夫这么一说,就得由我母亲忌口了。可怜她爱子心切,听了大夫的话,不问可靠不可靠,凡是荤腥油腻的东西,一律忌食,恐怕从奶汁里过渡,对我不利。逢年过节,家里多少要买些鱼肉,打打牙祭,我母亲总是看着别人去吃,自己是一点也不沾唇的,忌口真是忌得干干净净。可恨我长大了,作客在外的时候居多,没有能够常依膝下,时奉甘饴,真可以说:罔极之恩,百身莫赎。

依我们齐家宗派的排法,我这一辈,排起来应该是个"纯"字,所以我派名纯芝,祖父祖母和父亲母亲,都叫我阿芝,后来做了木工,主顾们都叫我芝木匠,有的客气些叫我芝师傅。我的号,名叫渭清,祖父给我取的号,叫作兰亭。齐璜的"璜"字,是我的老师给我取的名字。老师又给我取了一个"濒生"的号。齐白石的"白石"二字,是我后来常用的号,这是根据白石山人而来的。离我们家不到一里地,有个驿站,名叫白石铺,我的老师给我取了一个白石山人的别号,人家叫起我来,却把"山人"两字略去,光叫我齐白石,我就自己也叫齐白石了。其他还有木居士、木人、老人、老木一,这都是说明我是木工出身,所谓不忘本而已。杏子坞老民、星塘老屋后人、湘上老农,是纪念我老家所在的地方。齐大,是戏用"齐大非偶"的成语,而我在本支,恰又排行居首。寄园、寄萍、老萍、萍翁、寄萍堂主人、寄幻仙奴,是因为我频年旅寄,同萍飘似的,所以取此自慨。当初取此"萍"字做别号,是从濒生的"濒"字想起的。借山吟馆主者、借山翁,是表示我随遇而安的意思。三百石印富翁,是我收藏了许多石章的自嘲。这一大堆别号,都是我作画或刻印时所用的笔名。

我在中年以后,人家只知我名叫齐璜,号叫白石,连外国人都这样称呼,别的名号,倒并不十分被人注意,尤其齐纯芝这个名字,除了家乡上岁数的老一辈亲友,也许提起了还记得是我,别的人却很少知道的了。

从识字到上学

（一八六四年至一八七〇年）

同治三年（一八六四年甲子），我两岁。同治四年（一八六五年乙丑）我三岁。这两年，正是我多病的时候，我祖母和我母亲，时常急得昏头晕脑，满处去请大夫。吃药没有钱，好在乡里人都有点认识，就到药铺子里去说好话，求人情，赊了来吃。我们家乡，迷信的风气是浓厚的，到处有神庙，烧香磕头，好像是理所当然。我的祖母和我母亲，为了我，几乎三天两朝，到庙里去叩祷，希望我的病早早能治好。可怜她俩婆媳二人，常常把头磕得咚咚地响，额角红肿突起，像个大柿子似的，回到家来，算是尽了一桩心愿。她俩心里着了急，也就顾不得额角疼痛了。我们乡里，还有一种巫师，嘴里胡言乱语，心里诈欺吓骗，表面上是看香头治病，骨子里是用神鬼来吓唬人。我祖母和我母亲，在急得没有主意的时候，也常常把他们请到家来，给我治病。经过请大夫吃药，烧香求神，请巫师变把戏，冤枉钱花了真不算少，我的病，还是好好坏坏地拖了不少日子。

后来我慢慢地长大了，能走路说话了，不知怎的，病却渐渐地好了起来，这就乐煞了我祖母和我母亲了。母亲听了大夫的话，怕我的病重发，不吃荤腥油腻，仍然忌口忌得干干净净。祖母下地干活，又怕我待在家里，闷得难受，把我背在她背上，形影不离地来回打转。她俩常说："自己身体委屈点，劳累点，都不要紧，只要心里的疙瘩解消了，不担忧，那才是好的哩！"为了我这场病，简直的把她俩闹得怕极了。

同治五年（一八六六年丙寅），我四岁。到了冬天，我的病居然完全好了。这两年我闹的病，有的说是犯了什么煞，有的说是得罪了什么神，有的说是胎里热着了外感，有的说是吃东西不合适，把肚子吃坏了，有的说是吹着了山上的怪风，有的说是出门碰到了邪气，奇奇怪怪地说了好多名目，哪一样名目都没有说出个道理来。所以我那时究竟闹的是什么病，我至今都没有弄清楚，这就难怪我祖母和我母亲，当时听了这些怪话，要胸无主宰，心乱如麻了。然而我到了四岁，病确是好了，这不但我祖母和我母亲，好像心上搬掉了一块石头，就连我祖父和我父亲，也各长长地舒出了一口气，都觉着轻松得多了。

我祖父有了闲工夫，常常抱了我，逗着我玩。他老人家冬天唯一的好衣服，是一件皮板挺硬、毛又掉了一半的黑山羊皮袄，他一辈子的积蓄，也许就是这件皮袄了。他怕我冷，就把皮袄的大襟敞开，把我裹在他胸前。有时我睡着了，他把皮袄紧紧围住。他常说：抱了孩子在怀里暖睡，是他生平第一乐事。他那年已五十九岁了，隆冬三九的天气，确也有些怕冷，常常捡拾些松枝在炉子里烧火取暖。他抱着我，蹲在炉边烤火，拿着通炉子的铁钳子，在松柴灰堆上，比划着写了个"芝"字，教我认识，

011

说:"这是你阿芝的芝字,你记准了笔画,别把它忘了!"实在说起来,我祖父认得的字,至多也不过三百来个,也许里头还有几个是半认得半不认得的。但是这个"芝",确是他很有把握认得的,而且写出来也不会写错的。这个"芝"字,是我开始识字的头一个。

从此以后,我祖父每隔两三天,教我识一个字,识了一个,天天教我温习。他常对我说:"识字要记住,还要懂得这个字的意义,用起来会用得恰当,这才算识得这个字了。假使贪多务博,识了转身就忘,意义也不明白,这是骗骗自己,跟没有识一样,怎能算是识字呢?"我小时候,资质还不算太笨,祖父教的字,认一个,识一个,识了以后,也不曾忘记。祖父见我肯用心,称赞我有出息,我祖母和母亲听到了,也是挺喜欢的。

同治六年(一八六七年丁卯),我五岁。同治七年(一八六八年戊辰),我六岁。同治八年(一八六九年己巳),我七岁。这三年,仍由我祖父教我识字。有时我自己拿着松树枝,在地上比划着写起字来,居然也像个样子,有时又画个人脸儿,圆圆的眼珠,胖胖的脸盘,很像隔壁的胖小子,加上了胡子,又像那个开小铺的掌柜了。

我五岁那年,我的二弟出生了,取名纯松,号叫效林。

我六岁那年,黄茅堆子到了一个新上任的巡检(略似区长),不知为什么事,来到了白石铺。黄茅堆子原名黄茅岭,也是个驿站,比白石铺的驿站大得多,离我们家不算太远,白石铺更离得近了。巡检原是知县属下的小官儿,论它的品级,刚刚够得上戴个顶子。这类官,流品最杂,不论张三李四,阿猫阿狗,花上几百两银子，买到了手，居然走马上任，做起"老爷"来了。芝麻绿豆般的起码官儿，又是花钱捐来的，算得了什么东西呢？可是"天高皇帝远"，在外省也能端起了官架子，为所欲为地作威作虐。别看大官儿势力大，作恶多，外表倒是有个谱儿，坏就坏在它的骨子里。唯独这些鸡零狗碎的玩意儿，顶不是好惹的，它虽然没权力杀人，却有权力打人的屁股，因此，它在乡里，很能吓唬人一下。

那年黄茅驿的巡检，也许新上任的缘故，排齐了旗锣伞扇，红黑帽拖着竹板，吆喝着开道，坐了轿子，耀武扬威地在白石铺一带打圈转。乡里人向来很少见过官面的，听说官来了，拖男带女地去看热闹。隔壁的三大娘，来叫我一块走，母亲问我："去不去？"我回说："不去！"母亲对三大娘说："你瞧，这孩子挺别扭，不肯去，你就自己走吧！"我以为母亲说我别扭，一定是很不高兴了，谁知隔壁的三大娘走后，她却笑着对我说："好孩子，有志气！黄茅堆子哪曾来过好样的官，去看他作甚！我们凭着一双手吃饭，官不官有什么了不起！"我一辈子不喜欢跟官场接近，母亲的话，我是永远记得的。

我从四岁的冬天起，跟我祖父识字，到了七岁那年，祖父认为他自己识得的字，已经全部教完了，再有别的字，他老人家自己也不认得，没法再往下教。的确，我祖父肚子里的学问，已抖得光光净净的了，只好翻来覆去地教我温习已识的字。这三百来个字，我实在都识得滚瓜烂熟的了，连每个字的意义，都能讲解得清清楚楚。那年腊月初旬，祖父说："提前放了年学吧！"一面夸奖我识的字，已和他一般多，一面却唉声叹气，好像有什么心事似的。我母亲是个聪明伶俐的人，知道公公的叹气，是为了没有力量供给孙子上学读书的缘故，就对我祖父说："儿媳今年捶草捶下来的稻谷，积了四斗，存在隔岭的一个银匠家里，原先打算再积多一些，跟他换副银钗戴的。现在可以把四斗稻谷的钱取回来，买些纸笔书本，预备阿芝上学。阿爷明年要在枫林亭坐个蒙馆，阿芝跟外公读书，束脩是一定免了的。我想，阿芝朝去夜回，这点钱虽不多，也许能够读一年的书。让多多识几个眼门前的字，会记记账，写写字条儿，有了这么一点挂数书的书底子，将来扶犁掌耙，也就算个好的掌作了。"我祖父听了很乐意，就决定我明年去上学了。

同治九年（一八七〇年庚午），我八岁。外祖父周雨若公，果然在枫林亭附近的王爷殿，设了一所蒙馆。枫林亭在白石铺的北边山坳上，离我们家有三里来地。过了正月十五灯节，母亲给我缝了一件蓝布新大褂，包在黑布旧棉袄外面，衣冠楚楚的，由我祖父领着，到了外祖父的蒙馆。照例先在孔夫子的神牌那里，磕了几个头，再向外祖父面前拜了三拜，说是先拜至圣先师，再拜受业老师，经过这样的隆重大礼，将来才能当上相公。

我从那天起，就正式地读起书来，外祖父给我发蒙，当然不收我束脩。每天清早，祖父送我去上学，傍晚又接我回家。别看这三里来地的路程，不算太远，走的却尽是些黄泥路，平常日子并不觉得什么，逢到雨季，可难走得很哪！黄泥是挺滑的，满地是泥泞，一不小心，就得跌倒下去。祖父总是右手撑着雨伞，左手提着饭箩，一步一拐，仔细地看准了脚步，扶着我走。有时泥塘深了，就把我背了起来，手里还拿着东西，低了头直往前走，往往一走就走了不少的路，累得他气都喘不过来。他老人家已是六十开外的人，真是难为他的。

我上学之后，外祖父教我先读了一本《四言杂字》，随后又读了《三字经》《百家姓》。我在家里，本已识得三百来个字了，读起这些书来，一点不觉得费力，就读得烂熟了。在许多同学中间，我算是读得最好的一个。外祖父挺喜欢我，常对我祖父说："这孩子，真不错！"祖父也翘起了花白胡子，张开着嘴，笑嘻嘻地乐了。外祖父又教我读《千家诗》，我一上口，就觉得读起来很顺溜，音调也挺好听，越读越起劲。我们家乡，把只读不写也不讲解的书，叫作"白口子"书。我在家里识字的时候，知道一些字的意义，进了蒙馆，虽说读的都是白口子书，我用一知半解的见识，琢磨了书里头的意思，大致可以懂得一半。尤其是《千家诗》，因为读着顺口，就津津有味地咀嚼起来，有几首我认为最好的诗，更是常在嘴里哼着，简直的成了个小诗迷了。后来我到了二十多岁的时候，读《唐诗三百首》，一读就熟，自己学作几句诗，也一学就会，都是小时候读《千家诗》打好的根基。

那时，读书是拿着书本，拼命地死读，读熟了要背书，背的时候，要顺流而出，嘴里不许打咕嘟。读书之外，写字也算一门功课。外祖父教我写的，是那时通行的描红纸，纸上用木板印好了红色的字，写时依着它的笔姿，一竖一画地描着去写，这是我拿毛笔蘸墨写字的第一次，比用松树枝在地面上划着，有意思得多了。

为了我写字，祖父把他珍藏的一块断墨，一方裂了缝的砚台，郑重地给了我。这是他"文房四宝"中的两件宝贝，原是预备他自己记账所用，平日轻易不往外露的。他"文房四宝"的另一宝——毛笔，因为笔头上的毛，快掉光了，所以给我买了一支新笔。描红纸家里没有旧存的，也是买了新的。我的书包里，笔墨纸砚，样样齐全，这门子的高兴，可不用提呐！有了这整套的工具，手边真觉方便。写字原是应做的功课，无须回避，天天在描红纸上，描呀，描呀，描个没完，有时描得也有些腻烦了，私下我就画起画来。

恰巧，住在我隔壁的同学，他婶娘生了个孩子。我们家乡的风俗，新产妇家的房门上，照例挂一幅雷公神像，据说是镇压妖魔鬼怪用的。这种神像，画得笔意很粗糙，是乡里的画匠，用朱笔在黄表纸上画的。我在五岁时，母亲生我二弟，我家房门上也挂过这种画，是早已见过的，觉得很好玩。这一次在邻居家又见到了，越看越有趣，很想摹仿着画它几张。我跟同学商量好，放了晚学，取出我的笔墨砚台，对着他们家的房门，在写字本的描红纸上，画了起来。可是画了半天，画得总不太好。雷公的嘴脸，怪模怪样，谁都不知雷公究竟在哪儿，他长得究竟是怎样的相貌，我只依着神像上面的尖嘴薄腮，画来画去，画成了一只鹦鹉似的怪鸟脸了。自己看着，也不满意，改了又改不合适。雷公像挂得挺高，取不下来，我想了一个方法，搬了一只高脚木凳，蹬了上去。只因描红纸质地太厚，在同学那边找到了一张包过东西的薄竹纸，覆在画像上面，用笔勾影子出来。画好了一看，这回画得真不错，和原像简直是一般无二，同学叫我另画一张给他，我也照画了。从此我对于画画，感觉到莫大的兴趣。

同学到蒙馆一宣传，别的同学也都来请我画了，我就常常撕了写字本裁开了，半张纸半张纸地画，最先画的是星斗塘常见到的一位钓鱼老头，画了多少遍，把他面貌身形，都画得很像。接着又画了花卉、草木、飞禽、走兽、虫鱼等等，凡是眼睛里看见过的东西，都把它们画了出来。尤其是牛、马、猪、羊、鸡、鸭、鱼、虾、螃蟹、青蛙、麻雀、喜鹊、蝴蝶、蜻蜓这一类眼前常见的东西，我最爱画，画得也就最多。雷公像那一类从来没人见过真的，我觉得有点靠不住。那年，我母亲生了我三弟，取名纯藻，号叫晓林；我家房门上，又挂了雷公神像，我就不再去画了。我专给同学们画眼前的东西，越画越多，写字本的描红纸，却越撕越少。往往刚换上新的一本，不到几天，又撕完了。

外祖父是熟读朱柏庐《治家格言》的，嘴里常念着："一粥一饭，当思来处不易；半丝半缕，恒念物力维艰。"他看我写字本用得这么多，留心考查，把我画画的事情，查了出来，大不谓然，以为小孩子东涂西抹，是闹着玩的，白费了纸，把写字的正事，却耽误了。屡次呵斥我："只顾着玩的，不干正事，你看看！描红纸白费了多少？"蒙馆的学生，都是怕老师的，老师的法宝，是戒尺，常常晃动着吓唬人，真要把他弄急了，也会用戒尺来打人手心的。我平日倒不十分淘气，没有挨过戒尺，只是为了撕写字本，好几次惹得外祖父生了气。幸而他向来是疼我的，我读书又比较用功，他光是嘴里嚷嚷要打，戒尺始终未曾落到我手心上。我的画瘾，已是很深，戒掉是办不到的了，只有满处去找包皮纸一类的，偷偷地画，却也不敢像以前的那样，尽量去撕写字本了。

到秋天，我正读着《论语》，田里的稻子，快要收割了，乡间的蒙馆和"子曰店"都得放"扮禾学",这是照例的规矩。我小时候身体不健壮,恰巧又病了几天,那年的年景,不十分好,田里的收成很歉薄。我们家,平常过日子,本已是穷对付,一遇到田里收不多,日子就更不好过,在青黄不接的时候,穷得连粮食都没得吃了,我母亲从早到晚地发愁。等我病好了,母亲对我说:"年头儿这么紧,糊住了嘴再说吧!"家里人手不够用,我留在家,帮着做点事,读了不到一年的书,就此停止了。田里有点芋头,母亲叫我去刨,拿回家,用牛粪煨着吃。后来我每逢画着芋头,总会想起当年的情景,曾经题过一首诗:

一丘香芋暮秋凉,当得贫家谷一仓。
到老莫嫌风味薄,自煨牛粪火炉香。

芋头刨完了,又去掘野菜吃,后来我题画菜诗,也有两句说:

充肚者胜半年粮,得志者勿忘其香。

穷人家的苦滋味,只有穷人自己明白,不是豪门贵族能知道的。

从砍柴牧牛到学做木匠

（一八七一年至一八七七年）

同治十年（一八七一年辛未），我九岁。同治十一年（一八七二年壬申），我十岁。同治十二年（一八七三年癸酉），我十一岁，这三年，我在家，帮着挑水、种菜、扫地、打杂，闲着就带着我两个弟弟。最主要的是上山砍柴，砍了柴，自己家里有得烧了，还可以卖了钱，补助家用。我那时，不是一个光会吃饭不会做事的闲汉子，但最喜欢做的，却是砍柴。邻居的孩子们，和我岁数差不多的，一起去上山的有的是，我们就成了很好的朋友。上了山，砍满了一担柴，我们在休息时候，常常集合三个人，做"打柴叉"的玩儿。打柴叉是用砍得的柴，每人取出一捆，一头着地，一头靠在一起，这就算是"叉"了。用柴耙远远地轮流掷过去，谁能掷倒了叉，就赢得别人的一捆柴，掷不倒的算是输，也就输掉自己的一捆。三人都掷倒了，或者都没曾掷倒，那是没有输赢。两人掷倒，就平分输的那一捆，每人赢到半捆。最好当然是独自一人赢了，可以得到两捆柴。因为三捆柴并在一起，柴耙又不是很重的，掷倒那个柴叉，并不很容易，一捆柴的输赢，总要玩上好大半天。这是穷孩子们不用花钱的娱乐，我小时也玩得挺高兴的。

后来我作客在外，有一年回到家乡，路过山上，看见一群砍柴的孩子，里头有几个相识的邻居，他们的上辈，早年和我一起砍过柴，玩过打柴叉的，我禁不住感伤起来，作了三首诗，末一首道：

来时歧路遍天涯，独到屋塘认是家。
我亦君年无累及，群儿欢跳打柴叉。

这诗我收在《白石诗草》卷一里头，诗后我又注道："余生长于星塘老屋，儿时架柴为叉，相离数伍，以柴耙掷击之，叉倒者为赢，可得薪。"大概小时候做的事情，到老总是会回忆的。

我在家里帮着做事，又要上山砍柴，一天到晚，也够忙的，偶或有了闲工夫，我总忘不了读书，把外祖父教过我的几本书，从头至尾，重复地温习。描红纸写完了，祖父给我买了几本黄表纸钉成的写字本子，又买了一本木版印的大楷字帖，教我临摹，我每天总要写上一页半页。只是画画，仍是背着人的，写字本上的纸，不敢去撕了，找到了一本祖父记账的旧账簿，把账簿拆开，页数倒是挺多，足够我画一气的。

就这样，一晃，两年多过去了。我十一岁那年，家里因为粮食不够吃，租了人家十几亩田，种上了，人力不够，祖父出的主意，养了一头牛。祖父叫我每天上山，一边牧牛，一边砍柴，顺便捡点粪，还要带着我二弟纯松一块儿去，由我照看，免得他在家碍手碍脚耽误母亲做事。祖母担忧我身体不太好，听了算命瞎子的话，说："水星照命，孩子多灾，防防水星，就能逢凶化吉。"买了一个小铜铃，用红头绳系在我脖子上，对我说："阿芝！带着二弟上山去，好好儿地牧牛砍柴，到晚晌，我在门口等着，听到铃声由远而近，知道你们回来了，煮好了饭，跟你们一块儿吃。"我母亲又取来一块小铜牌，牌上刻着"南无阿弥陀佛"六个字，和铜铃系在一起，说："有了这块牌，山上的豺狼虎豹，妖魔鬼怪，都不敢近身的。"可惜这个铜铃和这块铜牌，在民国初年，家乡兵乱时丢失了。后来我特地另做了一份小型的，系在裤带上，我还刻过一方印章，自称"佩铃人"。又题过一首画牛的诗道：

星塘一带杏花风，黄犊出栏西复东。
身上铃声慈母意，如今亦作听铃翁。

这都是纪念我祖母和母亲当初待我的一番苦心的。

我每回上山，总是带着书本的，除了看牛和照顾我二弟以外，砍柴捡粪，是应做的事，温习旧读的几本书，也成了日常的功课。有一天，尽顾着读书，忘了砍柴，到天黑回家，柴没砍满一担，粪也捡得很少，吃完晚饭，我又取笔写字。祖母憋不住了，对我说："阿芝！你父亲是我的独生子，没有哥哥弟弟，你母亲生了你，我有了长孙子，真把你看作夜明珠，无价宝似的。以为我们家，从此田里地里，添了个好掌作，你父亲有了个好帮手哪！你小时候多病，我和你母亲，急成个什么样子！求神拜佛，烧香磕头，哪一种辛苦没有受过！现在你能砍柴了，家里等着烧用，你却天天只管写字。俗语说得好：'三日风，四日雨，哪见文章锅里煮？'明天要是没有了米吃，阿芝，你看怎么办呢？难道说，你捧了一本书，或是拿着一支笔，就能饱了肚子吗？唉！可惜你生下来的时候，走错了人家！"

我听了祖母的话，知道她老人家是为了家里贫穷，盼望我多费些力气，多帮助些家用，怕我尽顾着读书写字，把家务耽误了。从此，我上山虽仍带了书去，总把书挂在牛犄角上，等捡足了粪和满满地砍足了一担柴之后，再取下书来读。我在蒙馆的时候，《论语》没有读完，有不认识的字和不明白的地方，常常趁放牛之便，绕道到外祖父那边，去请问他。这样，居然把一部《论语》，对付着读完了。

同治十三年（一八七四年甲戌），我十二岁。我们家乡的风俗，为了家里做事的人手，男孩子很小就娶亲，把儿媳妇接过门来交拜天地、祖宗及家长，名目叫作"拜堂"。儿媳妇的岁数，总要比自己的孩子略为大些，为的是能够帮着做点事。等到男女双方，都长大成人了，再拣选一个"好日子"，合卺同居，名目叫作"圆房"。在已经拜堂还没曾圆房之时，这位先进门的儿媳妇，名目叫作"童养媳"，乡里人也有叫作"养媳妇"的。在女孩子的娘家，因为人口多，家景不好，吃喝穿着，负担不起，又想到女大当嫁，早晚是夫家的人，早些嫁过去，倒省掉一条心，所以也就很小让她过门。不过这都是小门小户人家的穷打算，豪门世族是不多见的。听说，这种风俗，时无分古今，地无分南北，从古如此，遍地皆然，那么，不光是我们湘潭一地所独有的了。

第一辑　白石老人自述

　　那年正月二十一日，由我祖父母和父母亲做主，我也娶了亲啦！我妻娘家姓陈，名叫春君，她是同治元年（一八六二年壬戌）十二月二十六日生的，比我大一岁。她是我的同乡，娘家的光景，当然不会好的，从小就在家里操作惯了，嫁到我家当童养媳，帮助我母亲煮饭洗衣，照看小孩，既勤恳，又耐心。有了闲暇，手里不是一把剪子，就是一把铲子，从早到晚，手不休脚不停的，里里外外，跑出跑进，别看她年纪还小，只有十三岁，倒是料理家务的一把好手。祖父祖母和父亲母亲，都夸她能干，非常喜欢她。我也觉得她好得很，心里乐滋滋的。只因那时候不比现在开通，心里的事，不肯露在脸上，万一给人家闲话闲语，说是"疼媳妇"，那就怪难为情的了，所以我和她，常常我看看她，她看看我，嘴里不说，心里明白而已。

　　我娶了亲，虽说还是小孩子脾气，倒也觉得挺高兴。不料端阳节那天，我祖父故去了，这真是一个晴天霹雳！想起了祖父用炉钳子划着炉灰教我识字，用黑羊皮袄围抱了我在他怀里暖睡，早送晚接地陪我去上学，这一切情景，都在眼前晃漾。心里头的难过，到了极点，几乎把这颗心，在胸膛子里，要往外蹦出来了。越想越伤心，眼睛鼻子，一阵一阵地酸痛，眼泪止不住了，像泉水似的直往下流。足足地哭了三天三宵，什么东西，都没有下肚。祖母原也是一把眼泪、一把鼻涕地天天在哭泣，看见我这个样子，抽抽噎噎的，反而来劝我："别这么哭了！你身体单薄，哭坏了，怎对起你祖父呢！"父亲母亲也各含着两泡眼泪，对我说："三天不吃东西，怎么能顶得下去？祖父疼你，你是知道的，你这样糟蹋自己身体，祖父也不会心安的。"他们的话，

023

都有理，只是我克制不了我自己，仍是哭个不停。后来哭得累极了，才呼呼地睡着。

这是我出生以来第一次遭遇到的不幸之事。当时我们家，东凑西挪，能够张罗得出的钱，仅仅不过六十千文，合那时的银圆价也就是六十来块钱。没有法子，穷人不敢往好处想，只能尽着这六十千文钱，把我祖父身后的大事，从棺殓到埋葬，总算对付过去了。

光绪元年（一八七五年乙亥），我十三岁。光绪二年（一八七六年丙子），我十四岁。那两年，在我祖父故去之后，经过这回丧事，家里的光景，更加窘迫异常。田里的事情，只有我父亲一人操作，也显得劳累不堪。母亲常对我说："阿芝呀！我恨不得你们哥儿几个，快快长大了，身长七尺，能够帮助你父亲，糊得住一家人的嘴啊！"我们家乡，煮饭是烧柴灶的，我十三岁那年，春夏之交，雨水特多，我不能上山砍柴，家里米又吃完了，只好掘些野菜用积存的干牛粪煨着吃，柴灶好久没用，雨水灌进灶内，生了许多青蛙。灶内生蛙，可算得一桩奇闻了。我母亲支撑这样一个门庭，实在不是容易的事。

我十四岁那年，母亲又生了我四弟纯培，号叫云林。我妻春君帮着料理家务，侍奉我祖母和我父母亲，煮饭洗衣和照看我弟弟，都由她独自担当起来。我小时候身体很不好，祖父在世之时，我不过砍砍柴，牧牧牛，捡捡粪，在家里打打杂，田里的事，一概没有动手过。此刻父亲对我说："你岁数不小了，学学田里的事吧！"他就教我扶犁。我学了几天，顾得了犁，却顾不了牛，顾着牛，又顾不着犁了，来回地折磨，弄得满身是汗，也没有把犁扶好。父亲又叫我跟着他下田，插秧耘稻，整天地弯着腰，在水田里泡，比扶犁更难受。

有一次，干了一天，够我累的，傍晚时候，我坐在星斗塘岸边洗脚，忽然间，脚上痛得像小钳子乱铗，急快从水里拔起脚来一看，脚趾头上已出了不少的血。父亲说："这是草虾欺侮了我儿啦！"星斗塘里草虾很多，以后我就不敢在塘里洗脚了。

光绪三年（一八七七年丁丑），我十五岁。父亲看我身体弱，力气小，田里的事，实在累不了，就想叫我学一门手艺，预备将来可以糊口养家。但是，究竟学哪一门手艺呢？父亲跟我祖母和我母亲商量过好几次，都没曾商量出一个准主意来。那年年初，有一个乡里人都称为"齐满木匠"的，我的本家叔祖，他的名字叫齐仙佑，我的祖母，是他的堂嫂，他到我家来，向我祖母拜年。我父亲请他喝酒，在喝酒的时候，父亲跟他说妥，我去拜他为师，跟他学做木匠手艺。隔了几天，拣了个好日子，父亲领我到仙佑叔祖的家里，行了拜师礼，吃了进师酒，我就算他的正式徒弟了。

仙佑叔祖的手艺，是个粗木作，又名大器作，盖房子立木架是本行，粗糙的桌椅床凳和种田用的犁耙之类，也能做得出来。我就天天拿了斧子锯子这些东西，跟着他学。刚过了清明节，逢到人家盖房子，仙佑叔祖带了我去给他们支木架，我力气不够，一根大檩子，我不但扛不动，扶也扶不起，仙佑叔祖说我太不中用了，就把我送回家来。父亲跟他说了许多好话，千恳万托地求他收留，他执意不肯，只得罢了。

我在家里，耽了不到一个月，父亲托了人情，又找到了一位粗木作的木匠，名叫齐长龄，领我去拜师。这位齐师傅，也是我们远房的本家，倒能体恤我，看我力气差得很，就说："你好好地练罢！什么事情都是练出来的，常练练，就能把力气练出来了。"

记得那年秋天，我跟着齐师傅做完工回来，在乡里的田塍上，远远地看见对面过来三个人，肩上有的背了木箱，有的背着很坚实的粗布大口袋，箱里袋里装的，也都是些斧锯钻凿这一类的家伙，一看就知道是木匠，当然是我们的同行了，我并不在意。想不到走到近身，齐师傅垂下了双手，侧着身体，站在旁边，满面堆着笑意，问他们好。他们三个人，却倨傲得很，略微地点了一点头，爱理不理地搭讪着："从哪里来？"齐师傅很恭敬地答道："刚给人家做了几件粗糙家具回来。"交谈了不多几句话，他们就头也不回地走了。齐师傅等他们走远，才拉着我往前走。我觉得很诧异，问道："我们是木匠，他们也是木匠，师傅为什么要这样恭敬？"齐师傅拉长了脸说："小孩子不懂得规矩！我们是大器作，做的是粗活，他们是小器作，做的是细活。他们做精致小巧的东西，还会雕花，这种手艺，不是聪明人，一辈子也学不成的，我们大器作的人，怎敢和他们平起平坐呢？"我听了，心里很不服气，我想：他们能学，难道我就学不成！因此，我就决心要去学小器作了。

第一辑 白石老人自述

从雕花匠到画匠

（一八七八年至一八八九年）

光绪四年（一八七八年戊寅），我十六岁。祖母因为大器作木匠，非但要用很大力气，有时还要爬高上房，怕我干不了。母亲也顾虑到，万一手艺没曾学成，先弄出了一身的病来。她们跟父亲商量，想叫我换一行别的手艺，照顾我的身体，能够轻松点才好。我把愿意去学小器作的意思，说了出来，他们都认为可以，就由父亲打听得有位雕花木匠，名叫周之美的，要领个徒弟。这是好机会，托人去说，一说就成功了。于是，我辞了齐师傅，到周师傅那边去学手艺。

这位周师傅，住在周家洞，离我们家，也不太远，那年他三十八岁。他的雕花手艺，在白石铺一带，是很出名的，用平刀法雕刻人物，尤其是他的绝技。我跟着他学，他也肯耐心地教。说也奇怪，我们师徒二人，真是有缘，相处得非常之好。我很佩服他的本领，又喜欢这门手艺，学得很有兴味。他总说我聪明、肯用心，觉得我这个徒弟，比任何人都可爱。他没有儿子，简直把我当作亲生儿子一样地看待。他又常常对人说："我这个徒弟，学成了手艺，一定是我们这一行的能手，我做了一辈子的工，将来面子上沾着些光彩，就靠在他的身上啦！"人家听了他的话，都说周师傅名下有个有出息的好徒弟。后来我出师后，人家都很看得起，这是我师傅提拔我的一番好意，我一辈子都忘不了他的。

光绪五年（一八七九年己卯），我十七岁。光绪六年（一八八〇年庚辰），我十八岁。光绪七年（一八八一年辛巳），我十九岁。照我们小器作的行规，学徒期是三年零一节，我因为在学徒期中，生了一场大病，耽误了不少日子，所以到十九岁的下半年，才满期出师。我生这场大病，是在十七岁那年的秋天，病得非常危险，又吐过几口血，只剩得一口气了。祖母和我父亲，急得没了主意直打转。我母亲恰巧生了我五弟纯隽，号叫佑五，正在产期，也急得连东西都咽不下口。我妻陈春君，嘴上不好意思说，背地里淌了不少的眼泪。后来请到了一位姓张的大夫，开了一剂"以寒伏火"的药，吃了下去，立刻就见了效，连服几剂调理药，病就好了。病好之后，仍到周师傅处学手艺，经过一段较长时间，学会了师傅的平刀法，又琢磨着改进了圆刀法，师傅看我手艺学得很不错，许我出师了。出师是一桩喜事，家里的人都很高兴。祖母跟我父亲母亲商量好，拣了一个好日子，请几桌客，我和陈春君"圆房"了，从此，我和她才是正式的夫妻。那年我是十九岁，春君是二十岁。

我出师后，仍是跟着周师傅出外做活。雕花工是计件论工的，必须完成了这一件，才能去做那一件。周师傅的好手艺，白石铺附近一百来里的范围内，是没有人不知道的，因此，我的名字，也跟着他，人人都知道了。人家都称我"芝木匠"，当着面，客气些，叫我"芝师傅"。我因家里光景不好，挣到的钱，一个都不敢用掉，完工回了家，就全部交给我母亲。母亲常常笑着说："阿芝能挣钱了，钱虽不多，总比空手好得多。"

那时，我们师徒常去的地方，是陈家垅胡家和竹冲黎家。胡黎两姓，都是有钱的财主人家，他们家里有了婚嫁的事情，男家做床橱，女家做妆奁，件数做得很多，都是由我们师徒去做的。有时师傅不去，就由我一人单独去了。还有我的本家齐伯常的家里，我也是常去的。伯常名叫敦元，是湘潭的一位绅士，我到他家，总在他们稻谷仓前做活，和伯常的儿子公甫相识。论岁数，公甫比我小得多，可是我们很谈得来，成了知己朋友。后来我给他画了一张《秋姜馆填词图》，题了三首诗，其中一首道：

稻梁仓外见君小，草莽声中并我衰。
放下斧斤做知己，前身应做蠹鱼来。

就是记的这件事。

那时雕花匠所雕的花样，差不多都是千篇一律。祖师传下来的一种花篮形式，更是陈陈相因，人家看得很熟。雕的人物，也无非是些"麒麟送子""状元及第"等一类东西。我认为这些老一辈的玩意儿，雕来雕去，雕个没完，终究人要看得腻烦的。我就想法换个样子，在花篮上面，加些葡萄石榴桃梅李杏等果子，或牡丹芍药梅兰竹菊等花木。人物从绣像小说的插图里，勾摹出来，都是些历史故事。还搬用平日常画的飞禽走兽，草木虫鱼，加些布景，构成图稿。我运用脑子里所想得到的，造出许多新的花样，雕成之后，果然人都夸奖说好。我高兴极了，益发地大胆创造起来。

那时，我刚出师不久，跟着师傅东跑西转，倒也一天没有闲过。只因年纪还轻，名声不大，挣的钱也就不会太多。家里的光景，比较头二年，略微好些，但因历年积叠的亏空，短时间还弥补不上，仍显得很不宽裕。我妻陈春君一面在家料理家务，一面又在屋边空地，亲手种了许多蔬菜，天天提了木桶，到井边汲水。有时肚子饿得难受，没有东西可吃，就喝点水，算是搪搪饥肠。娘家来人问她："生活得怎样？"她总是说："很好！"不肯露出丝毫穷相。她真是一个挺得起脊梁顾得住面子的人！可是我们家的实情，瞒不过隔壁的邻居们，有一个惯于挑拨是非的邻居女人，曾对春君说过："何必在此吃辛吃苦，凭你这样一个人，还找不到有钱的丈夫！"春君笑着说："有钱的人，会要有夫之妇？我只知命该如此，你也不必为我妄想！"春君就是这样甘熬穷受苦，没有一点怨言的。

光绪八年（一八八二年壬午），我二十岁。仍是肩上背了个木箱，箱里装着雕花匠应用的全套工具，跟着师傅，出去做活。在一个主顾家中，无意间见到一部乾隆年间翻刻的《芥子园画谱》，五彩套印，初二三集，可惜中间短了一本。虽是残缺不全，但从第一笔画起，直到画成全幅，逐步指说，非常切合实用。我仔细看了一遍，才觉着我以前画的东西，实在要不得，画人物，不是头大了，就是脚长了；画花草，不是花肥了，就是叶瘦了，较起真来，似乎都有点小毛病。有了这部画谱，好像是捡到了一件宝贝，就想从头学起，临它个几十遍。转念又想：书是别人的，不能久借不还，买新的，湘潭没处买，长沙也许有。价码可不知道，怕有也买不起。只有先借到手，用早年勾影雷公像的方法，先勾影下来，再仔细琢磨。

想准了主意，就向主顾家借了来，跟母亲商量，在我挣来的工资里，匀出些钱，买了点薄竹纸和颜料毛笔，在晚上收工回家的时候，用松油柴火为灯，一幅一幅地勾影。足足画了半年，把一部《芥子园画谱》，除了残缺的一本以外，都勾影完了，订成了十六本。从此，我做雕花木活，就用《芥子园画谱》作根据，花样既推陈出新，不只是死板板的老一套，画也合乎规格，没有不相匀称的毛病了。

我雕花得来的工资，贴补家用，还是微薄得很。家里缺米少柴的，时常闹着穷。我母亲为了开门七件事，整天地愁眉不展。祖母宁可自己饿着肚子，留了东西给我吃。我是个长子，又是出了师学过手艺的人，不另想想办法，实在看不下去。只得在晚上闲暇之时，匀出工夫，凭我一双手，做些小巧玲珑的玩艺儿，第二天清早，送到白石铺街上的杂货店里，许了他们一点利益，托他们替我代卖。我常做的，是一种能装旱烟也能装水烟的烟盒子，用牛角磨光了，配着能活动开关的盖子，用起来很方便，买的人倒也不少。大概两三个晚上，我能做成一个，除了给杂货店掌柜二成的经手费以外，每个我还能得到一斗多米的钱。那时，乡里流行的，旱烟吸叶子烟，水烟吸条丝烟。我旱烟水烟，都学会吸了，而且吸得有了瘾。我卖掉了自己做的牛角烟盒子，吸烟的钱，就有了着落啦，连烧料烟嘴的旱烟管和吸水烟用的铜烟袋，都赚了出来。剩余的钱，给了我母亲，多少济一些急，但是还救不了根本的穷，不过聊胜于无而已。

光绪九年（一八八三年癸未），我二十一岁。那年，春君怀了孕，怀的是头一胎。恰巧家里缺柴烧，我们星斗塘老屋，后面是靠着紫云山，她拿了把厨刀，跑到山上去砍松枝。她这时，快要生产了，拖着笨重的身子，上山很费力，就用两手在地上爬着走，总算把柴砍得了，拿回来烧。到了九月，生了个女孩，这是我们的长女，取名菊如，后来嫁给了姓邓的女婿。

我在早先上山砍柴时候，交上一个朋友，名叫左仁满，是白石铺胡家冲的人，离我们家很近。他岁数跟我差不多，我学做木匠那年，他也从师学做篾匠手艺，他出师比我早几个月，现在我们都长大了，他也娶了个老婆，有了孩子，我们歇工回来，仍是常常见面，交情倒越来越深。他学成了一手编竹器的好手艺，家庭负担比较轻，生活上比我略微好一些。他是喜欢吹吹弹弹的，能拉胡琴，能吹笛子，能弹琵琶，能打板鼓。还会唱几句花鼓戏，几段小曲儿。我们常在一起玩，他吹弹拉唱，我就画画写字。有时他叫我教他画画，他也教我弹唱。乡里有钱的人，常往城里跑，去找玩儿的，我们是穷孩子出身，闲暇时候，只能做这样不花钱的消遣。我后来喜欢听戏，也会唱几支小曲，都是那时候受了左仁满的影响。

光绪十年（一八八四年甲申），我二十二岁。光绪十一年（一八八五年乙酉），我二十三岁。光绪十二年（一八八六年丙戌），我二十四岁。光绪十三年（一八八七年丁亥），我二十五岁。光绪十四年（一八八八年戊子），我二十六岁。这五年，我仍是做着雕花活为生，有时也还做些烟盒子一类的东西。我自

第一辑　白石老人自述

从有了一部自己勾影出来的《芥子园画谱》，翻来覆去地临摹了好几遍，画稿积存了不少。乡里熟识的人知道我会画，常常拿了纸，到我家来请我画。在雕花的主顾家里，雕花活做完以后，也有留着我不放我走，请我画的。凡是请我画的，多少都有点报酬，送钱的也有，送礼物的也有。我画画的名声，跟做雕花活的名声，一起在白石铺传开了去。人家提到了芝木匠，都说是画得挺不错。

我平日常说："说话要说人家听得懂的话，画画要画人家看见过的东西。"我早先画过雷公像，那是小孩子的淘气，闹着玩的，知道了雷公是虚造出来的，就此不画了。但是我画人物，却喜欢画古装，这是《芥子园画谱》里有的，古人确是穿过这样衣服，看了戏台上唱戏的打扮，我就照它画了出来。

我的画在乡里出了点名，来请我画的，大部分是神像功对，每一堂功对，少则四幅，多的有到二十幅的。画的是玉皇、老君、财神、火神、灶君、阎王、龙王、灵官、雷公、电母、雨师、风伯、牛头、马面和四大金刚、哼哈二将之类。这些位神仙圣佛，谁都没见过他们的本来面目，我原是不喜欢画的，因为画成了一幅，他们送我一千来个钱，合银元块把钱，在那时的价码，不算少了，我为了挣钱吃饭，又拗不过乡亲们的面子，只好答应下来，以意为之。有的画成一团和气，有的画成满脸煞气。和气好画，可以采用《芥子园画谱》的笔法；煞气可麻烦了，绝不能都画成雷公似的，只得在熟识的人中间，挑选几位生有异相的人，作为蓝本，画成以后，自己看着，也觉可笑。我在枫林亭上学的时候，有几个同学，生得怪头怪脑的，现在虽说都已长大了，面貌究竟改变不了多少，我就不问他们同意不同意，偷偷地都把他们画上去了。

在我二十六岁那年的正月，我母亲生了我六弟纯楚，号叫宝林。我们家乡，把最小的叫作"满"，纯楚是我最小的弟弟，我就叫他满弟。我母亲一共生了我弟兄六人，又生了我三个妹妹，我们家，连同我祖母，我父亲母亲，春君，我的长女菊如，老老小小，十四口人了。父亲同我二弟纯松下田耕作，我在外边做工，三弟纯藻在一所道士观里给人家烧煮茶饭，别的弟妹，大一些的，也牧牛的牧牛，砍柴的砍柴，倒是没有一个闲着的。祖母已是七十七岁的人，只能在家里看看孩子，做些轻微的事情。春君整天忙着家务，忙里偷闲，养了一群鸡鸭，又种了许多瓜豆蔬菜，有时还帮着我母亲纺纱织布。她夏天纺纱，总是在葡萄架下阴凉的地方，我有时回家，也喜欢在那里写字画画，听了她纺纱的声音，觉得聒耳可厌，后来我常常远游他乡，老来回忆，想听这种声音，已是不可再得。因此我前几年写过一首诗道：

山妻笑我负平生，世乱身衰重远行。
年少厌闻难再得，葡萄阴下纺纱声。

我母亲纺纱织布，向来是一刻不闲。尤其使她为难的，是全家的生活重担，都由她双肩挑着，天天移东补西，调排用度，把这点微薄的收入，糊住十四张嘴，真够她累心累力的。

三弟纯藻，也是为了糊住自己的嘴，多少还想挣些钱来，贴补家用，急于出外做工。他托了一位远房本家，名叫齐铁珊的，荐到一所道士观中，给他们煮饭打杂。齐铁珊是齐伯常的弟弟，我的好朋友齐公甫的叔叔，他那时正同几个朋友，在道士观内读书。我因为三弟的缘故，常到道士观去闲聊，和铁珊谈得很投机。

我画神像功对，铁珊是知道的，每次见了我面，总是先问我："最近又画了多少？画的是什么？"我做雕花活，他倒不十分关心，他好像专门关心我的画。有一次，他对我说："萧芗陔快到我哥哥伯常家里来画像了，我看你何不拜他为师！画人像，总比画神像好一些。"

我也素知这位萧芗陔的大名，只是没有会见过，听了铁珊这么一说，我倒动了心啦。不多几天，萧芗陔果然到了齐伯常家里来了，我画了一幅李铁拐像，送给他看，并托铁珊、公甫叔侄俩，代我去说，愿意拜他为师。居然一说就合，等他完工回去，我就到他家去，正式拜师。这位萧师傅，名叫传鑫，芗陔是他的号，住在朱亭花钿，离我们家有一百来里地，相当的远。他是纸扎匠出身，自己发愤用功，经书读得烂熟，也会作诗，画像是湘潭第一名手，又会画山水人物。他把拿手本领，都教给了我，我得他的益处不少。他又介绍他的朋友文少可与我相识，也是个画像名手，家住在小花石。这位文少可也很热心，他的得意手法，都端给我看，指点得很明白。我对于文少可，也很佩服，只是没有拜他为师。我认识了他们二位，画像这一项，就算有了门径了。

那年冬天，我到赖家坳衕里去做雕花活。赖家坳离我们家，有四十多里地，路程不算近，晚上就住在主顾家里。赖家坳在佛祖岭的山脚下，那边住的人家，都是姓赖的。衕里是我们家乡的土话，就是聚族而居的意思。我每到晚上，照例要画画的，赖家的灯火，比我家里的松油柴火，光亮得多，我就着灯盏画了几幅花鸟，让赖家的人看见了，都说："芝师傅不是光会画神像功对的，花鸟也画得生动得很。"于是就有人来请我给他女人画鞋头上的花样，预备画好了去绣的。又有人说："我们请寿三爷画个帐檐，往往等了一年半载，还没曾画出来，何不把我们的竹布取回来，就请芝师傅画画呢？"我光知道我们杏子坞有个绅士，名叫马迪轩，号叫少开，他的连襟姓胡，人家都称他寿三爷，听说是竹冲韶塘的人，离赖家坨不过两里多地，他们所说的，大概就是此人。我听了他们的话，当时却并未在意。到了年底，雕花活没有做完，留着明年再做，我就辞别了赖家，回家过年。

光绪十五年（一八八九年己丑），我二十七岁。过了年，我仍到赖家坨去做活。有一天，我正在雕花，赖家的人来叫我，说："寿三爷来了，要见见你！"我想：这有什么事呢？但又不能不去。见了寿三爷，我照家乡规矩，叫了他一声"三相公"。寿三爷倒也挺客气，对我说："我是常到你们杏子坞去的，你的邻居马家，是我的亲戚，常说起你：人很聪明，又能用功。只因你常在外边做活，从没有见到过，今天在这里遇上了，我也看到了你的画了，很可以造就！"又问我："家里有什么人？读过书没有？"还问我："愿不愿再读读书，学学画？"我一一地回答，最后说："读书学画，我是很愿意，只是家里穷，书也读不起，画也学不起。"寿三爷说："那怕什么？你要有志气。可以一面读书学画，一面靠卖画养家，也能对付得过去。你如愿意的话，等这里的活做完了，就到我家来谈谈！"我看他对我很诚恳，也就答应了。

这位寿三爷，名叫胡自倬，号叫沁园，又号汉槎。性情很慷慨，喜欢交朋友，藏了不少名人字画，他自己能写汉隶，会画工笔花鸟草虫，作诗也作得很清丽。他家附近，有个藕花池，他的书房就取名"藕花吟馆"，时常邀集朋友，在内举行诗会，人家把他比作孔北海，说是："座上客常满，樽中酒不空。"他们韶塘胡姓，原是有名的财主，但是寿三爷这一房，因为他提倡风雅，素广交游，景况并不太富裕，可见他的人品，确是很高的。我在赖家垅完工之后，回家说了情形，就到韶塘胡家。那天正是他们诗会的日子，到的人很多。寿三爷听说我到了，很高兴，当天就留我同诗会的朋友们一起吃午饭，并介绍我见了他家延聘的教读老夫子。这位老夫子，名叫陈作埙，号叫少蕃，是上田冲的人，学问很好，湘潭的名士。吃饭的时候，寿三爷又问我："你如愿意读书的话，就拜陈老夫子的门吧！不过你父母知道不知道？"我说："父母倒也愿意叫我听三相公的话，就是穷……"话还没说完，寿三爷拦住了我，说："我不是跟你说过，你就卖画养家！你的画，可以卖出钱来，别担忧！"我说："只怕我岁数大了，来不及。"寿三爷又说："你是读过《三字经》的！苏老泉，二十七，始发愤，读书籍。你今年二十七岁，何不学学苏老泉呢？"陈老夫子也接着说："你如果愿意读书，我不收你的学俸钱。"同席的人都说："读书拜陈老夫子，学画拜寿三爷，拜了这两位老师，还怕不能成名！"我说："三相公栽培我的厚意，我是感激不尽。"寿三爷说："别三相公了，以后就叫我老师吧！"当下就决定了。吃过了午饭，按照老规矩，先拜了孔夫子，我就拜了胡、陈二位，做我的老师。

我拜师之后，就在胡家住下，两位老师商量了一下，给我取了一个名字，单名叫作"璜"，又取了一个号，叫作"濒生"，因为我住家与白石铺相近，又取了个别号，叫作"白石山人"，预备题画所用。少蕃师对我说："你来读书，不比小孩子上蒙馆了。也不是考秀才赶科举的，画画总要会题诗才好，你就去读《唐诗三百首》吧！这部书，雅俗共赏，从浅的说，入门很容易，从深的说，也可以钻研下去，俗语常说，'熟读唐诗三百首，不会吟诗也会吟'，这话不是完全没有道理的。诗的一道，本是易学难工，你能专心用功，一定很有成就。常言道，'有志者，事竟成'。又道，'天下无难事，只怕有心人'，天下事的难不难，就看你的有心没心了！"

从那天起，我就读《唐诗三百首》了。我小时候读过《千家诗》，几乎全部都能背出来，读了《唐诗三百首》，上口就好像见到了老朋友，读得很有味。只是我识字不多，有很多生字，不容易记熟，我想起一个笨法子，用同音的字，注在书页下端的后面，温习的时候，一看就认得了。这种法子，我们家乡叫作"白眼字"，初上学的人，常有这么用的。过了两个来月，少蕃师问我："读熟几首了？"我说："差不多都读熟了。"他有些不信，随意抽问了几首，我都一字不遗地背了出来。他说："你的天分，真了不起！"实在说来，是他的教法好，讲了读，读了背，背了写，循序而进，所以读熟一首，就明白一首的意思，这样既不会忘掉，又懂得好在哪里。《唐诗三百首》读完之后，接着读了《孟子》。少蕃师又叫我在闲暇时，看看《聊斋志异》一类的小说，还时常给我讲讲唐宋八家的古文。我觉得这样的读书，真是人生最大的乐趣了。

我跟陈少蕃老师读书的同时，又跟胡沁园老师学画，学的是工笔花鸟草虫。沁园师常对我说："石要瘦，树要曲，鸟要活，手要熟。立意、布局、用笔、设色，式式要有法度，处处要合规矩，才能画成一幅好画。"他把珍藏的古今名人字画，叫我仔细观摹。又介绍了一位谭荔生，叫我跟他学画山水。这位谭先生，单名一个"溥"字，别号瓮塘居士，是他的朋友。我常常画了画，拿给沁园师看，他都给我题上了诗。他还对我说："你学学作诗吧！光会画，不会作诗，总是美中不足。"那时正是三月天气，藕花吟馆前面，牡丹盛开。沁园师约集诗会同人，赏花赋诗，他也叫我加入。我放大了胆子，作了一首七绝，交了上去，恐怕作得太不像样，给人笑话，心里有些跳动。沁园师看了，却面带笑容，点着头说："作得还不错！有寄托。"说着，又念道："'莫羡牡丹称富贵，却输梨橘有余甘。'这两句不但意思好，十三谭的甘字韵，也押得很稳。"说得很多诗友都围拢上来，大家看了，都说："濒生是有聪明笔路的，别看他根基差，却有性灵。诗有别才，一点儿不错！"

这一炮，居然放响，是我料想不到的。从此，我摸索得了作诗的诀窍，常常作了，向两位老师请教。当时常在一起的，除了姓胡的几个人，其余都是胡家的亲戚，一共有十几个人，只有我一人，不是胡家的亲故，他们倒都跟我处得很好。他们大部分是财主人家的子弟，至不济的也是小康之家，比我的家景，总要强上十倍，他们并不嫌我出身寒微，一点没有看不起我的意思，后来都成了我的好朋友。

那年七月十一日，春君生了个男孩，这是我们的长子，取名良元，号叫伯邦，又号子贞。我在胡家，读书学画，有吃有住，心境安适得很，眼界也广阔多了，只是想起了家里的光景，决不能像在胡家认识的一般朋友的胸无牵挂。干雕花手艺，本是很费事的，每一件总得雕上好多日子，把身子困住了，别的事就不能再做。画画却不一定有什么限制，可以自由自在的，有闲暇就画，没闲暇就罢，画起来，也比雕花省事得多，就觉得沁园师所说的"卖画养家"这句话，确实是既方便又实惠。

那时照相还没盛行，画像这一行手艺，生意是很好的。画像，我们家乡叫作描容，是描画人的容貌的意思。有钱的人，在生前总要画几幅小照玩玩，死了也要画一幅遗容，留作纪念。我从萧芗陔师傅和文少可那里，学会了这行手艺，还没有给别人画过，听说画像的收入，比画别的高得多，就想开始干这一行了。沁园师知道我这个意思，到处给我吹嘘，韶塘附近一带的人，都来请我去画。一开始，生意就很不错，每画一个像，他们送我二两银子，价码不算太少。但是有些爱贪小便宜的人，往往在画像之外，叫我给他们女眷画些帐檐、袖套、鞋样之类，甚至叫我画幅中堂，画堂屏条，算是白饶。好在这些东西，我随便画上几笔，倒也不十分费事。我们湘潭风俗，新丧之家，妇女们穿的孝衣，都把袖头翻起，画上些花样，算作装饰。这种零碎玩艺儿，更是画遗容时必须附带着画的，我也总是照办了。后来我又琢磨出一种精细画法，能够在画像的纱衣里面，透现出袍褂上的团龙花纹，人家都说，这是我的一项绝技。人家叫我画细的，送我四两银子，从此就作为定例。我觉得画像挣的钱，比雕花多，而且还省事，因此，我就扔掉了斧锯钻凿一类家伙，改了行，专做画匠了。

诗画篆刻渐渐成名

（一八九〇年至一九〇一年）

光绪十六年（一八九〇年庚寅），我二十八岁。光绪十七年（一八九一年辛卯），我二十九岁。光绪十八年（一八九二年壬辰），我三十岁。光绪十九年（一八九三年癸巳），我三十一岁。光绪二十年（一八九四年甲午），我三十二岁。这五年，我仍靠卖画为生，来往于杏子坞韶塘周围一带。在我刚开始画像的时候，家景还是不很宽裕，常常因为灯盏缺油，一家子摸黑上床。有位朋友黎丹，号叫雨民，是沁园师的外甥，到我家来看我，留他住下，夜无油灯，烧了松枝，和他谈诗。另一位朋友王训，也是沁园师的外甥，号叫仲言，他的家里有一部白香山《长庆集》，我借了来，白天没有闲暇，只有晚上回了家，才能阅读，也因家里没有灯油，烧了松柴，借着柴火的光亮，对付着把它读完。后来我到了七十岁时，想到了这件事，作过一首《往事示儿辈》的诗，说：

村书无角宿缘迟，廿七年华始有师。

> 天趣匠心：齐白石自述

灯盏无油何害事，自烧松火读唐诗。

没有读书的环境，偏有读书的嗜好，你说，穷人读一点书，容易不容易？

我三十岁以后，画像画了几年，附近百来里地的范围以内，我差不多跑遍了东西南北。乡里的人，都知道芝木匠改行做了画匠，说我画的画，比雕的花还好。生意越做越多，收入也越来越丰，家里靠我这门手艺，光景就有了转机，母亲紧皱了半辈子的眉毛，到此时才慢慢地放开了。祖母也笑着对我说："阿芝！你倒没有亏负了这支笔，从前我说过，哪见文章锅里煮，现在我看见你的画，却在锅里煮了！"我知道祖母是说的高兴话，就画了几幅画，挂在屋里又写了一张横幅，题了"甑屋"两个字，意思是："可以吃得饱啦，不至于像以前锅里空空的了。"

那时我已并不专搞画像，山水人物，花鸟草虫，人家叫我画的也很多，送我的钱，也不比画像少。尤其是仕女，几乎三天两朝有人要我画的，我常给他们画些西施、洛神之类。也有人点景要画细致的，像文姬归汉、木兰从军等等，他们都说我画得很美，开玩笑似的叫我"齐美人"。老实说，我那时画的美人，论笔法，并不十分高明，不过乡下人光知道表面好看，家乡又没有比我画得好的人，我就算独步一时了。常言道："蜀中无大将，廖化作先锋。"他们这样抬举我，说起来，真是惭愧得很。但是，也有一批势利鬼，看不起我是木匠出身，画是要我画了，却不要题款，好像是：画是风雅的东西，我却算不得斯文中人，不是斯文人，不配题风雅画。我明白他们的意思，觉得很可笑，本来不愿意跟他们打交道，只是为了挣钱吃饭，也就不去计较这些。他们既不少给我钱，题不题款，我倒并不在意。

我们家乡，向来是没有裱画铺的，只有几个会裱画的人，在四乡各处，来来往往，应活做工，萧芗陔师傅就是其中的一人。我在沁园师家读书的时候，沁园师曾把萧师傅请到家里，一方面叫他裱画，一方面叫大公子仙逋，跟他学做这门手艺。特地匀出了三间大厅，屋内中间，放着一张尺码很长很大的红漆桌子，四壁墙上，钉着平整干净的木板格子，所有轴干、轴头、别子、绫绢、丝绦、宣纸以及排笔、糨糊之类，置备得齐齐备备，应有尽有。沁园师对我说："濒生，你也可以学学！你是一个画家，学会了，装裱自己的东西，就透着方便些。给人家做做活，也可以作为副业谋生。"沁园师处处为我打算，真是无微不至。我也觉得他的话，很有道理，就同仙逋，跟着萧师傅，从托纸到上轴，一层一层的手续，都学会了。

乡里裱画，全绫挖嵌的很少，讲究的，也不过"绫镶圈""绫镶边"而已，普通的都是纸裱。我反复琢磨，认为不论绫裱纸裱，关键全在托纸，托得匀整平贴，挂起来，才不会有卷边抽缩、弯腰驼背等毛病。比较难的，是旧画揭裱。揭要揭得原件不伤分毫，裱要裱得清新悦目，遇有残破的地方，更要补得天衣无缝。一般裱画，只会裱新的，不会揭裱旧画。萧师傅是个全才，裱新画是小试其技，揭裱旧画是他的拿手本领。我跟他学了不少日子，把揭裱旧画的手艺也学会了。

我三十二岁那年，二月二十一日，春君又生了个男孩，这是我们的次子，取名良黼，号叫子仁。我自从在沁园师家读书以后，由于沁园师的吹嘘，朋友们的介绍，认识的人，渐渐地多了。住在长塘的黎松安，名培銮，又名德恂，是黎雨民的本家。那年春天，松安请我去画他父亲的遗像，他父亲是上年故去的。王仲言在他们家教家馆，彼此都是熟人，我就在松安家住了好多时候。长塘在罗山的脚下，杉溪的后面，溪水从白竹坳来，风景很幽美。那时，松安的祖父还在世，他老先生是会画几笔山水的，也收藏了些名人字画，都拿了出来给我看，我就临摹了几幅。朋友们知道我和王仲言都在黎松安家，他们常来相叙，仲言发起组织了一个诗会，约定集会地点，在白泉棠花村罗真吾、醒吾弟兄家里。真吾名天用，他的弟弟醒吾名天觉，是沁园师的侄婿，我们时常在一起，都是很相好的。

讲实在的话，他们的书底子，都比我强得多，作诗的功夫，也比我深得多。不过那时是科举时代，他们多少有点弋取功名的心理，试场里用得着的是试帖诗，他们为了应试起见，都对试帖诗有相当研究，而且都曾下了苦功揣摩过的。试帖诗虽是工稳妥帖，又要圆转得体，作起来确是不容易，但过于拘泥板滞，一点儿不见生气。我是反对死板无生气的东西的，作诗讲究性灵，不愿意像小脚女人似的扭捏作态。因此，各有所长，也就各做一派。他们能用典故，讲究声律，这是我比不上的，若说作些陶写性情、歌咏自然的句子，他们也不一定比我好了。

我们的诗会，起初本是四五个人，随时集在一起，谈诗论文，兼及字画篆刻，音乐歌唱，倒也兴趣很浓，只是没有一定日期，也没有一定规程。到了夏天，经过大家讨论，正式组成了一个诗社，借了五龙山的大杰寺内几间房子，作为社址，就取名为"龙山诗社"。五龙山在中路铺白泉的北边，离罗真吾、醒吾弟兄所住的棠花村很近。大杰寺是明朝就有的，里边有很多银杏树，地方清静幽雅，是最适宜避暑的地方。诗社的主干，除了我和王仲言、罗真吾、醒吾弟兄，还有陈茯根、谭子荃、胡立三，一共是七个人，人家称我们为"龙山七子"。陈茯根名节，板桥人，谭子荃是罗真吾的内兄，胡立三是沁园师的侄子，都是常常见面的好朋友。他们推举我做社长，我怎么敢当呢？他们是世家子弟，学问又比我强，叫我去当头儿，好像是存心跟我开玩笑，我是坚辞不干。王仲言对我说："濒生，你固执了！我们是论齿，七人中，年纪是你最大，你不当，是谁当了好呢？我们都是熟人，社长不过应个名而已，你还客气什么？"他们都附和王仲言的话，说我客气得无此必要。我没法辞，只得应允了。

社外的诗友，却也很多，常常来的，有黎松安、黎薇荪、黎雨民、黄伯魁、胡石庵、吴刚存等诸人，也都是我们向来极相熟的。只有一个名叫张登寿，号叫仲飏的，是我新认识的。这位张仲飏，出身跟我一样寒微，年轻时学过铁匠，也因自己发愤用功，读书读得很有一点成就，拜了我们湘潭的大名士王湘绮先生做老师，经学根底很深，诗也作得非常工稳。乡里的一批势利鬼，背地里仍有叫他张铁匠的。这和他们在我改行以后，依旧叫我芝木匠，是一样轻视的意思。我跟他，都是学过手艺的人，一见面就很亲热，交成了知己朋友。

光绪二十一年（一八九五年乙未），我三十三岁。黎松安家里，也组成了一个诗社。松安住在长塘，对面一里来地，有座罗山，俗称罗网山，因此，取名为"罗山诗社"。我们龙山诗社的主干七人，和其他社外诗友，也都加入，时常去作诗应课。两山相隔，有五十来里地，我们跑来跑去，并不嫌着路远。那年，我们家乡遭逢了很严重的旱灾，田里的庄稼，都枯焦得不成样子，秋收是没有把握的了，乡里的饥民，就一群一群地到有钱人家去吃饭。我们家乡有富裕人家，家里都有谷仓，存着许多稻谷，年年吃掉了旧的，再存新的，永远是满满的仓，这是古人所说积谷防饥的意思。可是富裕人家，究属是少数，大多数的人们，平日糊得上嘴，已不容易，哪有力量积存稻谷，逢到灾荒，就没有饭吃，为了活命，只有去吃富户的一法。他们去的时候，排着队伍，鱼贯而进，倒也很守秩序，不是乱抢乱撞的。到了富户家里，自己动手开仓取谷，打米煮饭，但也不是把富户的存谷，完全吃光，吃了几顿饱饭，又往别的地方，换个人家去吃。乡里人称他们为"吃排饭"。但是他们一群去了，另一群又来，川流不息地来来去去，富户存的稻谷，归根结底，虽没吃光，也就吃得所剩无几了。我们这些诗友，恰巧此时陆续地来到黎松安家，本是为了罗山诗社来的，附近的人，不知底细，却造了许多谣言，说是长塘黎家，存谷太多，连一批破靴党（意指不安本分的读书人）都来吃排饭了。

那时，龙山诗社从五龙山的大杰寺内迁出，迁到南泉冲黎雨民的家里。我往来于龙山、罗山两诗社，他们都十分欢迎。这其间另有一个原因，原因是什么呢？他们要我造花笺。我们家乡，是买不到花笺的，花笺是家乡土话，就是写诗的诗笺。两个诗社的社友，都是少年爱漂亮，认为作成了诗，写的是白纸，或是普通的信笺，没有写在花笺上，总觉得是一件憾事，有了我这个能画的人，他们就跟我商量了。我当然是义不容辞，立刻就动手去做，用单宣和官堆一类的纸，裁八行信笺大小，在晚上灯光之下，一张一张地画上几笔，有山水，也有花鸟，也有草虫，也有鱼虾之类，着上了淡淡的颜色，倒也雅致得很。我一晚上能够画出几十张，一个月只要画上几个晚上，分给社友们写用，就足够的了。王仲言常常对社友说："这些花笺，是濒生辛辛苦苦造成的，我们写诗的时候，一定要仔细地用，不要写错。随便糟蹋了，非但是怪可惜的，也对不起濒生熬夜的辛苦！"

说起这花笺，另有一段故事：在前几年，我自知文理还不甚通顺，不敢和朋友们通信，黎雨民要我跟他书信往来，特意送了我一些信笺，逼着我给他写信，我就从此开始写起信来，这确是算得我生平的一个纪念。不过雨民送我的，是写信用的信笺，不是写诗用的花笺。为了谈起造花笺的事，我就想起黎雨民送我信笺的事来了。

光绪二十二年（一八九六年丙申），我三十四岁。我起初写字，学的是馆阁体，到了韶塘胡家读书以后，看了沁园、少蕃两位老师，写的都是道光年间我们湖南道州何绍基一体的字，我也跟着他们学了。又因诗友们，有几位会写钟鼎篆隶，兼会刻印章的，我想学刻印章，必须先会写字，因之我在闲暇时候，也常常写些钟鼎篆隶了。前二年，我在人家画像，遇上了一个从长沙来的人，号称篆刻名家，求他刻印的人很多，我也拿了一方寿山石，请他给我刻个名章。隔了几天，我去问他刻好了没有？他把石头还了给我，说："磨磨平，再拿来刻！"我看这块寿山石，光滑平整，并没有什么该磨的地方，既是他这么说，我只好磨了再拿去。他看也没看，随手搁在一边。又过了几天，再去问他，仍旧把石头扔还给我，说："没有平，拿回去再磨磨！"我看他倨傲得厉害，好像看不起我这块寿山石，也许连我这个人，也不在他的眼中。我想：何必为了一方印章，自讨没趣。我气愤之下，把石头拿回来，当夜用修脚刀，自己把它刻了。第二天一早，给那家主人看见，很夸奖地说："比了这位长沙来的客人刻的，大有雅俗之分。"我虽觉得高兴，但也自知，我何尝懂得篆刻刀法呢！我那时刻印，还是一个门外汉，不敢在人前卖弄。朋友中间，王仲言、黎松安、黎薇荪等，却都喜欢刻印，拉我在一起，教我一些初步的方法，我参用了雕花的手艺，顺着笔画，一刀一刀地削去，简直是跟了他们，闹着玩儿。

沁园师的本家胡辅臣，介绍我到皋山黎桂坞家去画像。皋山黎家和长塘黎松安家是同族。黎桂坞的弟弟薇荪、铁安，都是会刻印章的，铁安尤其精深，我就向他请教："我总刻不好，有什么方法办呢？"铁安笑着说："南泉冲的楚石，有的是！你挑一担回家去，随刻随磨，你要刻满三四个点心盒，都成了石浆，那就刻得好了。"这虽是一句玩笑话，却也很有至理。我于是打定主意，发愤学刻印章，从多磨多刻这句话上着想，去下功夫了。

黎松安是我最早的印友，我常到他家去，跟他切磋，一去就在他家住上几天。我刻着印章，刻了再磨，磨了又刻，弄得我住的他家客室，四面八方，满都是泥浆。他还送给我丁龙泓、黄小松两家刻印的拓片，我很想学他们两人的刀法，只因拓片不多，还摸不到门径。

光绪二十三年（一八九七年丁酉），我三十五岁。光绪二十四年（一八九八年戊戌），我三十六岁。我在三十五岁以前，足迹只限于杏子坞附近百里之内，连湘潭县城都没去过。直到三十五岁那年，才由朋友介绍，到县城里去给人家画像。后来请我画像的人渐多，我就常常地进城去了。我在湘潭城内，认识了郭葆生（人漳），是个道台班子的大少爷。又认识了一位桂阳州的名士夏寿田，号叫午诒，也是一位贵公子。这时松安家新造了一所书楼，名叫诵芬楼，罗山诗社的诗友们，就在那里集会。我们龙山诗社的人，也常去参加。次年，我三十六岁，春君生了个女孩，小名叫作阿梅。黎薇荪的儿子戬斋，交给我丁龙泓、黄小松两家的印谱，说是他父亲从四川寄回来送给我的。前年，黎松安给过我丁黄刻印的拓片，我对于丁黄两家精密的刀法，就有了途轨可循了。

光绪二十五年（一八九九年己亥），我三十七岁。正月，张仲飏介绍我去拜见王湘绮先生，我拿了我作的诗文，写的字，画的画，刻的印章，请他评阅。湘公说："你画的画，刻的印章，又是一个寄禅黄先生哪！"湘公说的寄禅，是我们湘潭有名的一个和尚，俗家姓黄，原名读山，是宋朝黄山谷的后裔，出家后，法名敬安，寄禅是他的法号，他又自号为八指头陀。他也是少年寒苦，自己发愤成名，湘公把他来比我，真是抬举我了。

那时湘公的名声很大，一般趋势好名的人，都想列入门墙，递上一个门生帖子，就算作王门弟子，在人前卖弄卖弄，觉得很有光彩了。张仲飏屡次劝我拜湘公的门，我怕人家说我标榜，迟迟没有答应。湘公见我这人很奇怪，说高傲不像高傲，说趋附又不肯趋附，简直莫名其所以然。曾对吴劭之说："各人有各人的脾气，我门下有铜匠衡阳人曾招吉，铁匠我同县乌石寨人张仲飑，还有一个同县的木匠，也是非常好学的，却始终不肯做我的门生。"这话给张仲飑听到了，特来告诉我，并说："王老师这样地看重你，还不去拜门？人们求都求不到，你难道是抬也抬不来吗？"我本也感激湘公的一番厚意，不敢再固执。到了十月十八日，就同了仲飑，到湘公那里，正式拜门。但我终觉得自己学问太浅，老怕人家说我拜入王门，是想抬高身份，所以在人面前，不敢把湘绮师挂在嘴边。不过我心里头，对湘绮师是感佩得五体投地的。仲飑又对我说："湘绮师评你的文，倒还像个样子，诗却成了《红楼梦》里呆霸王薛蟠的一体了。"这句话真是说着我的毛病了。我作的诗，完全写我心头里要说的话，没有在字面上修饰过，自己看过，也有点呆霸王那样的味儿哪！

那时，黎铁安又介绍我到湘潭县城里，给茶陵州的著名绅士谭氏三兄弟，刻他们的收藏印记，这三位都是谭钟麟的公子。谭钟麟做过闽浙总督和两广总督，是赫赫有名的一品大员。他们三弟兄，大的叫谭延闿，号组安；次的叫谭恩闿，号组庚；小的叫谭泽闿，号瓶斋。我一共给他们刻了十多方印章。自己看着，倒还过得去。却有一个丁拔贡，名叫可钧的，自称是个金石家，指斥我的刀法太懒，说了不少坏话。谭氏兄弟听了丁拔贡的话，就把我刻的字，统都磨掉，另请这位丁拔贡去刻了。我听到这个消息，心想：我和丁可钧，都是摹仿丁龙泓、黄小松两家的，难道说，他刻得对，我就不对了么？究竟谁对谁不对，懂得此道的人自有公论，我又何必跟他计较，也就付之一笑而已。

光绪二十六年（一九〇〇年庚子），我三十八岁。湘潭县城内，住着一位江西盐商，是个大财主。他逛了一次衡山七十二峰,以为这是天下第一胜景,想请人画个南岳全图,作为他游山的纪念。朋友介绍我去应征,我很经意地画成六尺中堂十二幅。我为了凑合盐商的意思,着色特别浓重;十二幅画,光是石绿一色,足足用了二斤,这真是一个笑柄。盐商看了,却是十分满意,送了我三百二十两银子。这三百二十两,在那时是一个了不起的数目,人家听了,吐吐舌头说:"这还了得,画画真可以发财啦!"因为这一次画,我得了这样的高价,传遍了湘潭附近各县,从此我卖画的声名,就大了起来,生意也就益发地多了。

我住的星斗塘老屋,房子本来很小,这几年,家里添了好多人口,显得更见狭窄了。我拿回了三百二十两银子,就想另外找一所住房。恰巧离白石铺不远的狮子口,在莲花寨下面,有所梅公祠,附近还有几十亩祠堂的祭田,正在招人典租,索价八百两银子,我很想把它承典过来,只是没有这些银子。我有一个朋友,是种田的,他愿意典祠堂的祭田,于是我出三百二十两,典住祠堂房屋,他出四百八十两,典种祠堂祭田。事情办妥,我就同了我妻陈春君,带着我们两个儿子,两个女儿,搬到梅公祠去住了。莲花寨离余霞岭,有二十来里地,一望都是梅花,我把住的梅公祠,取名"百梅书屋"。我作过一首诗,说:

最关情是旧移家,屋角寒风香径斜。
二十里中三尺雪,馀霞双屐到莲花。

梅公祠边,梅花之外,还有许多木芙蓉,花开时好像铺着一大片锦绣,好看得很。梅公祠内,有一点空地,我添盖了一间书房，取名借山吟馆。房前屋后，种了几株芭蕉，到了夏天，绿荫铺阶，凉生几榻，尤其是秋风夜雨，潇潇簌簌，助人诗思。我有句云：

莲花山下窗前绿，犹有挑灯雨后思。

这一年我在借山吟馆里，读书学诗，作的诗，竟有几百首之多。

梅公祠离星斗塘，不过五里来地，并不太远。我和春君，常常回到星斗塘去看望祖母和我父亲母亲，他们也常到梅公祠来玩儿。从梅公祠到星斗塘，沿路水塘内，种的都是荷花，到花盛开之时，在塘边行走，一路香风，沁人心胸。我有两句诗说：

五里新荷田上路，百梅祠到杏花村。

我在梅公祠门前的水塘内，也种了不少荷花，夏末秋初，结的莲蓬很多，在塘边用稻草盖了一个棚子，嘱咐我两个儿子，轮流看守。那年，我大儿子良元，年十二岁，次儿良黼，年六岁。他们兄弟俩，平常日子，到山上去砍柴，砍柴挺卖力气，我见了心里很喜欢。有一天，中午刚过，我到门前塘边闲步，只见良黼躺在草棚之下，睡得正香。草棚是很小的，遮不了他整个身体，棚子顶上盖的稻草，又极稀薄，他穿了一件破旧的短衣，汗出得像流水一样。我看看地上的草，都给太阳晒得枯了。心想，他小小年纪，在这毒烈的太阳底下，怎么能受得了呢？就叫他说："良黼，你睡着了吗？"他从睡梦中矍地坐了起来，怕我责备，擦了擦眼泪，对我看看，喘着气，咳了一声嗽。我看他怪可怜的，就叫他跟我进屋去，这孩子真是老实极了。

光绪二十七年（一九〇一年辛丑），我三十九岁。朋友问我："你的借山吟馆，取了（借山）两字，是什么意思？"我说："意思很明白，山不是我所有，我不过借来娱目而已！"我就画了一幅《借山吟馆图》，留作纪念。有人介绍我到湘潭县城里，给内阁中书李家画像。这位李中书，名叫镇藩，号翰屏，是个傲慢自大的人，向来是谁都看不起的，不料他一见我面，却谈得非常之好，而且还彬彬有礼。我倒有点奇怪了，以为这样一个有名的狂士，怎么能够跟我交上朋友了呢？经过打听，原来他有个内阁中书的同事，是湘绮师的内弟蔡枚功，名毓春，曾经对他说过："国有颜子而不知，深以为耻。"蔡公这样地抬举我，李翰屏也就对我另眼相看了。

那年十二月十九日，我遭逢了一件大不幸的事情，我祖母马孺人故去了。我小时候，她背了我下地做活，在穷苦无奈之时，她宁可自己饿着肚子，留了东西给我吃，想起了以前种种情景，心里头真是痛如刀割。

五出五归

（一九〇二年至一九一六年）

光绪二十八年（一九〇二年壬寅），我四十岁。四月初四，春君又生了个男孩，这是我们的第三子，取名良琨，号子如。

我在四十岁以前，没有出过远门，来来往往，都在湘潭附近各地。而且到了一地，也不过稍稍勾留，少则十天半月，至多三五个月。得到一点润笔的钱，就拿回家去，奉养老亲，抚育妻子。我不希望发什么财，只图糊住了一家老小的嘴，于愿已足，并不作远游之想。那年秋天，夏午诒由翰林改官陕西，从西安来信，叫我去教他的如夫人姚无双学画，知道我是靠作画刻印的润资度日的，就把束脩和旅费，都汇寄给我。郭葆生也在西安，怕我不肯去，寄了一封长信来，说：

无论作诗作文，或作画刻印，均需于游历中求进境。作画尤应多游历，实地观察，方能得其中之真谛。古人云，得江山之助，即此意也。作画但知临摹前人名作或画册画谱之类，已落下乘，倘复仅凭耳食，随意点缀，则隔靴搔痒，更见其百无一是矣。只能常作远游，眼界既广阔，心境亦舒展，辅以颖敏之天资，深邃之学力，其所造就，将无涯矣。较之株守家园，故步自封者，诚不可以道里计也。关中夙号天险，山川雄奇，收之笔底，定多杰作。兄仰事俯蓄，固知惮于旅寄，然为画境进益起见，西安之行，殊不可少，尚望早日命驾，毋劳踌躇！

我经他们这样督促，就和父母商量好了，于十月初，别了春君，动身北上。

那时，水陆交通，很不方便，走得非常之慢，我却趁此机会，添了不少画料。每逢看到奇妙景物，我就画上一幅。到此境界，才明白前人的画谱，造意布局和山的皴法，都不是没有根据的。我在中途，画了很多，最得意的有两幅：一幅是路过洞庭湖，画的是《洞庭看日图》；一幅是快到西安之时，画的是《灞桥风雪图》。我都列入《借山吟馆图卷》之内。

我到西安，已是十二月中旬了，见着午诒，又会到了葆生，张仲飏也在西安，还认识了长沙人徐崇立。在快要过年的时候，午诒介绍我去见陕西臬台樊樊山（增祥），他是当时的名士，又是南北闻名的大诗人。我刻了几方印章，带了去，想送给他。到了臬台衙门，因为没有递"门包"，门上不给我通报，白跑了一趟。午诒跟樊山说了，才见着了面。樊山送了我五十两银子，作为刻印的润资，又替我定了一张刻印的润例，亲笔写好了交给我。

在西安的许多湖南同乡，看见臬台这样地看得起我，就认为是大好的晋身之阶。张仲飏也对我说，机会不可错过，劝我直接去走臬台门路，不难弄到一个很好的差事。我以为一个人要是利欲熏心，见缝就钻，就算钻出了名堂，这个人的人品，也可想而知了。因此，仲飏劝我积极营谋，我反而劝他悬崖勒马。仲飏这样一个热衷功名的人，当然不会受我劝的，但是像我这样一个淡于名利的人，当然也不会听他话的。我和他，从此就有点小小的隔阂，他的心里话，也就不跟我说了。

光绪二十九年（一九〇三年癸卯），我四十一岁。在西安住了三个来月，夏午诒要进京谋求差事，调省江西，邀我同行。樊樊山告诉我：他五月中也要进京，慈禧太后喜欢绘画，宫内有位云南籍的寡妇缪素筠，给太后代笔，吃的是六品俸，他可以在太后面前推荐我，也许能够弄个六七品的官衔。我笑着说："我是没见过世面的人，叫我去当内廷供奉，怎么能行呢？我没有别的打算，只想卖卖画，刻刻印章，凭着这一双劳苦的手，积蓄得三二千两银子，带回家去，够我一生吃喝，也就心满意足了。"夏午诒说："京城里遍地是银子，有本领的人，俯拾即是，三二千两银子，算得了什么！濒生当了内廷供奉，在外头照常可以卖画刻印，还怕不够你一生吃喝吗？"我听他们都是官场口吻，不便接口，只好相对无言了。

三月初，我随同午诒一家，动身进京。路过华阴县，登上了万岁楼，面对华山，看个尽兴。一路桃花，长达数十里，风景之美，真是生平所仅见。到晚晌，画了一幅《华山图》。华山山势陡立，看去真像刀削一样。渡了黄河，在弘农涧地方，远看嵩山，另是一种奇景。我向旅店中借了一张小桌子，在涧边画了一幅《嵩山图》。在漳河岸边，看见水里有一块长方形的石头，好像是很光滑的，我想取了来，磨磨刻字刀，倒是十分相宜。拾起来仔细一看，却是块汉砖，铜雀台的遗物。无意间得到了稀见的珍品，真是喜出望外。可惜十多年后，在家乡的兵乱中，给土匪抢去了。

我进了京城，住在宣武门外北半截胡同夏午诒家。每天教无双学画以外，应了朋友的介绍，卖画刻印章。闲暇时候，常去逛琉璃厂，看看古玩字画。也到大栅栏一带去听听戏。认识了湘潭同乡张翊六，号贡吾；衡阳人曾熙，号农髯；江西人李瑞荃，号筠庵。其余还有不少的新知旧友，常在一起游宴。但是一般势利的官场中人，我是不愿和他们接近的。记得我初认识曾农髯时，误会他是个势利人，嘱咐午诒家的门房，待他来时，说我有病，不能会客。他来过几次，都没见着。一次他又来了，不待通报，直闯进来，连声说："我已经进来，你还能不见我吗？"我无法再躲，只得延见。农髯是个风雅饱学之士，后来跟我交得很好，当初我错看了他，实在抱歉之极。三月三十日那天，午诒同杨度发起，在陶然亭饯春，到了不少的诗人，我画了一幅《陶然亭饯春图》。杨度，号皙子，湘潭同乡，也是湘绮的门生。

到了五月，听说樊山已从西安启程，我怕他来京以后，推荐我去当内廷供奉，少不得要添出许多麻烦。我向午诒说："离家半年多，想念得很，打算出京回家去了。"午诒留着我，我坚决要走。他说："既然留你不得，我也只好随你的便！我想，给你捐个县丞，指省江西，你到南昌去候补，好不好呢？县丞虽是微秩，究属是朝廷的命官，慢慢地磨上了资格，将来署县缺，是并不难的。况且我是要到江西去的，替你打点打点，多少总有点照应。"我说："我哪里会做官，你的盛意，我只好心领而已。我如果真的到官场里去混，那我简直是受罪了！"午诒看我意志并无犹豫，知道我是决不会干的，也就不再勉强，把捐县丞的钱送了给我。我拿了这些钱，连同在西安北京卖画刻印的润资，一共有二千多两银子，可算是不虚此行了。

我在北京临行之时，在李玉田笔铺，定制了画笔六十支，每支上面，挨次刻着号码，刻的字是："白石先生画笔第几号。"当时有人说，不该自称先生，这样地刻笔，未免狂妄。实则从前金冬心就自己称过先生，我摹仿着他，有何不可呢？樊樊山在我出京后不久，也到了京城，听说我已走了，对夏午诒说："齐山人志行很高，性情却有点孤僻啊！"

我出京城，从天津坐海轮，过黑水洋，到上海，再坐江轮，转汉口，回到家乡，已是六月炎天了。我从四十岁起至四十七岁止，出过远门五次，是我生平可纪念的五出五归。这次远游西安北京，绕道天津上海回家，是我五出五归中的一出一归，也就是我出门远游的第一次。那时，同我合资典租梅公祠祭田的那位朋友，想要退田，我提出四百八十两给了他，以后梅公祠的房子和祭田，统都归我承典了。我回乡以后，仍和旧日师友常相晤叙，作画吟诗刻印章，是每天的日课。

光绪三十年（一九〇四年甲辰），我四十二岁，春间，王湘绮师约我和张仲飏游南昌。过九江，游了庐山。到了南昌，住在湘绮师的寓中，我们常去游滕王阁、百花洲等名胜。铜匠出身的曾招吉，那时在南昌制造空运大气球，听说他试验了几次，都掉到水里去了，人都作为笑谈，他仍是专心一志地研究。他也是湘绮师的门生，和铁匠出身的张仲飏，木匠出身的我，同称"王门三匠"。南昌是江西省城，大官儿不算很少，钦慕湘绮的盛名，时常来登门拜访。仲飏和招吉，周旋其间，倒也认识了很多阔人。我却怕和他们打着交道，看见他们来了，就躲在一边，避不见面，并不出去招呼，所以他们认识我的很少。

七夕那天，湘绮师在寓所，招集我们一起饮酒，并赐食石榴。席间，湘绮师说："南昌自从曾文正公去后，文风停顿了好久，今天是七夕良辰，不可无诗，我们来联句吧！"他就自己首唱了两句："地灵胜江汇，星聚及秋期。"我们三个人听了，都没有联上，大家互相看看，觉得很不体面。好在湘绮师是知道我们底细的，看我们谁都联不上，也就罢了。我在夏间，曾把我所刻的印章拓本，呈给湘绮师评阅，并请他作篇序文。就在那天晚上，湘绮师把作成的序文给了我。到了八月十五中秋节，我才回到了家乡。这是我五出五归中的二出二归。想起七夕在南昌联句之事，觉得作诗这一门，倘不多读点书，打好根基，实在不是容易的事。虽说我也会哼几句平平仄仄，怎么能够自称为诗人了呢？因此，就把借山吟馆的"吟"字删去，只名为借山馆了。

光绪三十一年（一九〇五年乙巳），我四十三岁。在黎薇荪家里，见到赵之谦的《二金蝶堂印谱》，借了来。用朱笔钩出，倒和原本一点没有走样。从此，我刻印章，就摹仿赵叔的一体了。我作画，本是画工笔的，到了西安以后，渐渐改用大写意笔法。以前我写字，是学何子贞的，在北京遇到了李筠庵，跟他学写魏碑，他叫我临《爨龙颜碑》，我一直写到现在。人家说我出了两次远门，作画写字刻印章，都变了样啦，这确是我改变作风的一个大枢纽。

七月中旬，汪颂年约我游桂林。颂年名诒书，长沙人，翰林出身，时任广西提学使。广西的山水，是天下著名的，我就欣然而往，进了广西境内，果然奇峰峻岭，目不暇接。画山水，到了广西，才算开了眼界啦！只是桂林的气候，倏忽多变，炎凉冷暖捉摸不定，出去游览，必须把棉夹单三类衣服，带个齐全，才能应付天气的变化。我作过一首诗：

广西时候不相侔，自打衣包作小游。
一日扁舟过阳朔，南风轻葛北风裘。

并不是过甚其辞。

我在桂林，卖画刻印为生。樊樊山在西安给我定的刻印润格，我借重他的大名，把润格挂了出去，生意居然很好。那时，宝庆人蔡锷，新从日本回国，在桂林创办巡警学堂。看我赋闲无事，托人来说："巡警学堂的学生，每逢星期日放假，常到外边去闹事，想请您在星期那天，去教学生们作画，每月送薪资三十两银子。"我说："学生在外边会闹事，在里头也会闹事，万一闹出轰教员的事，把我轰了出来，颜面何存，还是不去的好。"三十两银子请个教员，在那时是很丰厚的薪资，何况一个月只教四天的课，这是再优惠没有的了。我坚辞不就，人都以为我是个怪人。松坡又有意自己跟我学画，我也婉辞谢绝。

有一天，在朋友那里，遇到一位和尚，自称姓张，名中正，人都称他为张和尚。我看他行动不甚正常,说话也多可疑,问他从哪里来,往何处去,他都闪烁其辞,没曾说出一个准地方,只是吞吞吐吐的"唔"了几声,我也不便多问了。他还托我画过四条屏,送了我二十块银元。我打算回家的时候,他知道了,特地跑来对我说:"你哪天走?我预备骑马,送你出城去!"这位和尚待友,倒是很殷勤的。到了民国初年,报纸上常有黄克强的名字,是人人知道的。朋友问我:"你认识黄克强先生吗?"我说:"不认识。"又问我:"你总见过他?"我说:"素昧平生。"朋友笑着说:"你在桂林遇到的张和尚,既不姓张,又不是和尚,就是黄先生。"我才恍然大悟,但是我和黄先生始终没曾再见过。

光绪三十二年(一九〇六年丙午),我四十四岁。在桂林过了年,打算要回家,画了一幅《独秀山图》。正想动身的时候,忽接父亲来信,说是四弟纯培和我的长子良元,从军到了广东,家里很不放心,叫我赶快去追寻。我就取道梧州,到了广州,住在祇园寺庙内。探得他们跟了郭葆生,到了钦州去了。原来现任两广总督袁海观,也是湘潭人,跟葆生是亲戚。葆生是个候补道,指省广东不久,就放了钦廉兵备道。道台是驻在钦州的。纯培和良元,是葆生叫去的,他们怕家里不放远行,瞒了人,偷偷地到了广东。我打听到确讯,赶到了钦州。葆生笑着说:"我叫他们叔侄来到这里,连你这位齐山人也请到了!"我说:"我是找他们来的,既已见到,家里也就放心了。"

葆生本也会画几笔花鸟,留我住了几个月,叫他的如夫人跟我学画。他是一个好名的人,自己的画虽不太好,却很喜欢挥毫，官场中本没有真正的是非，求他画的人倒也不少。我到了以后，应酬画件，葆生就叫我代为捉刀，送了我一笔润资。他收罗的许多名画，像八大山人、徐青藤、金冬心等真迹，都给我临摹了一遍，我也得益不浅。到了秋天，我跟葆生订了后约，独自回家乡。这是我五出五归中的三出三归。

我回家后不久，周之美师傅于九月二十一日死了。我听得这个消息，心里难受得很。回想当初跟我师傅学艺的时候，师傅视我如子，把他雕花的绝技，全套教给了我。出师后，我虽常去看他，只因连年在外奔波，相见的日子，并不甚多。不料此次远游归来，竟成长别。师傅又没有后嗣，身后凄凉，令人酸鼻。我到他家去哭奠了一场，又作了一篇《大匠墓志》去追悼他。凭我这一点微薄的意思，怎能报答我师傅当初待我的恩情呢？

那时，我因梅公祠的房屋和祠堂的祭田，典期届满，另在余霞峰山脚下，茶恩寺茹家冲地方，买了一所破旧房屋和二十亩水田。茹家冲在白石铺的南面，相隔二十来里。西北到晓霞山，也不过三十来里。东西是枫树坳，坳上有大枫树百十来棵，都是几百年前遗留下来的。西北是老坝，又名老溪，是条小河，岸的两边，古松很多。我们房屋的前面和旁边，各有一口水井，井边种了不少的竹子，房前的井，名叫墨井。这一带在四山围拘之中，风景很是优美。

我把破旧的房屋，翻盖一新，取名为"寄萍堂"。堂内造一书室，取名为"八砚楼"，名虽为楼，并非楼房，我远游时得来的八块砚石，置在室中，所以题了此名。这座房子，是我画了图样盖的，前后窗户，安上了从上海带回来的细铁丝纱，我把它称作"碧纱橱"。布置妥当，于十一月同春君带着儿女们，从梅公祠旧居，搬到了茹家冲新宅。我以前住的，只能说是借山，此刻置地盖房，才可算是买山了。

十二月初七日，大儿媳生了个男孩，这是我的长孙，取名秉灵，号叫近衡。因他生在搬进新宅不到一月，故又取号移孙。邻居们看我新修了住宅，又添了一个孙子，都来祝贺说："人兴财旺！"我的心境，确比前几年舒展得多了。

光绪三十三年（一九〇七年丁未），我四十五岁。上年在钦州，与郭葆生话别，订约今年再去。过了年，我就动身了。坐轿到广西梧州，再坐轮船，转海道而往。到了钦州，葆生仍旧叫我教他如夫人学画，兼给葆生代笔。住不多久，随同葆生到了肇庆。游鼎湖山，观飞泉潭。又往高要县，游端溪，谒包公祠。钦州辖界，跟越南接壤，那年边疆不靖，兵备道是要派兵去巡逻的。我趁此机会，随军到达东兴。这东兴在北仑河北岸，对面是越南的芒街，过了铁桥，到了北仑河南岸，游览越南山水。野蕉数百株，映得满天都成碧色。我画了一张《绿天过客图》，收入《借山图卷》之内。

回到钦州，正值荔枝上市，沿路我看了田里的荔枝树，结着累累的荔枝，倒也非常好看，从此我把荔枝也入了我的画了。曾有人拿了许多荔枝来，换了我的画去，这倒可算是一桩风雅的事。还有一位歌女，我捧过她的场，她常常剥了荔枝肉给我吃。我作了一首纪事诗：

客里钦州旧梦痴，南门河上雨丝丝。

▶天趣匠心：齐白石自述 »

此生再过应无分，纤手教侬剥荔枝。

钦州城外，有所天涯亭，我每次登亭游眺，总不免有点游子之思。到了冬月，动身回乡，到家已是腊鼓频催的时节了。这是五出五归中的四出四归。

光绪三十四年（一九〇八年戊申），我四十六岁。罗醒吾在广东提学使衙门任事，叫我到广州去玩玩。我于二月间到了广州，本想小住几天，转道往钦州，醒吾劝我多留些时，我就在广州住下，仍以卖画刻印为生。那时广州人看画，喜的是"四王"一派，求我画的人很少。唯独非常夸奖我的刀法，求我刻印的人，每天总有十来起。因此卖艺生涯，亦不落寞。醒吾参加了孙中山先生领导的同盟会，在广州做秘密的革命工作。他跟我同是龙山诗社七子之一，彼此无话不谈。此番在广州见面，他悄悄地把革命党的内容和他工作的状况，告诉了我，并要我帮他做点事，替他们传递文件。我想，这倒不是难办的事，只需机警地不露破绽，不会发生什么问题，当下也就答允了。从此，革命党的秘密文件，需要传递，醒吾都交我去办理。我是假借卖画的名义，把文件夹杂在画件之内，传递得十分稳妥。好在这样的传递，每月并没有多少次，所以始终没露痕迹。秋间，我父亲来信叫我回去，我在家住了没有多久，父亲叫我往钦州接我四弟和我长子回家，又动身到了广东。

宣统元年（一九〇九年己酉），我四十七岁。在广州过了年，正月到钦州，葆生留我住过了夏天，我才带着我四弟纯培和我长子良元，经广州往香港，到了香港，换乘海轮，直达上海。

住了几天，正值中秋佳节，就携同纯培和良元，坐火车往苏州，乘夜去游虎丘。第二天，我们到了南京。我想去见李梅庵，他往上海去了，没有见着。梅庵名瑞清，是筠庵的哥哥，是当时有名的一位书法家。我刻了几方印章，留在他家。在南京，匆匆逛了几处名胜，就坐江轮西行。路过江西小姑山，在轮中画了一幅《小姑山图》，收入我的《借山图卷》之内。九月，回到了家。这是我五出五归末一次回来。

宣统二年（一九一〇年庚戌），我四十八岁。回家以后，自觉书底子太差，天天读些古文诗词，想从根基方面，用点苦功。有时和旧日诗友，分韵斗诗，刻烛联吟，往往一字未妥，删改再三，不肯苟且。还把游历得来的山水画稿，重画了一遍，编成《借山图卷》，一共画了五十二幅。朋友胡廉石把他自己住在石门附近的景色，请王仲言拟了二十四个题目，叫我画石门二十四景图。我精心构思，换了几次稿，费了三个多月的时间，才把它画成。廉石和仲言，都说我远游归来，画的境界，比以前扩展得多了。

黎薇荪自从四川辞官归来，在岳麓山下，新造了一所别墅，取名听叶庵，叫我去玩。我到了长沙，住在通泰街胡石庵的家里。王仲言在石庵家坐馆，沁园师的长公子仙甫，也在省城。薇荪那时是湖南高等学堂的监督，高等学堂是湖南全省最高的学府，在岳麓书院的旧址，张仲飏在里头当教务长，都是熟人。我同薇荪、仲飏和胡石庵、王仲言、胡仙甫等，游山吟诗，有时又刻印作画，非常欢畅。我刻印的刀法，有了变化，把汉印的格局，融会到赵㧑叔一体之内，薇荪说我古朴耐人寻味。茶陵州的谭氏兄弟，十年前听了丁拔贡的话，把我刻的印章磨平了。现在他们懂得些刻印的门径，知道丁拔贡的话并不可靠，因此，把从前要刻的收藏印记，又请我去补刻了。同时，湘绮师也叫我刻了几方印章。省城里的人，顿时哄传起来，求我刻印的人，接连不断，我曾经有过一句诗："姓名人识鬓成丝。"人情世态，就是这样的势利啊！

宣统三年（一九一一年辛亥），我四十九岁。春二月，听说湘绮师来到长沙，我进省去访他，并面恳给祖母作墓志铭。这篇铭文，后来由我自己动手刻石。谭组安约我到荷花池上，给他们先人画像。他的四弟组庚，于前年八月故去，也叫我画了一幅遗像。我用细笔在纱衣里面，画出袍褂的团龙花纹，并在地毯右角，画上一方"湘潭齐璜濒生画像记"小印，这是我近年来给人画像的记识。

清明后二日，湘绮师借瞿子玖家里的超览楼，招集友人饮宴，看樱花海棠。写信给我说："借瞿协揆楼，约文人二三同集，请翩然一到！"我接信后就去了。到的人，除了瞿氏父子，尚有嘉兴人金甸臣，茶陵人谭祖同（泽闿）等。瞿子玖名鸿机，当过协办大学士、军机大臣。他的小儿子宣颖，号兑之，也是湘绮师的门生，那时还不到二十岁。瞿子玖作了一首樱花歌七古，湘绮师作了四首七律，金、谭也都作了诗。我不便推辞，只好献丑，过了好多日子，才补作了一首看海棠的七言绝句。诗道：

往事平泉梦一场，师恩深处最难忘。
三公楼上文人酒，带醉扶栏看海棠。

当日，湘绮师在席间对我说："濒生这几年，足迹半天下，好久没有给同乡人作画了，今天的集会，可以画一幅《超览楼禊集图》啦！"我说："老师的吩咐，一定遵办！"可是我口头虽答允了，因为不久就回了家，这图却没有画成。

民国元年（一九一二年壬子），我五十岁。民国二年（一九一三年癸丑），我五十一岁。我自五出五归以后，希望终老家乡，不再作远游之想。住的茹家冲新宅，经我连年布置，略有可观。我奔波了半辈子，总算有了一个比较安逸的容身之所了。在我五十一岁那年的九月，我把一点微薄的积蓄，分给三个儿子，让他们自谋生活。那时，长子良元二十五岁，次子良黼二十岁，三子良琨十二岁。良琨年岁尚小，由春君留在身边，跟随我们夫妇度日。长次两子，虽仍住在一起，但各自分炊，独立门户。良元在外边做工，收入比较多些，糊口并不为难。良黼只靠打猎为生，天天愁穷。十月初一日得了病，初三日曳了一双破鞋，手里拿着火笼，还踱到我这边来，坐在柴灶前面，烤着松柴小火，向他母亲诉说窘况。当时我和春君，以为他是在父母面前撒娇，并不在意。不料才隔五天，到初八日死了，这真是意外的不幸。春君哭之甚恸，我也深悔不该急于分炊，致他忧愁而死。

民国三年（一九一四年甲寅），我五十二岁。雨水节前四天，我在寄萍堂旁边，亲手种了三十多株梨树。苏东坡致程全父的信说："太大则难活，小则老人不能待。"我读了这篇文章，心想：我已五十二岁的人了，种这梨树，也怕等不到吃果子，人已没了。但我后来，还幸见它结实，每只重达一斤，而且味甜如蜜，总算及吾之生，吃到自种的梨了。

夏四月，我的六弟纯楚死了，享年二十七岁。纯楚一向在外边做工，当戊申年他二十一岁时，我曾为了他画一幅小像。前年冬，他因病回家，病了一年多而死。父亲母亲，老年丧子，非常伤心，我也十分难过，作了两首诗悼他。

纯楚死后没几天，正是端阳节，我派人送信到韶塘给胡沁园师，送信人匆匆回报说：他老人家故去已七天了。我听了，心里头顿时像小刀子乱扎似的，说不出有多大痛苦。他老人家不但是我的恩师，也可以说是我生平第一知己，我今日略有成就，饮水思源，都是出于他老人家的栽培。一别千古，我怎能抑制得住满腔的悲思呢？我参酌旧稿，画了二十多幅画，都是他老人家生前赏识过的，我亲自动手裱好，装在亲自糊扎的纸箱内，在他灵前焚化。同时又作了七言绝句十四首，又作了一篇祭文，一副挽联，联道：

衣钵信真传，三绝不愁知己少；
功名应无分，一生长笑折腰卑。

这副联语虽说挽的是沁园师，实在是我的自况。

民国四年（一九一五年乙卯），我五十三岁。民国五年（一九一六年丙辰），我五十四岁。乙卯冬天，胡廉石把我前几年给他画的《石门二十四景图》送来，叫我题诗。我看黎薇荪已有诗题在前面，也技痒起来，每景补题了一诗。正在那时，忽得消息，湘绮师故去了，享年八十五岁。这又是一个意外的刺激！我专诚去哭奠了一场。回忆往日师门的恩遇，我至今铭感不忘。

那年，还有一桩扫兴的事，谈起来也是很可气的。我作诗，向来是不求藻饰，自主性灵，尤其反对摹仿他人，学这学那，搔首弄姿。但这十年来，喜读宋人的诗，爱他们轻朗闲淡，和我的性情相近，有时偶用他们的格调，随便哼上几句。只因不是去摹仿，就没有去作全首的诗，所作的不过是断句残联。日子多了，积得有三百多句，不意在秋天，被人偷了去。我有诗道：

料汝他年夸好句，老夫已死是非无。

作诗原是雅事，到了偷袭掠美的地步，也就未免雅得太俗了。

定居北京

（一九一七年至一九三六年）

民国六年（一九一七年丁巳），我五十五岁。我自五出五归之后，始终没有离开湖南省境，我本不打算再作远游。不料连年兵乱，常有军队过境，南北交哄，互相混战，附近土匪，乘机蜂起。官逼税捐，匪逼钱谷，稍有违拒，巨祸立至。没有一天，不是提心吊胆地苟全性命。那年春夏间，又发生了兵事，家乡谣言四起，有碗饭吃的人，纷纷别谋避地之所。我正在进退两难、一筹莫展的时候，接到樊樊山来信，劝我到京居住，卖画足可自给。我迫不得已，辞别了父母妻子，携着简单行李，独自动身北上。

阴历五月十二日到京。这是我第二次来到北京，住前门外西河沿排子胡同阜丰米局后院郭葆生家。住了不到十天，恰逢复辟之变，一夕数惊。葆生于五月二十日，带着眷属，到天津租界去避难，我也随着去了。到六月底，又随同葆生一家，返回北京，住在郭葆生家。后来又搬到西砖胡同法源寺庙内，和杨潜庵同住。

我在琉璃厂南纸铺，挂了卖画刻印的润格，陈师曾见着我刻的印章，特到法源寺来访我，晤谈之下，即成莫逆。师曾能画大写意花卉，笔致矫健，气魄雄伟，在京里很负盛名。我在行箧中，取出《借山图卷》，请他鉴定。他说我的画格是高的，但还有不到精湛的地方。题了一首诗给我，说：

> 囊于刻印知齐君，今复见画如篆文。
> 束纸丛蚕写行脚，脚底山川生乱云。
> 齐君印工而画拙，皆有妙处难区分。
> 但恐世人不识画，能似不能非所闻。
> 正如论书喜姿媚，无怪退之讥右军。
> 画吾自画自合古，何必低首求同群？

他是劝我自创风格，不必求媚世俗，这话正合我意。我常到他家去，他的书室，取名"槐堂"，我在他那里，和他谈画论世，我们所见相同，交谊就愈来愈深。

樊樊山是看得起我的诗的，我把诗稿请他评阅，他作了一篇序文给我，并劝我把诗稿付印。隔了十年，我才印出了《借山吟馆诗草》，樊山这篇序文，就印在卷首。

我这次到京，除了易实甫、陈师曾二人以外，又认识了江苏泰州凌植支（文渊），广东顺德罗瘿公（惇曧）、敷庵（惇㬊）兄弟，江苏丹徒汪蔼士（吉麟），江西丰城王梦白（云），四川三台萧龙友（方骏），浙江绍兴陈半丁（年），贵州息烽姚茫父（华）等人。凌、汪、王、陈、姚都是画家，罗氏兄弟是诗人兼书法家，萧为名医，也是诗人。尊公（本文笔录者张次溪的父亲，下同）沧海先生，跟我同是受业于湘绮师的，神交已久，在易实甫家晤见，真是如逢故人，欢若平生（次溪按：先君篁溪公，讳伯桢，尝刊《沧海丛书》，别署沧海）。还认识了两位和尚，一是法源寺的道阶，一是阜成门外衍法寺的瑞光，后来拜我为师。旧友在京的，有郭葆生、夏午诒、樊樊山、杨潜庵、张仲飏等。新知旧雨，常在一起聚谈，客中并不寂寞。

不过新交之中，有一个自命科榜的名士，能诗能画，以为我是木匠出身，好像生来就比他低下一等，常在朋友家遇到，表面虽也虚与我周旋，眉目之间，终不免流露出倨傲的样子。他不仅看不起我的出身，尤其看不起我的作品，背地里骂我粗野，诗也不通，简直是一无可取，一钱不值。他还常说："画要有书卷气，肚子里没有一点书底子，画出来的东西，俗气熏人，怎么能登大雅之堂呢！讲到诗的一道，又岂是易事，有人说，自鸣天籁，这天籁两字，是不读书人装门面的话，试问自古至今，究竟谁是天籁的诗家呢？"我明知他的话，是针对着我说的。文人相轻，是古今通例，这位自称有书卷气的人，画得本极平常，只靠他的科名，卖弄身份。我认识的科甲中人，也很不少，像他这样的人，并不觉得物稀为贵。况且画好不好，诗通不通，谁比谁高明，百年后世，自有公评，何必争此一日短长，显得气度不广。当时我作的《题棕树》诗，有两句说：

　　　　任君无厌千回剥，转觉临风遍体轻。

我对于此公，总是逆来顺受，丝毫不与他计较，毁誉听之而已。到了九月底，听说家乡乱事稍定，我遂出京南下。十月初十日到家，家里人避兵在外，尚未回来，茹家冲宅内，已被抢劫一空。

民国七年（一九一八年戊午），我五十六岁。家乡兵乱，比上年更加严重得多，土匪明目张胆，横行无忌，抢劫绑架，吓诈钱财，几乎天天耳有所闻，稍有余资的人，没有一个不是栗栗危惧。我本不是富裕人家，只因这几年来，生活比较好些，一家人糊得上嘴，吃得饱肚子，附近的坏人歹徒，看着不免眼红，遂有人散布谣言，说是："芝木匠发了财啦！去绑他的票！"一般心存忌嫉、幸灾乐祸的人，也跟着起哄，说："芝木匠这几年，确有被绑票的资格啦！"我听了这些威吓的话，家里怎敢再住下去呢？趁着邻居不注意的时候，悄悄带着家人，匿居在紫荆山下的亲戚家里。那边地势偏僻，只有几间矮小的茅屋，倒是个避乱的好地方。我住下以后，隐姓埋名，时刻提防，唯恐给人知道了，发生麻烦。那时的苦况，真是一言难尽。到此地步，才知道家乡虽好，不是安居之所。打算从明年起，往北京定居，到老死也不再回家乡来住了。

民国八年（一九一九年己未），我五十七岁。三月初，我第三次来到北京。那时，我乘军队打着清乡旗号，土匪暂时敛迹的机会，离开了家乡。离家之时，我父亲年已八十一岁，母亲七十五岁。两位老人知道我这一次出门，不同以前的几次远游，要定居北京，以后回来，在家乡反倒变为作客了，因此再三叮咛，希望时局安定些，常常回家看看。春君舍不得扔掉家乡一点薄产，情愿带着儿女株守家园，说：她是个女人，留在乡间，见机行事，谅无妨害，等我在京谋生，站稳脚跟，她就往来京湘，也能时时见面。并说我只身在外，一定感觉不很方便，劝我置一副室，免得客中无人照料。春君处处为我设想，体贴入微，我真有说不出的感激。当时正值春雨连绵，借山馆前的梨花，开得正盛，我的一腔别离之情，好像雨中梨花，也在替人落泪。我留恋着家乡，而又不得不避祸远离，心里头真是难受得很哪！

到了北京，仍住法源寺庙内，卖画刻印，生涯并不太好，那时物价低廉，勉强还可以维持生计。每到夜晚，想起父母妻子，亲戚朋友，远隔千里，不能聚首一处，辗侧枕上，往往通宵睡不着觉，忧愤之余，只有作些小诗，解解心头的闷气。

到了中秋节边，春君来信说：她为了我在京成家之事，即将来京布置，嘱我预备住宅。我托人在龙泉寺隔壁，租到几间房，搬了进去。不久，春君来京，给我聘到副室胡宝珠，她是光绪二十八年（一九○二年壬寅）八月十五中秋节生的，小名叫作桂子，时年十八岁。原籍四川酆都县转斗桥胡家冲。冬间，听说湖南又有战事，春君急欲回去，我遂陪她同行。启程之时，我作了一首诗，中有句云：

愁似草生删又长，盗如山密铲难平。

那时，我们家乡，兵匪不分，群盗如毛，我的诗，虽是志感，也是纪实。

民国九年（一九二○年庚申），我五十八岁。春二月，我带着三子良琨，长孙秉灵，来京就学。到北京后，因龙泉寺僻处城南，交通很不方便，又搬到宣武门内石镫庵去住。我从法源寺搬到龙泉寺，又从龙泉寺搬到石镫庵，连搬三处，都是住的庙产，可谓与佛有缘了。

搬去不久,直皖战事突起,北京城内,人心惶惶,郭葆生在帅府园六号租到几间房子,邀我同去避难。我带着良琨、秉灵,一同去住。帅府园离东交民巷不远,东交民巷有各国公使馆,附近一带,号称保卫界。战事没有几天就停了,我搬回西城。只因石镫庵的老和尚,养着许多鸡犬,鸡犬之声,不绝于耳,我早想另迁他处。恰好宝珠托人找到了新址,就搬到虎坊桥观音寺内。不料观音寺的佛事很忙,佛号钟声,比石镫庵更加嘈杂得多。住了不到一个月,又迁到西四牌楼以南三道栅栏六号,才算住得安定些。

我那时的画,学的是八大山人冷逸的一路,不为北京人所喜爱,除了陈师曾以外,懂得我画的人,简直是绝无仅有。我的润格,一个扇面,定价银币两元,比同时一般画家的价码,便宜一半,尚且很少有人来问津,生涯落寞得很。师曾劝我自出新意,变通办法,我听了他话,自创红花墨叶的一派。我画梅花,本是取法宋朝杨补之(无咎)。同乡尹和伯(金阳),在湖南画梅是最有名的,他就是学的杨补之,我也参酌他的笔意。师曾说,工笔画梅,费力不好看,我又听了他的话,改换画法。同乡易蔚儒(宗夔)是众议院的议员,请我画了一把团扇,给林琴南看见了,大为赞赏,说:"南吴北齐,可以媲美。"他把吴昌硕跟我相比,我们的笔路,倒是有些相同的。经易蔚儒介绍,我和林琴南交成了朋友。同时我又认识了徐悲鸿、贺履之、朱悟园等人。我的同乡老友黎松安,因他儿子劭西在教育部任职,也来到北京,和我时常见面。

我跟梅兰芳认识,就在那一年的下半年。记得是在九月初的一天，齐如山来约我同去的。兰芳性情温和，礼貌周到，可以说是恂恂儒雅。那时他住在前门外北芦草园，他书斋名"缀玉轩"，布置得很讲究。他家里种了不少的花木，光是牵牛花就有百来种样式，有的开着碗般大的花朵，真是见所未见，从此我也画上了此花。当天，兰芳叫我画草虫给他看，亲自给我磨墨理纸，画完了，他唱了一段贵妃醉酒，非常动听。同时在座的，还有两人：一是教他画梅花的汪霭士，跟我也是熟人；一是福建人李释堪（宣倜），是教他作诗词的，释堪从此也成了我的朋友。

有一次，我到一个大官家去应酬，满座都是阔人，他们看我衣服穿得平常，又无熟友周旋，谁都不来理睬。我窘了半天，自悔不该贸然而来，讨此没趣。想不到兰芳来了，对我很恭敬地寒暄了一阵，座客大为惊讶，才有人来和我敷衍，我的面子，总算圆了回来。事后，我很经意地画了一幅《雪中送炭图》，送给兰芳，题了一诗，有句说：

而今沦落长安市，幸有梅郎识姓名。

势利场中的炎凉世态，是既可笑又可恨的。

民国十年（一九二一年辛酉），我五十九岁。夏午诒在保定，来信邀我去过端阳节，同游莲花池，是清末莲池书院旧址，内有朱藤，十分茂盛。我对花写照，画了一张长幅，住了三天回京。秋返湘潭，重阳到家，父母双亲都康健，心颇安慰。九月十五日得良琨从北京发来电报，说秉灵病重，我同春君立刻动身北行。回到北京，秉灵的病好了。

腊月二十日，宝珠生了个男孩，取名良迟，号子长。这是宝珠的头一胎，我的第四个儿子。那年宝珠才二十岁，春君因她年岁尚轻，生了孩子，怕她不善抚育，就接了过来，亲自照料。夜间专心护理，不辞辛劳，孩子饿了，抱到宝珠身边喂乳，喂饱了又领去同睡。冬令夜长，一宵之间，冒着寒威，起身好多次。这样的费尽心力，爱如己出，真是世间少有，不但宝珠知恩，我也感激不尽。

民国十一年（一九二二年壬戌），我六十岁。春，陈师曾来谈：日本有两位著名画家，荒木十亩和渡边晨亩，来信邀他带着作品，参加东京府厅工艺馆的中日联合绘画展览会。他叫我预备几幅画，交他带到日本去展览出售。我在北京，卖画生涯，本不甚好，有此机会，当然乐于遵从，就画了几幅山水，交他带去。

师曾行后，我送春君回到家乡，住了几天，我到长沙，已是四月初夏之时了。初八那天，在同族逊园家里，见到我的次女阿梅，可怜四年不见，她憔悴得不成样子。她自嫁到宾氏，同夫婿不很和睦，逃避打骂，时常住在娘家，有时住在娘家的同族或亲戚处。听说她的夫婿，竟发了疯，拿着刀想杀害她，幸而跑得快，躲在邻居家，才保住性命。她屡次望我回到家乡来住，我始终没有答允她。此番相见，说不出有许多愁闷，我作了两首诗，有句说：

赤绳勿太坚，休误此华年！

我是婉劝她另谋出路，除此别无他法。

那时张仲飏已先在省城，尚有旧友胡石庵、黎戬斋等人，杨皆子的胞弟重子，名钧，能写隶书，也在一起。我给他们作画刻印，盘桓了十来天，就回到北京。

陈师曾从日本回来，带去的画，统都卖了出去，而且卖价特别丰厚。我的画，每幅就卖了一百元银币，山水画更贵，二尺长的纸，卖到二百五十元银币。这样的善价，在国内是想也不敢想的。还说法国人在东京，选了师曾和我两人的画，加入巴黎艺术展览会。日本人又想把我们两人的作品和生活状况，拍摄电影，在东京艺术院放映。这都是意想不到的事。经过日本展览以后，外国人来北京买我画的很多。琉璃厂的古董鬼，就纷纷求我的画，预备去做投机生意。一般附庸风雅的人，也都来请我画了。从此以后，我卖画生涯，一天比一天兴盛起来。这都是师曾提拔我的一番厚意，我是永远忘不了他的。

长孙秉灵，肄业北京法政专门学校，成绩常列优等，去年病后，本年五月又得了病，于十一月初一日死了，年十七岁。回想在家乡时，他才十岁左右，我在借山馆前后，移花接木，他拿着刀凿，跟在我身后，很高兴地帮着我。当初种的梨树，他尤出力不少。我悼他的诗，有云：

  梨花若是多情种，应忆相随种树人。

秉灵的死，使我伤感得很。

民国十二年（一九二三年癸亥），我六十一岁。从本年起，我开始作日记，取名《三百石印斋纪事》。只因性懒善忘，随着好几天，才记上一回。中秋节后，我从三道栅栏迁至太平桥高岔拉一号,把早先湘绮师给我写的"寄萍堂"横额,挂在屋内。附近有条胡同,名叫鬼门关,听说明朝时候,那里是刑人地方。我作的寄萍堂诗,有两句:

马面牛头都见惯,寄萍堂外鬼门关。

当我在三道栅栏迁出之先,陈师曾来,说他要到大连去。不久得到消息:师曾在大连接家信,奔继母丧,到南京去,得痢疾死了。我失掉一个知己,心里头感觉得异常空虚,眼泪也就止不住地流了下来。他对于我的画,指正的地方很不少,我都听从他的话,逐步地改变了。他也很虚心地采纳了我的浅见,我有"君无我不进,我无君则退"的两句诗,可以概见我们两人的交谊。可惜他只活了四十八岁,这是多么痛心的事啊!

那年十一月十一日,宝珠又生了一个男孩,取名良已,号子泷,小名迟迟。

民国十三年(一九二四年甲子),我六十二岁。十四年(一九二五年乙丑),我六十三岁。良琨这几年跟我学画,在南纸铺里也挂上了笔单,卖画收入的润资,倒也不少,足可自立谋生。儿媳张紫环能画梅花,倒也很有点笔力。

乙丑年的正月,同乡宾恺南先生从湘潭到北京,我在家里请他吃饭,邀了几位同乡作陪。恺南名玉瓒,是癸卯科的解元,近年来喜欢研究佛学。席间,有位同乡对我说:"你的画名,已是传遍国外,日本是你发祥之地,离我们中国又近,你何不去游历一趟,顺便卖画刻印,保管名利双收,饱载而归。"我说:

"我定居北京,快过九个年头啦!近年在国内卖画所得,足够我过活,不比初到京时的门可罗雀了。我现在饿了,有米可吃,冷了,有煤可烧,人生贵知足,糊上嘴,就得了,何必要那么多钱,反而自受其累呢!"恺南听了,笑着对我说:"濒生这几句话,大可以学佛了!"他就跟我谈了许多禅理。

二月底,我生了一场大病,七天七夜,人事不知,等到苏醒回来,满身无力,痛苦万分。足足病了一个来月,才能起坐。当我病亟时,自己忽然痴想:"六十三岁的火坑,从此说算过去了吗?"幸而没有死,又活到了现在。

那年,梅兰芳正式跟我学画草虫,学了不久,他已画得非常生动。

民国十五年(一九二六年丙寅),我六十四岁,春初,回南探视双亲,到了长沙,听说家乡一带,正有战事,道路阻不得通。只得折回,从汉口坐江轮到南京,乘津浦车经天津回到北京,已是二月底了。隔不了十几天,忽接我长子良元来信,说我母亲病重,恐不易治,要我汇款济急。我打算立刻南行,到家去看看,听到湘鄂一带,战火弥漫,比了上月,形势更紧,我不能插翅飞去,心里焦急如焚,不得已于十六日汇了一百元给良元。我定居北京以来,天天作画刻印,从不间断,这次因汇款之后,一直没有再接良元来信,心乱如麻,不耐伏案,任何事都停顿下来了。到四月十九日,才接良元信,说我母亲于三月初得病,延至二十三日巳时故去,享年八十二岁。弥留时还再三地问:"纯芝回来了没有?我不能再等他了!我没有看见纯芝,死了还悬悬于心的啊!"我看了此信,眼睛都要哭瞎了。既是无法奔丧,只可立即设了灵位，在京成服。这样痛心的事，岂是几句话说得尽的。总而言之，我漂流在外，不能回去亲视含殓，简直不成为人子，不孝至极了。

我母亲一生，忧患之日多，欢乐之日少。年轻时，家境困苦，天天为着柴米油盐发愁，里里外外，熬尽辛劳。年将老，我才得成立，虚名传播，生活略见宽裕，母亲心里高兴了些，体气渐渐转强。后因我祖母逝世，接着我六弟纯俊，我长妹和我长孙，先后夭亡，母亲连年哭泣，哭得两眼眶里，都流出了血，从此身体又见衰弱了。七十岁后，家乡兵匪作乱，几乎没有过一天的安靖日子。我漂流在北京，不能在旁侍奉，又不能迎养到京，心悬两地，望眼欲穿。今年春初，我到了长沙，离家只有百里，又因道阻，不能到家一见父母，痛心之极。我作了一篇《齐璜母亲周太君身世》一文，也没有说得详尽。

七夕那天，又接良元来信，说我父亲病得非常危险，急欲回家去看看。只因湘鄂两省正是国民革命军和北洋军阀激战的地方，无论如何是通不过去的。要想绕道广东，再进湖南。探听得广东方面，大举北伐，沿途兵车拥挤，亦难通行。心里头如同油煎似的，干巴巴地着急。八月初三夜间，良元又寄来快信，我猜想消息一定不是好的，眼泪就止不住地直淌下来。急忙拆信细看，我的父亲已于七月初五日申时逝世。当时脑袋一阵发晕，耳朵嗡嗡地直响，几乎晕了过去。也就在京布置灵堂，成服守制。在这一年之内，连遭父母两次大故，真觉得活着也无甚趣。我亲到樊樊山那里，求他给我父母，各写墓碑一纸，又各作像赞一篇，按照他的卖文润格，送了他一百二十多元的笔资。我这为子的，对于父母，只尽了这么一点心力，还能算得是个人吗？想起来，心头非但惨痛，而且也惭愧得很哪！那年冬天，我在跨车胡同十五号，买了一所住房。

民国十六年（一九二七年丁卯），我六十五岁。北京有所专教作画和雕塑的学堂，是国立的，名称是艺术专门学校，校长林风眠，请我去教中国画。我自问是个乡巴佬出身，到洋学堂去当教习，一定不容易搞好的。起初，不敢答允，林校长和许多朋友，再三劝驾，无可奈何，只好答允去了，心里总多少有些别扭。想不到校长和同事们，都很看得起我。有一个法国籍的教师，名叫克利多，还对我说过：他到了东方以后，接触过的画家，不计其数，无论中国、日本、印度、南洋，画得使他满意的，我是头一个。他把我恭维得了不得，我真是受宠若惊了。学生们也都佩服我，逢到我上课，都是很专心地听我讲，看我画，我也就很高兴地教下去了。

民国十七年（一九二八年戊辰），我六十六岁。北京官僚，暮气沉沉，比着前清末年，更是变本加厉。每天午后才能起床，匆匆到署坐一会儿，谓之"上衙门"，没有多大工夫，就纷纷散了。晚间，酒食征逐之外，继以嫖赌，不到天明不归，最早亦须过了午夜，方能兴尽。我看他们白天不办正事，净睡懒觉，画了两幅鸡，题有诗句：

天下鸡声君听否？长鸣过午快黄昏。
佳禽最好三缄口，啼醒诸君日又西。

像这样的腐败习气，岂能有持久不败的道理。所以那年初夏，北洋军阀，整个儿垮了台，这般懒虫似的旧官僚，也就跟着树倒猴儿散了。

广东搞出来的北伐军事，大获胜利，统一了中国。国民革命军到了北京，因为国都定在南京，把北京称作北平。艺术专门学校改称艺术学院，我的名义，也改称为教授。木匠当上了大学教授，跟十九年以前，铁匠张仲飏当上了湖南高等学堂的教务长一样，总算都是我们手艺人出身的一种佳话了。

九月初一日，宝珠生了个女孩，取名良欢，乳名小乖。我长子良元，从家乡来到北京，探问我起居，并报告了许多家乡消息。我五弟纯隽，在这次匪乱中死去，年五十岁，听了很觉凄然。我的《借山吟馆诗草》，是那年秋天印行的。

民国十八年（一九二九年己巳），我六十七岁。民国十九年（一九三〇年庚午），我六十八岁。民国二十年（一九三一年辛未），我六十九岁。在我六十八岁时，二弟纯松在家乡死了，他比我小四岁，享年六十四岁。老年弟兄，又去了一个。同胞弟兄六个，现存三弟纯藻、四弟纯培两人，连我仅剩半数了，伤哉！辛未正月二十六日，樊樊山逝世于北平，我又少了一位谈诗的知己，悲悼之怀，也是难以形容。三月十一日，宝珠又生了个女孩，取名良止，乳名小小乖。她的姊姊良欢，原来乳名小乖，添了良止，就叫大小乖了。

那年九月十八日，是阴历八月初七日，日本军阀，偷袭沈阳，大规模地发动侵略，我气愤万分。心想：东北军的领袖张学良，现驻北平，一定会率领他的部队，打回关外，收复失土的。谁知他并不抵抗，报纸登载的东北消息，一天坏似一天，亡国之祸,迫在眉睫。人家都说,华北处在国防最前线,平津一带,岌岌可危,很多人劝我避地南行。但是大好河山,万方一概,究竟哪里是乐土呢?我这个七十老翁,草间偷活,还有什么办法可想!只好得过且过,苟延残喘了。

重阳那天,黎松安来,邀我去登高。我们在此时候,本没有这种闲情逸兴,却因古人登高,原是为了避灾,我们盼望国难早日解除,倒也可以牵缀上登高的意义。那时,宣武门拆除瓮城,我们登上了宣武门城楼,东望炊烟四起,好像遍地是烽火,两人都有说不出的感慨。游览了一会,算是应了重阳登高的节景。我作了两首诗,有句说:

莫愁天倒无撑着,犹峙西山在眼前。

因为有许多人,妄想倚赖国联调查团的力量,抑制日本军阀的侵略,我知道这是与虎谋皮,怎能靠得住呢,所以作了这两首诗,去讽刺他们的。

那年,我长子良元,得了孙子,是他次子次生所生的孩子。取名耕夫,那是我的曾孙,我的家庭,已是四代同堂的了。我自担任艺术学院教授,除了艺院学生之外,以个人名义拜我为师的也很不少。门外瑞光和尚,他画的山水,学大涤子很得神髓,在我的弟子中,确是一个杰出的人才,人都说他是我的高足,我也认他是我最得意的门人。同时,尚有两人拜我为师:一是赵羡渔,名铭篆,山西太谷人,是个诗家,书底子深得很;一是方问溪,名俊章,安徽合肥人,他的祖父方星樵,名秉忠,和我是朋友，是个很著名的昆曲家。问溪家学渊源，也是个戏曲家兼音乐家，年纪不过二十来岁。他的姑丈是京剧名伶杨隆寿之子长喜，梅兰芳的母亲，是杨长喜的胞妹，问溪和兰芳是同辈的姻亲，可算得是梨园世家。

你（此段以后多为白石老人亲笔所记，"你"系指笔录者而言。——编者）家的张园，在左安门内新西里三号，原是明朝袁督师崇焕的故居，有听雨楼古迹。尊公篆溪学长在世时，屡次约我去玩，我很喜欢那个地方，虽在城市，大有山林的意趣。西望天坛的森森古柏，一片苍翠欲滴，好像近在咫尺。天气晴和的时候，还能看到翠微山峰，高耸云际。远山近林，简直是天开画屏，百观不厌。有时雨过天晴，落照残虹，映得天半朱霞，绚烂成绮。附近小溪环绕，点缀着几个池塘，绿水涟漪，游鱼可数。溪上阡陌纵横，稻粱蔬果之外，豆棚瓜架，触目皆是。叱犊呼耕，戽水耕田，俨然江南水乡风景，北地实所少见，何况在这万人如海的大城市里呢？我到了夏天，常去避暑。记得辛未那年，你同尊公特把后跨西屋三间，让给我住，又划了几丈空地，让我莳花种菜，我写了一张"借山居"横额，挂在屋内。我在那里绘画消夏，得气之清，大可以洗涤身心，神思自然就健旺了。

那时令弟仲葛、仲麦，还不到二十岁，暑期放假，常常陪伴着我，活泼可喜。我看他们扑蝴蝶，捉蜻蜓，扑捉到了，都给我做了绘画的标本。清晨和傍晚，又同他们观察草丛里虫豸跳跃，池塘里鱼虾游动的种种姿态，也都成我笔下的资料。我当时画了十多幅草虫鱼虾，都是在那里实地取材的，还画过一幅《多虾图》，挂在借山居的墙壁上面，这是我生平画虾最得意的一幅。

（次溪按：袁督师故宅，清末废为民居，墙垣攲侧，屋宇毁败，萧条之景，不堪寓目。民国初元，先君出资购置，修治整理，置种许多花木，附近的人，称之为"张园"。先君逝世后，时局多故，庭园又渐见荒芜。我为保存古迹起见，征得舍弟同意，把这房地捐献给龙潭公园管理。）

袁督师故居内，有他一幅遗像，画得很好，我曾临摹了一幅。离故居的北面不远，有袁督师庙，听说也是尊公出资修建的，庙址相传是督师当年驻兵之所。东面是池塘，池边有篊溪钓台，是尊公守庙时游息的地方，我和尊公在那里钓过鱼。庙的邻近，原有一座法塔寺，寺已废圮，塔尚存在。再北为太阳宫，内祀太阳星君，据说三月十九为太阳生日，早先到了那天，用糕祭他，名为太阳糕。我所知道的：三月十九日明朝崇祯皇帝殉国的日子。明朝的遗老，在清朝初年，身处异族统治之下，怀念故国旧君，不敢明言，只好托名"太阳"，太阳是暗切明朝的"明"字意思。相沿了二百多年，到民初才罢祀，最近连太阳糕也很少有人知道的了。

太阳宫的东北，是袁督师墓，每年春秋两祭，广东同乡照例去扫墓。我在张园住的时候，不但袁督师的遗迹，都已瞻仰过了，就连附近万柳堂、夕照寺、卧佛寺等许多名胜，也都游览无遗，贤父子招待殷勤，我也是很感谢的。我在《张园春色图》和后来画的《葛园耕隐图》上题的诗句，都是我由衷之言，不是说着空话，随便恭维的。我还把照像留在张园借山居墙上，示后裔的诗说：

后裔倘贤寻旧迹，张园留像葬西山。

这首诗，也可算作我的预嘱哪！

民国二十一年（一九三二年壬申），我七十岁。正月初五日，惊悉我的得意门人瑞光和尚死了，享年五十五岁。他的画，一生专摹大涤子，拜我为师后，常来和我谈画，自称学我的笔法，才能画出大涤子的精意。我题他的画，有句说：

画水钩山用意同，老僧自道学萍翁。

他死了，我觉得可惜得很，到莲花寺里去哭了他一场，回来仍是郁郁不乐。我想，人是早晚要死的，我已是七十岁的人了，还有多少日子可活！这几年，卖画教书，刻印写字，进款却也不少，风烛残年，很可以不必再为衣食劳累了，就自己画了一幅《息肩图》，题诗说：

眼看朋侪归去拳，那曾把去一文钱。
先生自笑年七十，挑尽铜山应息肩。

可是画了此图，始终没曾息肩，我劳累了一生，靠着双手，糊上了嘴，看来，我是要劳累到死的呢！

自沈阳沦陷后，锦州又告失守，战火迫近了榆关、平津一带，人心浮动，富有之家，纷纷南迁。北平市上，敌方人员往来不绝，他们慕我的名，时常登门来访，有的送我些礼物，有的约我去吃饭，还有请我去照相，目的是想白使唤我，替他们拼命去画，好让他们带回国去赚钱发财。我不胜其烦，明知他们诡计多端，内中是有肮脏作用的。况且我虽是一个毫无能力的人，多少总还有一点爱国心，假使愿意去听从他们的使唤，那我简直对不起我这七十岁的年纪了。因此在无办法中想出一个办法：把大门紧紧地关上，门里头加上一把大锁，有人来叫门，我先在门缝中看清是谁，能见的开门请进，不愿见的，命我的女仆，回说"主人不在家"，不去开门，他们也就无法进来，只好扫兴地走了。这是不拒而拒的妙法，在他们没有见着我之时，先给他们一个闭门羹，否则，他们见着了我，当面不便下逐客令，那就脱不掉许多麻烦了。冬，因谣言甚炽，门人纪友梅在东交民巷租有房子，邀我去住，我住了几天，听得局势略见缓和，才又回了家。

我早年跟胡沁园师学的是工笔画，从西安归来，因工笔画不能畅机，改画大写意。所画的东西，以日常能见到的为多，不常见的，我觉得虚无缥缈，画得虽好，总是不切实际。我题画葫芦诗说：

几欲变更终缩手，舍真作怪此生难。

不画常见的而去画不常见的，那就是舍真作怪了。我画实物，并不一味地刻意求似，能在不求似中得似，方得显出神韵。我有句说：

写生我懒求形似，不厌声名到老低。

所以我的画，不为俗人所喜，我亦不愿强合人意，有诗说："我亦人间双妙手，搔人痒处最为难。"我向来反对宗派拘束，曾云："逢人耻听说荆关，宗派夸能却汗颜。"也反对死临死摹，又曾说过："山外楼台云外峰，匠家千古此雷同。""一笑前朝诸巨手，平铺细抹死工夫。"因之，我就常说："胸中山气奇天下，删去临摹手一双。"赞同我这见解的人，陈师曾是头一个，其余就算瑞光和尚和徐悲鸿了。

我画山水，布局立意，总是反复构思，不愿落入前人窠臼。五十岁后，懒于多费神思，曾在润格中订明不再为人画山水，在这二十年中，画了不过寥寥几幅。本年因你给我编印诗稿，代求名家题词，我答允各作一图为报，破例画了几幅，如给吴北江（闿生）画的《莲池讲学图》，给杨云史（圻）画的《江山万里楼图》，给赵幼梅（元礼）画的《明灯夜雨楼图》，给宗子威画的《辽东吟馆谈诗图》，给李释堪（宣倜）画的《握兰簃填词图》，这几幅图，我自信都是别出心裁，经意之作。

民国二十二年（一九三三年癸酉）年，我七十一岁。你给我编的《白石诗草》八卷，元宵节印成，这件事，你很替我费了些心，我很感谢你的。我在戊辰年印出的《借山吟馆诗草》，是用石版影印我的手稿，从光绪壬寅到民国甲寅十二年间所作，收诗很少。这次的《白石诗草》，是壬寅以前和甲寅以后作的，曾经樊樊山选定，又经王仲言重选，收的诗比较多。

我的刻印，最早是走的丁龙泓、黄小松一路，继得《二金蝶堂印谱》，乃专攻赵㧑叔的笔意。后见《天发神谶碑》，刀法一变，又见《三公山碑》，篆法也为之一变。最后喜秦权，纵横平直，一任自然，又一大变。光绪三十年以前，摹丁、黄时所刻之印，曾经拓存，湘绮师给我作过一篇序。民国六年（一九一七年丁巳），家乡兵乱，把印拓全部失落，湘绮师的序文原稿，藏在墙壁内，幸得保存。民国十七年（一九二八年戊辰），我把丁巳后在北京所刻的，拓存四册，仍用湘绮师序文，刊在卷前，这是我定居北京后第一次拓存的印谱。本年我把丁巳以后所刻三千多方印中，选出二百三十四印，用朱砂泥亲自重行拓存。内有因求刻的人促迫取去，只拓得一二页，制成锌版充数的，此次统都剔出，另选我最近所刻自用的印加入，凑足原数，仍用湘绮师原序列于卷首，这是我在北京第二次所拓的印谱。又因戊辰年第一次印谱出书后，外国人购去印拓二百方，按此二百方，我已无权再行复制，只得把庚午、辛未两年所刻的拓本，装成六册，去年今年刻的较少，拓本装成四册，合计十册，这是我第三次拓的印谱。

三月，见报载，日军攻占热河，平津一带，深受威胁，人心很感恐慌。五月，塘沽协定成立，华北主权，丧失殆尽。春夏间，北平谣诼繁兴，我承门人纪友梅的关切，邀我到他的东交民巷寓所去避居，住了二十来天。

冬十二月二十三日，是我祖母马孺人一百二十岁冥诞之期。我祖母于光绪二十七年辛丑十二月十九日逝世，至今已过了三十二个周年了。她生前，我没有多大的力量好好地侍奉，现在逢到她的冥诞，又是百二十岁的大典，理应稍尽寸心。那天在家，延僧诵经，敬谨设祭。到了夜晚，焚化冥镪时，我另写了一张文启，附在冥镪上面，一起焚掉。文启说：

第一辑　白石老人自述

　　祖母齐母马太君，今一百二十岁，冥中受用，外神不得强得。今长孙年七十一岁，避匪难，居燕京，有家不能归，将至死不能扫祖母之墓，伤心哉！

想起千里游子，远别故乡庐墓，望眼天涯，黯然魂销。况我垂暮之年，来日苦短，旅怀如织，更是梦魂难安。

　　民国二十三年（一九三四年甲戌），我七十二岁。我在光绪十八年（壬辰）三十三岁时，所刻的印章，都是自己的姓名，用在诗画方面的而已。刻的虽不多，收藏的印石，却有三百来方，我遂自名为"三百石印斋"。至民国十一年（一九二二年壬戌）我六十岁时，自刻自用的印章多了，其中十分之二三，都是名贵的佳石。可惜这些印石，留在家乡，在丁卯、戊辰两年兵乱中，完全给兵匪抢走，这是我生平莫大的恨事。民国十六年（一九二七年丁卯）以后，我没曾回到家乡去过，在北平陆续收购的印石，又积满了三百方，三百石印斋倒也名副其实，只是石质没有先前在家乡失掉的好了。上年罗祥止来，向我请教刻印的技法，求我当场奏刀。我把所藏的印石，一边刻给他看，一边讲给他听。祥止说：听我的话，如闻霹雳，看我挥刀，好像呼呼有风声，佩服得了不得，非要拜我为师不可，我就只好答允，收他为门人了。本年又有一个四川籍的友人，也像祥止那样，屡次求我刻给他看，我把指示祥止的技法，照样地指示他。因此，从去年至今，不满一年的时候，把所藏的印石，全数刻完，所刻的印章，连以前所刻，又超过于三百之数，就再拓存下来，留示我子孙。

我刻印，同写字一样。写字，下笔不重描，刻印，一刀下去，决不回刀。我的刻法，纵横各一刀，只有两个方向，不同一般人所刻的，去一刀，回一刀，纵横来回各一刀，要有四个方向，篆法高雅不高雅，刀法健全不健全，懂得刻印的人，自能看得明白。我刻时，随着字的笔势，顺刻下去，并不需要先在石上描好字形，才去下刀。我的刻印，比较有劲，等于写字有笔力，就在这一点。常见他人刻石，来回盘旋，费了很多时间，就算学得这一家那一家的，但只学到了形似，把神韵都弄没了，貌合神离，仅能欺骗外行而已。他们这种刀法，只能说是蚀削，何尝是刻印。我常说：世间事，贵痛快，何况篆刻是风雅事，岂是拖泥带水，做得好的呢？

本年（民国二十三年）四月二十一日，宝珠又生了个男孩，取名良年，号寿翁，乳名小翁子。

民国二十四年（一九三五年乙亥），我七十三岁。本年起，我衰败之相迭出，右半身从臂膀到腿部，时时觉得酸痛，尤其可怕的，是一阵阵的头晕，请大夫诊治了几次，略略似乎好些。阳历四月一日，即阴历二月二十八日，携同宝珠南行。三日午刻到家，我的孙辈外孙辈和外甥等，有的已二十往外的人，见着我面，都不认识。我离家快二十年了，住的房子，没有损坏，还添盖了几间，种的果木花卉，也还照旧，山上的树林，益发地茂盛。我长子良元，三子良琨，兄弟俩带头，率领着一家子大大小小，把家务整理得有条有理，这都是我的好子孙哪！只有我妻陈春君，瘦得可怜，她今年已七十四岁啦。我在茹家冲家里，住了三天，就同宝珠动身北上。我别家时，不忍和春君相见。还有几个相好的亲友，在家坐待相送，我也不使他们知道，悄悄地离家走了。十四日回到了北京。这一次回家，祭扫了先人的坟墓，我日记上写道："乌鸟私情，未供一饱。哀哀父母，欲养不存。"我自己刻了一颗"悔乌堂"的印章，怀乡追远之念，真是与日俱增的啊！

我因连年时局不靖，防备宵小觊觎，对于门户特别加以小心。我的跨车胡同住宅，东面临街，我住在里面北屋，廊子前面，置有铁制的栅栏，晚上拉开，加上了锁，比较地严密得多了。阴历六月初四日上午寅刻，我听得犬吠之声，聒耳可厌，亲自起床驱逐。走得匆忙了些，脚骨误触铁栅栏的斜撑，一跤栽了下去。宝珠母子，听见我呼痛之声，急忙出来，抬我上床，请来正骨大夫，仔细诊治，推拿敷药，疼痛稍减。但是腿骨的筋，已长出一寸有零，腿骨脱了骱，公母骨错开了不相交，几乎成了残疾。

民国二十五年（一九三六年丙子），我七十四岁。阴历三月初七日，清明节的前七天，尊公邀我到张园，参拜袁督师崇焕遗像。那天到的人很多，记得有陈散原、杨云史、吴北江诸位。吃饭的时候，我谈起："我想在西郊香山附近，觅一块地，预备个生圹。前几年，托我同乡汪颂年（诒书），写过'处士齐白石之墓'七个大字的碑记。墓碑有了，墓地尚无着落。拟恳诸位大作家，俯赐题词，留待他日，俾光泉壤。"当时诸位都允承了，没隔几天，诗词都寄了来，这件事，也很感激你贤父子的。

四川有个姓王的军人，托住在北平的同乡，常来请我刻印，因此同他通过几回信，成了千里神交。春初，寄来快信，说：蜀中风景秀丽，物产丰富，不可不去玩玩。接着又来电报，欢迎我去。宝珠原是出生在四川的,很想回娘家去看看,遂于阴历闰三月初七日,同宝珠带着良止、良年两个孩子,离平南下。二十九日夜,从汉口搭乘太古公司万通轮船,开往川江。五月一日黄昏,过沙市。沙市形势,很有些像湘潭,沿江有山嘴拦挡,水从江中流出,江岸成弯形,便于泊船。四日未刻,过万县,泊武陵。我心病发作,在船内很不舒适,到夜半病才好了。五日酉刻,抵嘉州。宝珠的娘家,在转斗桥胡家冲,原是酆都县属,但从嘉州登岸,反较近便。我们到了宝珠的娘家,住了三天,我陪她祭扫她母亲的坟墓,算是了却她一桩心愿。我有诗说:

为君骨肉暂收帆,三日乡村问社坛。
难得老夫情意合,携樽同上草堆寒。

十一日到重庆。十五日宿内江。十六日抵成都,住南门文庙后街,认识了方鹤叟旭。那时,金松岑、陈石遗、黄宾虹,都在成都,本是神交多年,此次见面,倍加亲热。松岑面许给我撰作传记。我在国立艺院和私立京华美专教过的学生,在成都的,都来招待我。

川中山水之佳,较桂林更胜一筹。我游过了青城、峨嵋等山,就离别诸友,预备东返。门生们都来相送。我记得俗谚有"老不入川"这句话,预料此番出川,终我之生,未必会再来的了。我留别门生的诗,有句云"蜀道九千年八十,知君不劝再来游"就是这个意思。八月二十五日离成都,经重庆、万县、宜昌,三十一日到汉口。住在朋友家。因腹泻耽了几天。九月四日，乘平汉车北行，五日到北平，回家。有人问我："你这次川游，既没有作多少诗，也没有作什么画，是不是心里有了不快之事，所以兴趣毫无了呢？"我告诉他说："并非如此！我们去时是四个人，回来也是四个人，心里有什么不快呢？不过四川的天气，时常浓雾蔽天，看山是扫兴的。"我背了一首《过巫峡》的诗给他听：

怒涛相击作春雷，江雾连天扫不开。
欲乞赤乌收拾尽，老夫原为看山来。

避世时期

（一九三七年至一九四八年）

民国二十六年（一九三七年丁丑），我七十七岁。早先我在长沙，舒贻上之鎏给我算八字，说："在丁丑年，脱丙运，交辰运。辰运是丁丑年三月十二日交，壬午三月十二日脱。丁丑年下半年即算辰运，辰与八字中之戌相冲，冲开富贵宝藏，小康自有可期，惟丑辰戌相刑，美中不足。"又说："交运时，可先念佛三遍，然后默念辰与酉合若干遍，在立夏以前，随时均宜念之。"又说："十二日戌时，是交辰运之时，属龙属狗之小孩宜暂避，属牛羊者亦不可近。本人可佩一金器，如金戒指之类。"念佛，带金器，避见属龙属狗属牛羊的人，我听了他话，都照办了。我还在他批的命书封面，写了九个大字："十二日戌刻交运大吉。"又在里页，写了几行字道："宜用瞒天过海法，今年七十五，可口称七十七，作为逃过七十五一关矣。"从丁丑年起，我就加了两岁，本年就算七十七岁了。

二月二十七日，即阴历正月十七日，宝珠又生了一个女孩，取名良尾，生了没有几天，就得病死了。这个孩子，生得倒还秀丽，看样子不是笨的,可惜是昙花一现,像泡沫似的一会儿就幻灭了。

七月七日,即阴历五月二十九日,那天正交小暑节,天气已是热得很。后半夜,日本军阀在北平广安门外卢沟桥地方,发动了大规模的战事。卢沟桥在当时,是宛平县的县城,城虽很小,却是一个用兵要地,俨然是北平的屏障,失掉了它,北平就无险可守了。第二天,是阴历六月初一日,早晨见报,方知日军蓄意挑衅,事态有扩大可能,果然听到西边嘭嘭嘭的好几回巨大的声音,乃是日军轰炸了西苑。接着南苑又炸了,情势十分紧张。过了两天,忽然传来讲和的消息。但是,有一夜,广安门那边,又有啪啪啪的机枪声,闹了大半宿。如此停停打打,打打停停,闹了好多天。到了七月二十八日,即阴历六月二十一日,北平天津相继都沦陷了。前几天所说的讲和,原来是日军调兵遣将、准备大举进攻的一种诡计。我们的军队,终于放弃了平津,转向内地而去。

这从来没曾遭遇过的事情,一旦身临其境,使我胆战心惊,坐立不宁。怕的是:沦陷之后,不知要经受怎样的折磨,国土也不知哪天才能光复,那时所受的刺激,简直是无法形容。我下定决心,从此闭门家居,不与外界接触。艺术学院和京华美术专门学校两处的教课,都辞去不干了。亡友陈师曾的尊人散原先生于九月间逝世,我作了一副挽联送了去,联道:

为大臣嗣,画家爷,一辈作诗人,消受清闲原有命;
由南浦来,西山去,九天入仙境,乍经离乱岂无愁。

下联的末句,我有说不尽的苦处,含蓄在内。我因感念师曾生前对我的友谊，亲自到他尊人的灵前行了个礼，这是我在沦陷后第一次出大门。

民国二十七年（一九三八年戊寅），我七十八岁。瞿兑之来请我画《超览楼禊集图》，我记起这件事来了！前清宣统三年三月初十日，是清明后两天，我在长沙，王湘绮师约我到瞿子玖超览楼看樱花海棠，命我画图，我答允了没有践诺。兑之是子玖的小儿子，会画几笔梅花，曾拜尹和伯为师，画笔倒也不俗。他请我补画当年的禊集图，我就画了给他，了却一桩心愿。

六月二十三日，即阴历五月二十六日，宝珠生了个男孩，这是我的第七子，宝珠生的第四子。我在日记上写道："二十六日寅时，钟表乃三点二十一分也。生一子，名曰良末，字纪牛，号耋根。此子之八字：戊寅、戊午、丙戌、庚寅、为炎上格，若生于前清时，宰相命也。"我在他的命册上批道："字以纪牛者，牛，丑也，记丁丑年怀胎也。号以耋根也，八十为耋，吾年八十，尚留此根苗也。"

十二月十四日，孙秉声生，是良迟的长子。良迟是我的第四子，宝珠所生的第一子，今年十八岁，娶的是献县纪文达公后裔纪彭年的次女。宝珠今年三十七岁已经有了孙子啦，我们家，人丁可算兴旺哪！美中不足的是：秉声生时，我的第六子良年，乳名叫作小翁子的，病得很重，隔不到十天，十二月二十三日死了，年才五岁。

这孩子很有点夙根，当他三岁时，知识渐开，已经能懂得人事，见到爱吃的东西，从不争多论少，也不争先恐后，父母唤他才来，分得的还要留点给父母。我常说："孔融让梨，不能专美于前,我家的小翁子,将来一定是有出息的。"

不料我有厚望的孩子,偏偏不能长寿,真叫我伤心!又因国难步步加深,不但上海南京,早已陷落,听说我们家乡湖南,也已沦入敌手,在此兵荒马乱的年月,心绪恶劣万分,我的日记《三百石印纪事》,无意再记下去,就此停笔了。

民国二十八年(一九三九年己卯),我七十九岁。民国二十九年(一九四〇年庚辰),我八十岁。自丁丑年北平沦陷后,这三年间,我深居简出,很少与人往还,但是登我门求见的人,非常之多。敌伪的大小头子,也有不少来找我的,请我吃饭,送我东西,跟我拉交情,图接近,甚至要求我跟他们一起照相,或是叫我去参加什么盛典,我总是婉辞拒绝,不出大门一步。他们的任何圈套,都是枉费心机。我怕他们纠缠不休,懒得跟他们多说废话,干脆在大门上贴一张纸条,写了十二个大字:"白石老人心病复作,停止见客。"我原来是确实有点心脏病的,并不严重,就借此为名,避免与他们接近。"心病"两字,另有含义,我自谓用得很是恰当。只因物价上涨,开支增加,不靠卖画刻印,无法维持生活,不得不在纸条上,补写了几句:"若关作画刻印,请由南纸店接办。"那时,囤积倒把的奸商,非常之多,他们发了财,都想弄点字画,挂在家里,装装门面,我的生意,简直是忙不过来。

民国二十八年己卯年底,想趁过年的时候,多休息几天,我又贴出声明:"二十八年十二月初一起,先来之凭单退,后来之凭单不接。"

过了年,民国二十九年庚辰正月,我为了生计,只得仍操旧业，不过在大门上，加贴了一张"画不卖与官家，窃恐不祥"的告白，说："中外官长，要买白石之画者，用代表人可矣，不必亲驾到门。从来官不入民家，官入民家，主人不利。谨此告知，恕不接见。"这里头所说的"官入民家，主人不利"的话，是有双关意义的。我还声明："绝止减画价，绝止吃饭馆，绝止照相。"在绝止减画价的下面，加了小注："吾年八十矣，尺纸六圆，每圆加二角。"另又声明："卖画不论交情，君子自重，请照润格出钱。"我是想用这种方法，拒绝他们来麻烦的。还有给敌人当翻译的，常来讹诈，有的要画，有的要钱，有的欺骗，有的硬索，我在墙上，又贴了告白，说："切莫代人介绍，心病复作，断难报答也。"又说："与外人翻译者，恕不酬谢，求诸君莫介绍，吾亦苦难报答也。"

这些字条，日军投降后，我的看门人尹春如，从大门上揭了下来，归他保存。春如原是清朝宫里的太监，分配到肃王府，清末，侍候过肃亲王善耆的。

二月初，得良元从家乡寄来快信，得知我妻陈春君，不幸于正月十四日逝世，寿七十九岁。春君自十三岁来我家，熬穷受苦，从无怨言，我在北平，卖画为活，北来探视，三往三返，不辞跋涉。相处六十多年，我虽有恒河沙数的话，也难说尽贫贱夫妻之事，一朝死别，悲痛刻骨，泪哭欲干，心摧欲碎，作了一副挽联：

怪赤绳老人，系人夫妻，何必使人离别；
问黑面阎王，主我生死，胡不管我团圆。

又作了一篇祭文，叙说我妻一生贤德，留备后世子孙，观览勿忘。

良元信上还说，春君垂危之时，口嘱儿孙辈，慎侍衰翁，善承色笑，切莫使我生气。我想：远隔千里，不能当面诀别，这是她一生最后的缺恨，叫我用什么方法去报答她呢？我在北平，住了二十多年，雕虫小技，天下知名，所教的门人弟子，遍布南北各省，论理，应该可以自慰的了，但因亲友故旧，在世的已无多人，贤妻又先我而去，有家也归不得，想起来，就不免黯然销魂了。我膝下男子六人，女子六人，儿媳五人，孙曾男女共四十多人，见面不相识的很多。人家都恭维我多寿多男，活到八十岁，不能说不多寿；儿女孙曾一大群，不能说不多男；只是福薄，说来真觉惭愧。

民国三十年（一九四一年辛巳），我八十一岁。宝珠随侍我二十多年，勤俭柔顺，始终不倦，春君逝世后，很多亲友，劝我扶正，遂于五月四日，邀请在北平的亲友二十余人，到场作证。先把我一生劳苦省俭，积存下来的一点薄产，分为六股，春君所生三子，分得湖南家乡的田地房屋，宝珠所生三子，分得北平的房屋现款，春君所生的次子良黼，已不在人世，由次儿媳同其子继承。立有关分产业字据，六人各执一份，以资信守。分产竣事后，随即举行扶正典礼，我首先郑重声明："胡氏宝珠立为继室！"到场的二十多位亲友，都签名盖印。我当着亲友和儿孙等，在族谱上批明："日后齐氏续谱，照称继室。"宝珠身体素弱，那天十分高兴，招待亲友，直到深夜，毫无倦累神色。

隔不多天，忽有几个日本宪兵，来到我家，看门人尹春如拦阻不及，他们已直闯进来，嘴里说着不甚清楚的中国话，说是："要找齐老头儿。"我坐在正间的藤椅子上，一声不响，看他们究竟要干些什么,他们问我话,我装得好像一点儿都听不见,他们近我身,我只装没有看见,他们叽里咕噜,说了一些我听不懂的话,也就没精打采地走了。事后,有人说:"这是日军特务,派来吓唬人的。"也有人说:"是几个喝醉的酒鬼,存心来捣乱的。"我也不问其究竟如何,只嘱咐尹春如,以后门户,要加倍小心,不可再疏忽,吃此虚惊。

民国三十一年(一九四二年壬午),我八十二岁。在七八年前,就已想到:我的岁数,过了古稀之年,桑榆暮景,为日无多,家乡辽远,白云在望,生既难还,死亦难归。北京西郊香山附近,有万安公墓,颇思预置生圹,备作他日葬骨之所,曾请同乡老友汪颂年写了墓碑,又请陈散原、吴北江、杨云史诸位题词做纪念。只是岁月逡巡,因循坐误,香山生圹之事,未曾举办。民国二十五年(一九三六年丙子)冬,我又想到埋骨在陶然亭旁边,风景既优美,地点又近便,复有香冢、鹦鹉冢等著名胜迹,后人凭吊,倒也算作佳话。知道你曾替人成全过,就也托你代办一穴,可惜你不久离平南行,因此停顿至今。上年年底,你回平省亲,我跟你谈起旧事,承你厚意,和陶然亭慈悲禅林的主持慈安和尚商妥,慈安愿把亭东空地一段割赠,这真是所谓"高谊如云"的了。正月十三日,同了宝珠,带着幼子,由你陪去,介绍和慈安相晤,谈得非常满意。看了看墓地,高敞向阳,苇塘围绕,确是一块佳域。当下定议。我填了一阕《西江月》的词,后边附有跋语,说:"壬午春正月十又三日,余来陶然亭,住持僧慈安赠妥坟地事,次溪侄,引荐人也,书于词后,以记其事。"但因我的儿孙,大部分都在湖南家乡,万一我死之后,他们不听我话，也许运柩回湘，或是改葬他处，岂不有负初衷，我写一张委托书交你收存，免得他日别生枝节。这样，不仅我百年骸骨，有了归宿，也可算是你我的一段生死交情了。

（次溪按：老人当时写的委托书说："百年后埋骨于此，虑家人不能遵，以此为证。"我曾请徐石雪丈宗浩，画过一幅《陶然亭白石觅塘图》，名流题词甚多，留作纪念。）

那年，我给你画的《萧寺拜陈图》，自信画得很不错，你请人题的诗词，据我看，治芗傅岳芬题的那首七绝，应该说是压卷。我同陈师曾的交谊，你是知道的，我如没有师曾的提携，我的画名，不会有今天。师曾的尊人散原先生在世时，记得是民国二十四年（一九三五年乙亥）的端阳节左右，你陪我到姚家胡同去访问他，请他给我作诗集的序文，他知道了我和师曾的关系，慨然应允。没隔几天，序文就由你交来。我打算以后如再刊印诗稿，陈、樊二位的序文，一起刊在卷前，我的诗稿，更可增光得多了。我自民国二十六年（一九三七年丁丑）六月以后，不出家门一步。只在丁丑九月，得知散原先生逝世的消息，破例出了一次门，亲自去拜奠，他灵柩寄存在长椿寺，我也听人说起过，这次你我同到寺里去凭吊，我又破例出门了。

（次溪按：散原太世丈逝世时，我远客江南，壬午春，我回平，偶与老人谈及，拟往长椿寺祭拜，老人愿偕往，归后，特作《萧寺拜陈图》给我，我征集题词很多。傅治芗丈诗云："槃槃盖世一棺存，岁瓣心香款寺门。彼似沧州陈太守，重封马鬣祭茶村。"）

民国三十二年（一九四三年癸未），我八十三岁。自从卢沟桥事变至今，已过了六个年头，天天提心吊胆，在忧闷中过着苦难日子。虽还没有大祸临身，但小小的骚扰，三天两头总是不免。最难应付的，就是假借买画的名义，常来捣乱，我这个八十开外的老翁，哪有许多精力，同他们去作无谓周旋。万不得已，从癸未年起，我在大门上，贴了四个大字："停止卖画。"从此以后，无论是南纸店经手，或朋友介绍，一概谢绝不画。家乡方面的老朋友，知道我停止卖画，关心我的生活，来信问我近况。我回答他们一首诗，有句云：

寿高不死羞为贼，不丑长安作饿饕。

我是宁可挨冻受饿，决不甘心去取媚那般人的。

我心里正在愁闷难遣的时候，偏偏又遭了一场失意之事：十二月十二日，继室胡宝珠病故，年四十二岁。宝珠自十八岁进我家门，二十多年来，善事我的起居，寒暖饥饱，刻刻关怀。我作画之时，给我理纸磨墨，见得我的作品多了，也能指出我笔法的巧拙，市上冒我名的假画，一望就能辨出，我偶或有些小病，她衣不解带地昼夜在我身边，悉心侍候。春君在世时，对她很是看重，她也处处不忘礼节，所以妻妾之间，从未发生龃龉。我本想风烛之年，仗她护持，身后之事，亦必待她料理，不料她方中年，竟先衰翁而去，怎不叫我洒尽老泪，犹难抑住悲怀哩！

民国三十三年（一九四四年甲申），我八十四岁。我满怀积忿，无可发泄，只有在文字中，略吐不幸之气。胡冷庵拿他所画的山水卷子，叫我题诗，我信笔写了一首七绝，说：

对君斯册感当年，撞破金瓯国可怜。
灯下再三挥泪看，中华无此整山川。

我这诗很有感慨。我虽停止卖画，但作画仍是天天并不间断，所作之画，分给儿女们保存。我画的《鸬鹚舟》，题诗道：

大好江山破碎时，鸬鹚一饱别无知。
渔人不识兴亡事，醉把扁舟系柳枝。

我题门生李苦禅画的《鸬鹚鸟》，写了一段短文道：

此食鱼鸟也，不食五谷。鸬鹚之类，有时河涸江干，或有饿死者，渔人以肉饲其饿者，饿者不食。故旧有谚云：鸬鹚不食鸬鹚肉。

这是说汉奸们同鸬鹚一样的"一饱别无知"，但"鸬鹚不食鸬鹚肉"，并不自戕同类，汉奸们对之还有愧色哩。我题《群鼠图》诗：

群鼠群鼠，何多如许！何闹如许！
既啮我果，又剥我黍。
烛炧灯残天欲曙，严冬已换五更鼓。

又题画螃蟹诗：

>   处处草泥乡，行到何方好！
>   昨岁见君多，今年见君少。

我见敌人的泥脚愈陷愈深，日暮途穷，就在眼前，所以拿老鼠和螃蟹来讽刺它们。有人劝我明哲保身，不必这样露骨地讽刺。我想：残年遭乱，死何足惜，拼着一条老命，还有什么可怕的呢？

六月七日，忽然接到艺术专科学校的通知，叫我去领配给煤。艺专本已升格为学院，沦陷后又降为专科学校。那时各学校的大权，都操在日籍顾问之手，各学校里，又都聘有日文教员，也是很有权威，人多侧目而视。我脱离艺校，已有七年，为什么凭空给我这份配给煤呢？其中必有原因，我立即把通知条退了回去，并附了一封信道："顷接艺术专科学校通知条，言配给门头沟煤事。白石非贵校之教职员，贵校之通知误矣。先生可查明作罢论为是。"煤在当时，固然不易买到，我齐白石又岂是没有骨头、爱贪小便宜的人，他们真是错看了人哪！

朋友因我老年无人照料，介绍一位夏文珠女士来任看护，那是九月间事。

民国三十四年（一九四五年乙酉），我八十五岁。三月十一日，即阴历正月二十七日，我天明复睡，得了一梦：立在余霞峰借山馆的晒坪边，看见对面小路上有抬殡的过来，好像是要走到借山馆的后面去。殡后随着一口没有上盖的空棺，急急地走到殡前面，直向我家走来。我梦中自想，这是我的棺，为什么走得这样快？看来我是不久人世了。心里头一纳闷，就惊醒了。醒后，愈想愈觉离奇，就作了一副自挽联道：

有天下画名，何若忠臣孝子；

无人间恶相，不怕马面牛头。

这不过无聊之极，聊以解嘲而已。

到了八月十四日，传来莫大的喜讯：抗战胜利，日军无条件投降。我听了，胸中一口闷气，长长地松了出来，心里头顿时觉得舒畅多了。这一乐，乐得我一宿都没睡着，常言道，心花怒放，也许有点相像。十月十日是华北军区受降的日子，熬了八年的苦，受了八年的罪，一朝拨开云雾，重见天日，北平城里，人们面有喜色。那天，侯且斋、董秋崖、余倜等来看我，留他们在家小酌，我作了一首七言律诗，结联云：

莫道长年亦多难，太平看到眼中来。

民国三十五年（一九四六年丙戌），我八十六岁。抗战结束，国土光复，我恢复了卖画刻印生涯，琉璃厂一带的南纸铺，把我的润格，照旧地挂了出来。我的第五子良已，在辅仁大学美术系读书学画，颇肯用功，平日看我作画，我指点笔法，也能专心领会，仿我的作品，人家都说可以乱真，求他画的人，也很不少。十月，南京方面来人，请我南下一游，是坐飞机去的，我的第四子良迟和夏文珠同行。先到南京，中华全国美术会举行了我的作品展览；后到上海，也举行了一次展览。我带去的二百多张画，全部卖出，回到北平，带回来的"法币"，一捆一捆的，数目倒也大有可观，等到拿出去买东西，连十袋面粉都买不到了。

十二月十九日，女儿良欢死了，年十九岁。良欢幼时，乖巧得很，刚满周岁，牙牙学语，我教她认字，居然识了不忘，所以乳名小乖。自她母亲故去后，郁郁不乐，三年之间，时常闹些小病，日积月累，遂致不起。我既痛她短命，又想起了她的母亲，衰年伤心，洒了不少老泪。

民国三十六年（一九四七年丁亥），我八十七岁。民国三十七年（一九四八年戊子），我八十八岁。这两年，常有人来劝我迁往南京上海等地，还有人从杭州来信，叫我去主持西湖美术院。我回答他一首诗，句云：

北房南屋少安居，何处清平著老夫？

那时，"法币"几乎成了废纸，一个烧饼，卖十万元，一个最次的小面包，卖二十万元，吃一顿饭馆，总得千万元以上，真是骇人听闻。接着改换了"金圆券"，一圆折合"法币"三百万元，刚出现时，好像重病的人，缓过一口气，但一霎眼间，物价的涨风，一日千变，比了"法币"，更是有加无已。囤积倒把的人，街头巷尾，触目皆是。他们异想天开，把我的画，也当作货物一样，囤积起来。拿着一堆废纸似的"金圆券"，订我的画件，一订就是几十张几百张。我案头积纸如山，看着不免心惊肉跳。朋友跟我开玩笑，说："看这样子，真是'生意兴隆通四海，财源茂盛达三江'了。"实则我耗了不少心血，费了不少腕力，换得的票子，有时一张画还买不到几个烧饼，望九之年，哪有许多精神？只得叹一口气，挂出"暂停收件"的告白了。

第二辑 齐白石的一生

张次溪 著

》》第二辑 齐白石的一生◁

出生在贫农家庭

　　湖南省湘潭县城的南面，离城一百来里有个小村庄，名叫杏子坞。乡里人叫它杏子树，又叫它殿子树。东头有个水塘，名叫星斗塘，传说早年天空中掉下过一块陨星石，落在塘里，因此得了这个名称。这地方，在紫云山的山脚下，背后靠着山，面前对着水，风景非常的好。紫云山上边，树木很茂盛，松树长得更多，一片葱葱茸茸的，冬夏常青。星斗塘面积并不大，鱼虾出产得却不少。到了夏天，满塘都是荷花，风送过来一阵阵的香气，清爽得很。星斗塘边上，坐西朝东，有所小茅屋，齐白石就是在那里出生的。

　　他们齐家，原先是住在江苏省砀山县的，明朝永乐年间（一四〇三年至一四二四年）才搬到湘潭，落户定居。到清朝乾隆年间（一七三六年至一七九五年），有一位名叫齐添镒的，从他们世居在晓霞峰的百步营，搬到了杏子坞的星斗塘。这位齐添镒，是齐白石的高祖。这所在星斗塘坐西朝东的小茅屋，是齐添镒的孙子齐万秉盖成的。齐万秉是齐白石的祖父。

　　齐白石出生于一八六三年（清同治二年癸亥）阴历十一月二十二日，按照旧风俗的推算，他的生肖是属猪的。他诞生的时候，祖父、祖母、父亲、母亲都在堂。他父亲是他祖父的独子，他是他父亲的长子。那年，他祖父五十六岁，祖母五十一岁，父亲二十五岁，母亲十九岁。他出生后，他们家就五口人了。据齐白石自己说，高祖以上的事情，祖父在世时，曾对他说过一些。那时年纪还小，时间相隔久了，已经完全忘掉。只记得曾祖的名字，叫潢命，排行第三，人称命三爷。但曾祖母的姓，他到了老年，却记不起了。他七十多岁时，回到过家乡，问了好几个同族和乡亲，因为辈分年纪都比他小，出生得晚，谁都答不上来，这是他认为很遗憾的事。他们齐家，族分倒很不小，有所宗祠，在烟墩岭，离他家不到十里。逢年过节，同族的人，都去上供祭拜，他在家乡的时候，也是常常去的。

齐白石家世代务农，从老祖宗一直到他父亲，都是耕田种地的庄稼汉。在那个年月，庄稼汉被压迫得气都喘不过来，熬穷受苦，是翻不了身的，只能世世代代穷苦下去。他中年以后，画过一幅《星塘老屋图》，题了一首诗说：

星塘雨过跳珠急，杏坞花开老眼明。
白屋有知应闷杀，公卿不出出穷人。

又刻过一方石章，文曰："星塘白屋不出公卿。"他也常对人说："我们星塘老屋，没有出过公卿。"他所说的"公卿"，是广义的。

他出生时，家里穷得很，除了几间东倒西歪的破茅屋为全家五口人勉强能够遮挡风雨以外，只有大门外晒谷场旁边的一亩水田了。这一亩水田，叫作"麻子丘"，"地步"要比别家的一亩田大得多。好年景，五六石稻谷是可稳打到手，收成不能算少。

不过就这么仅有的一亩水田，五六石稻谷，要想糊住五口人的嘴，无论如何是不够的。何况年景好坏，很难把握，遭逢着旱涝灾荒，收成打了折扣，缺粮就更厉害了。他祖父和他父亲，一年到头在"麻子丘"里想主意，不惜工本，勤耕细作。到了农闲时候，常常出去张罗点零工活做。湘潭乡间的零工，那时通行的规例是主人管饭，做零工活的人吃了主人的饭，一天才挣二十来个制钱。这么一点少得可怜的工资挣到手，却也不太容易。因为穷哥儿们特别多，都想卖力气挣钱养家。听说某家要雇人，就纷纷抢着去做，甚至还有自愿减少工资相竞争的。而且凡是出钱雇人做零工活的，都是些刻薄鬼，掂斤估两地挑肥拣瘦，并不是好相处的。这种零工活，不能天天有得做，无非是"一天打鱼，三天晒网"，指望着一家子靠它吃饱肚子，真是难上加难。他祖父和他父亲，只得另想办法，到紫云山上去打点柴，卖几个钱，贴补家里。就这样，手不歇、脚不停地终年劳动着，总算把一家子对付着活下去。齐白石就是在这样一个贫农家里生长大的。

他小时候的名字，叫齐纯芝。"纯"字是他们齐家宗派的排法，轮到他这一辈，名字的上一字，都用这个"纯"字。他祖父母和他父母，平时都叫他阿芝，他自己也刻过一方"阿芝"的石章。他当了木工以后，出外做活，人家都叫他芝木匠，也有叫他芝师傅的。他原来的号，叫渭清，祖父给他取的号，叫兰亭。这齐纯芝、齐渭清、齐兰亭等名号，在他中年以后，久已废除不用。现在盛传的齐璜、齐白石两个名号，是他二十七岁时老师给他取的，不论国内国外，几乎无人不知，可算得名驰天下。当初老师给他取名齐璜，号濒生，而知道濒生的人，似乎也不很

113

多。"白石"是"白石山人"的简称,原系他的别号。离他住的星斗塘不到一里地,有个驿站,名叫白石铺,那时他已开始卖画,老师说画上题款,总得用个别号,就借了白石铺这个地名,给他取号"白石山人"。他到老年,自称"白石翁"。后又自称"白石山翁"。他作了一篇短文说:"余有'白石翁'三字印,友人常言,前朝有同字者,余又刻一印,加以'山'字。老年常二印并用,使来者知其故也。"但是人家叫起他来,总是把"山人""山翁"这两个字省略了,光叫他"齐白石",日子一久,他就自己也叫作齐白石了。他生平自己取的别号很多,都是作画和刻印时题款用的。大概可分作四类。一类是不忘所本,说明他是木工出身,如"木人""齐木人""老木""老木一""木居士"等。一类是对于家乡故居的怀念,如"杏子坞老民""星塘老屋后人""湘上老农"等。一类是频年旅寄,像萍飘似的,所以取此自慨,如"寄园""寄萍""老萍""萍翁""寄萍堂主人""寄幻仙奴"等;而"萍"字的原意,据他说是从濒生的"濒"字想起的。一类是表示他随遇而安的意思,如"借山翁""借山吟馆主者"等。此外还有"三百石印富翁""千石居士"等,是他收藏了许多石章的自嘲。"江南布衣",是他没有功名的表示。"齐大",是采用"齐大非偶"这句成语,而他在本支,排行恰又居长,取用这个别号,并不是毫无意义。天资聪颖的人,往往涉笔成趣。"老齐""老齐郎""老白"等,这都是他从姓字中化出来的谐名。"饭老""一粟翁"等,是他作画刻印谋生的谦辞。这一大堆别号,他自己都刻过印章,内有许多他是不常用的,知道的人也就很少了。

>>> 第二辑　齐白石的一生 <<<

勤劳正直的家风

　　齐白石的祖父，名万秉，号宋交，大排行是第十，人称齐十爷，生于嘉庆十三年（一八〇八年戊辰）十一月二十二日，和齐白石的生日是同一天。他祖父常对人说："孙儿阿芝和我同一天生日，将来长大了，一定忘不了我的。"齐十爷活了六十七岁，殁于同治十三年（一八七四年甲戌）的端阳节，那时他十二岁。他祖母姓马，因为他祖父人称齐十爷，人就称她为齐十娘。她比他祖父小五岁，是嘉庆十八年（一八一三年癸酉）十二月二十三日生的，活了八十九岁，殁于光绪二十七年（一九〇一年辛丑）十二月十九日，那时他三十九岁。他父亲名贳政，号以德，生于道光十九年（一八三九年己亥）十二月二十八日，殁于民国十五年（一九二六年丙寅）七月初五日，活了八十八岁，那时他六十四岁。他母亲姓周，比他父亲小六岁，是道光二十五年（一八四五年乙巳）九月初八日生的，殁于他父亲死的同一年三月二十日，活了八十二岁。

　　齐十爷是个性情刚直的人，心里有了点不平之气，总得想法把它发泄出来。人家都说他是直性子、走阳面的好汉，他也以此

115

自负。他眼见太平天国由兴盛到衰亡,觉得这样一支轰轰烈烈的仁义大军,竟会风卷残云似的倒了下去,不禁暗暗地顿足叹息。那批戴着红蓝顶子(清制:一、二品官戴红顶子,三、四品官戴蓝顶子。太平天国覆亡后,清廷论功行赏,得戴红蓝顶子的人,多至不可胜计,无官可补,成了虚衔),自称立过汗马功劳的湘勇(即湘军),抢了南京天王府,发财回家,得意忘形,常常夸说:"老子是跟着曾中堂(指曾国藩)打过长毛的。"在家乡简直同京城里的黄带子(清朝皇帝的本家,近支的名曰宗室,腰间系一黄带,俗称黄带子;远房的名曰觉罗,腰间系一红带,俗称红带子。黄带子犯了法,不判死罪,最重的罪名,发交宗人府监禁,所以他们胡作非为,人皆畏而避之)一样,欺压良民,处处占尽便宜。谁家光景过得去,他们就想没事找事,弄些油水。齐十爷晚年看到这种情况,很不服气,忿忿地对人说:"长毛并不坏,人都说不好;短毛真厉害,人倒恭维他,天下事还有真是非吗?"他就是这样不怕强暴,肯把心里的实话说出来的。

齐十娘的性情温顺平和,又能吃苦耐劳,人都称赞她贤惠。她十岁就没了母亲,跟着她父亲马传虎长大,娘家的光景也很穷。她在十九岁时嫁给齐十爷,夫妇间感情很好。几十年来,每逢齐十爷憋了点闷气,总是好言安慰,慢慢地劝解,大事化小,小事化无。她从小学做庄稼活,田里种点什么,都能担当得起,还算是把好手。常常戴着十八圈的大草帽,背上背了孩子,到田里去干活。无论怎样劳累,她都能咬紧牙关,甘心忍受。

齐以德的脾气和齐十爷大不相同,他是一个很怕事、肯吃亏的老实人。平日安分守己,不走一步歪路,不说一句怪话,见了人规规矩矩,做起事来,又实实在在。人家侵犯了他,除了退让以外,他就束手无策。遇到有冤没处伸的时候,常把眼泪往肚子里咽。乡里的轻薄子弟,给他取了个外号,叫作"德螺头"(形容他是无用的人)。他听着,心里虽不乐意,却只有忍受,并不和人计较。

齐以德于咸丰十一年(一八六一年辛酉)二十三岁时结的婚,娶的是周雨若的女儿,那时她才十七岁。她娘家住在周家湾,离星斗塘并不太远。父亲是个教蒙馆的村夫子,在乡里算是识得字、读过书的不第相公(就是没有考上秀才的童生)。可是家境很不好,生活非常寒苦。湘潭乡间的风俗,新媳妇过门的头一天,婆婆要看看她陪嫁的妆奁,名目叫作"检箱"。她因为娘家穷,没有什么值钱的东西,不免有点害臊。齐十娘也是穷人家出身的姑娘,倒能撑得起硬骨头,背地里对她说:"常言道:'好女不穿嫁时衣。'家道兴旺,全靠自己,不靠娘家陪嫁东西来过日子的。"她觉得穷跟穷,才有同情心,听了婆婆的话,十分感动,嫁后三天,就去挑水做饭,粗细活儿,都干起来了。她是一个既能干又刚强的人,脾气和齐以德却正相反,自己有理,定要据理力争;待人却非常和气,讲究礼貌,又能勤俭持家,调度得宜。因此,不但人缘不错,外边的名声也挺好。湘潭地方,做饭是烧稻草的,稻草上面,免不了有些没打干净、剩余下来的谷粒。她觉得烧掉可惜,常用捣衣槌,一槌一槌地捶了下来。别看捶一天不过得谷一合,一月也只三升,但细水长流,积少成多,一年就三斗六升了。她精打细算,积得相当数目,拿去换棉花。又在房前屋后,种了不少的麻。有了棉花和麻,她就春天纺棉，夏天绩麻。自从她进了齐家的门，老老小小穿用的衣服，都靠她织布来做，不必花钱买布。她织成的布，染好颜色，做衣服用不完的，都存了起来。不到几年工夫，衣服和布，积存了满满的一箱。齐十爷、齐十娘老夫妻俩，是过惯穷日子的，看见了这么多的东西，连做梦都要乐出笑声来。她织布余闲，又养了鸡鸭和猪，鸡鸭下了蛋，猪养大了，卖出去，也是有利可图的，家里的零用钱，就不无小补了。而且她待公公婆婆，很讲规矩，无论什么东西，总是先敬翁姑，次及丈夫，最后才轮到自己。公公婆婆常夸奖说："儿媳妇这双手，真是了不起！"所以他们的家境，虽然穷得很，过的日子，倒是挺和美。有了这样善良的家风，自然而然地培养出优秀的子弟来，"家和万事兴"这句老话，说的真是不错。

多病的幼年

齐白石自出生以后,身体很弱,时常闹病。在他两岁、三岁这两年之中,几乎没有一天不闹病的,有时病得很厉害。他母亲发愁不必说,他祖母也是着急万分。婆媳两人,时常急得昏头晕脑,忘了东西南北,满处去请大夫。只要打听到哪里有个略有名声的医生,总得想法子去请教。大夫开的药方,积存起来,差不多可以订成厚厚的一本书了。家里的景况,原是很穷的,吃药的钱,不在少数,张罗起来,很费点劲。好在他们齐家的男女老少,平日在家乡的人缘并不算坏,到药铺子里去说两句好话,求求人情,药价就可以记在账上,不付现钱,赊了来吃。这一步难关,总算跨了过去。

那时,迷信的风俗,各处都是很浓厚的,到处有神庙,神的名目多得很。烧香磕头,好像是理所当然。他的祖母和母亲,就三天两头到庙里去叩祷,求神保佑,希望他的病早日治好。有时许点愿,有时求取"仙方"。可怜她婆媳俩,一个为了长孙,一个为了儿子,常常到庙里去,把头磕得咚咚地响,额角上面,红肿突起,回到家来,算是尽了一桩心愿。换取精神上暂时的安慰，也就顾不得额角的疼痛了。

乡里还有一种巫师，俗名叫作"看香头的"。这是一种骗人的把戏，似乎南北各省都是有的。干这勾当的，都是些极下流又极狡猾的无业游民，凭着一张能说会道的利嘴，随机应变，胡言乱语，还做些奇形怪状的丑态，名目说是看香头治病，实际是用神鬼吓唬人。这种把戏，比别的迷信玩艺儿，更为可恶。因为别的迷信玩艺儿，如算命、相面、看风水等，不过骗几个钱而已。惟独这种"看香头的"，骗钱之外，往往耽误人家治病，免不了断送了人家的性命。他的祖母和母亲，为了他的病，在急得没了主意的时候，也常常把这"看香头的"，请到家来，给他治病。他的病，没有给"看香头的"耽误，这总算是万幸的了。

他幼年的这场病，闹的时间很长。他的祖母和母亲，为了他，请大夫、买药、烧香许愿，请"看香头的"变把戏，冤枉钱花的真不少。家里经不起这样耗费，不免债台高筑，弄得度日如年。而他的病，仍是好好坏坏地拖了很多日子。直到四岁那年，他慢慢地长大了，能走路说话了，不知不觉的，病却渐渐地好了起来，到了冬天，居然完全好了。他祖母和母亲，真是"心花怒放"，高兴得了不得。他这场病，闹了两三年，有的说是犯了什么煞，有的说是得罪了什么神，有的说是胎里热，着了外感，有的说是吃东西不合把肚子吃坏了，有的说是吹着了山上的怪风，有的说是出门碰到了邪气，奇奇怪怪，不伦不类地说了好多名目。直到他的病确实好了，祖母和母亲才把压在心上的这块石头搬了下来。祖父和父亲也各长长地舒出了一口气，都觉着轻松得多了。

在他病时，乡里的大夫诊过了病，开了病方，总是附带地嘱咐他家里人说："油腻荤腥的东西，一概不能动！"有了这句话，这样不能吃，那样不能吃，能吃的东西，就很少的了。吃奶的孩子，本不能自己吃东西，吃的是母亲的奶，大夫这么一说，好像暗示叫他母亲忌口了。他母亲爱子心切，听了大夫的话，认为是金科玉律，一点不敢含糊。荤腥固然不敢去动，就连略带油腻的东西，也丝毫不敢进口，恐怕吃了下去，从奶汁里过渡给孩子，对于病情不利。逢年过节，家家都要买鱼买肉，吃点喝点，他家光景虽不宽裕，多少也得买些，打打牙祭。他母亲为了他的病，总是看着别人吃，自己一点也不沾嘴，同"吃白斋"似的（吃素念佛的人，有的吃素比较宽些，凡不见血的东西，如鸡蛋牛奶之类，照常能吃；有的吃素特别严格，所有荤腥油腻等物，一概禁忌，谓之"吃白斋"），忌得干干净净。直到他的病不至于再发了，母亲才慢慢地开了荤。祖母又因他久病刚好，怕孩子待在家里，闷得难受，在下田干活的时候，把他背在背上，形影不离地来回打转。婆媳俩为了他这场病，简直闹得怕极了，常常说："自己身体劳累点，委屈点，都不要紧；只要心里头的疙瘩解消，不担忧，不着急，那就睡得着觉，吃得下饭了。"她俩心里头的疙瘩，直到他的病完全好了，体力渐渐复原以后，才算真正地解消。

天趣匠心：齐白石自述

祖父教他识字

齐白石病好之后，他祖父有了闲工夫，时常抱着他，逗他玩。祖父勤劳了一辈子，并没有什么积蓄，只有一件冬天穿的黑羊皮袄，算是家里最值钱的名贵东西了。这件皮袄，大概年头已经不少，皮板挺硬，毛也脱落了一半，但老人家穿在身上，仍是小心翼翼地当作珍宝看待。孙子是老人家所疼爱的，抱在怀里，怕他着凉，就敞开着皮袄的大襟，把他窝在胸前。

那年（一八六六年丙寅），他祖父已五十九岁了。隆冬三九的天气，老年人确实有点怕冷，常去捡拾些松树枝，在炉子里烧火取暖。他祖父抱着他，蹲在炉边烤火，拿着捅炉子的铁钳子，在松柴灰堆上面，比划着写字，作为消遣。先写了个"芝"字，一笔一笔地写给他看，教他认识，对他说："这是芝字，就是你阿芝的芝。你记准了笔划，别把它忘了！"他祖父识字并不太多，能够识得的字，不过三百来个，而且这三百来个中间，也许还有半认得半不认得的。但是这个"芝"字，倒确是认识得很有把握，写起来也不会写错的。这个"芝"字，是他祖父教他的第一个字，也就是他开始识字的头一个。他老年时，给人画过一幅

《霜灯画荻图》，题诗道：

> 我亦儿时怜爱来，题诗述德愧无才。
> 雪风辜负先人意，柴火炉钳夜画灰。

诗后附注说："余四岁时，天寒围炉，王父就松火光，以柴钳画灰，教识'阿芝'二字。阿芝，余小名也。"他祖父划灰教他识字，他到老还留着深刻的印象。

他自从开始识字以后，祖父每隔两三天教他一个生字。识了一个，教他天天温习，还给他指点笔划，讲解字的意义。常对他说："识字要牢牢记住，还要懂得这个字的意义，用起来才会用得恰当，这才算是识得这个字了。假使贪多务博，囫囵吞枣，识了转身就忘，意义也不明白，这是骗了自己，跟没有识得一样，怎能算是识字呢？"他祖父这番话，说得倒很在行。他是个聪明人，天资很高，祖父教一个，识一个，识了以后，从不曾忘记。祖父看他肯用心，称赞他有出息，家里人听着，都很喜欢。

他四五岁时，跟着祖父识字，并无间断。在玩儿的时候，他常拿着根松树枝，在地上一横一竖地学着他祖父的笔势，比划着写起来。先从笔划少的写起，渐渐地把笔划多的也能写得出了。偶尔短了一笔，或者多了一点，大致还是写得不错的居多数。有时在地上画个圈儿，加上几笔，就成了个人脸儿，眼珠圆圆的，脸盘胖胖的，看起来很像隔壁的胖小子；加上了胡子，又像街上那边开杂货铺的掌柜了。自己看着，倒也挺有意思。在他五岁那年（一八六七年丁卯），他的二弟出生，取名纯松，号叫效林。

他们乡里的风俗，生了孩子，新产妇家的房门上，照例挂一幅雷公神像，据说是镇压妖魔鬼怪用的。这是乡里的画匠用朱笔在黄表纸上画的，画得很粗糙。他觉得雷公的形象很有趣，跟他画的胖小子和杂货铺掌柜都不一样，可是自己学不了，只能看看而已。

离他们家不远，有个比较著名的驿站，叫作黄茅岭。乡里人称它为黄茅堆子，比白石铺的驿站大得多。那里设有一座巡检衙门，巡检（略似区长）是知县属下的小官儿，论他的品级，刚刚够得上戴个顶子（清代官职的大小，以帽上顶子的颜色为区别）。这类官，流品最杂，任何人只要预备些本钱，按照什么名目的捐例，花上几百两银子，就能买到手，居然走马上任，称起"老爷"来了。芝麻绿豆般的起码官儿，又是花钱捐来的，算得了什么东西呢？可是"天高皇帝远"，在偏僻的乡镇小地方，摆的官架子倒也不小，为所欲为地作威作虐。他们原是鸡零狗碎的杂拌儿出身，眼光小，花样多，伸出手来，细大不捐；使起坏来，无微不至，顶不是好惹的。这种人没有权力杀人，却有权力打人的屁股，因此，在乡里很能吓唬人。在他六岁那年（一八六八年戊辰），黄茅堆子来了一个新上任的巡检，不知为什么事，排齐了全副执事，吆喝着开道，坐着轿子，耀武扬威地在白石铺一带打圈转。乡里人很少见过官面，只知道官是管着百姓的，什么叫作巡检，那就不求甚解了。听说新上任的官儿来了，都想去看一看，尤其是妇女们，拖儿带女地去凑热闹。他家的邻居三大娘叫他跟着一块去，他母亲问他："去不去？"他回答得很干脆："不去！"他母亲对三大娘说："这孩子挺别扭，不肯去，你就自己走吧！"三大娘走后，他以为母亲说他别扭，心里总不会高兴，谁知却笑着对他说："好孩子，有志气！黄茅堆子哪曾来过好样的官，去看他作甚！我们凭着一双手吃饭，官不官有什么了不起！"他母亲的教育，对他是很有启发的。他中年赠友诗，有句云：

闲散半生缘不仕，声名两字总能廉。

老年又有《煨芋分食如儿移孙》诗云：

贫未十分书满架，家余三亩芋千头。
儿孙识字知翁意，不必官高慕邺侯。

可以见得他是不愿钻进官场里去混的。

他从四岁那年的冬天起，跟他祖父识字，到七岁那年（一八六九年己巳），已是经过了三个年头，他祖父认得的三百来个字，已全部教完，他也识得滚瓜烂熟的了，连每个字的意义，都能讲得清清楚楚。到了腊月初旬，他祖父说："阿芝识的字，已和我一般多了，就提前放了年学吧！"接着，叹了一口气，又说："这孩子倒是很有点儿才气！"他母亲听得公公一面夸奖着孙子，一面又唉声叹气，鉴貌辨色，知道公公是为了没有力量供给孙子上学读书，似乎很有点对不起孙子的意思。就对他祖父说："儿媳今年捶草捶下来的稻谷，积得了四斗，存在隔岭的一个银匠家里，原先打算再积多一些，换副银钗戴的。我的银钗，戴不戴不要紧，可以把这四斗稻谷的钱取回来，买些纸笔书本，让阿芝去上学。明年阿爷要在枫林亭坐个蒙馆,阿芝跟外公读书,束脩当然是可以免的。我想,阿芝朝去晚归,午间带饭去吃,这点钱,虽不多,也够他读一年书。让他多识几个眼面前常见的字,动起笔来,记记账,写写字条儿,就不费什么劲了。就是将来扶犁掌耙,有了这么一点挂数书的书底子,也算是个好掌作了。"他祖父听得有理,频频点头,他明年去跟外祖父上学,当下就决定了。

枫林亭上学

过了第二年（一八七〇年庚午）的正月十五日灯节，齐白石八岁。母亲给他缝了一件蓝布新大褂，套在黑布旧棉袄外面，衣冠楚楚的，由他祖父领着，到了他外祖父周雨若的蒙馆。这蒙馆在枫林亭附近的王爷殿，枫林亭在白石铺北边的山坳上，离他们家不过三里来地。照例先在孔夫子的神牌那里，磕了几个头，再向外祖父拜了三拜。说是先拜至圣先师，再拜受业老师，经过这样的隆重大礼，将来才能当上相公。乡里人认为读书的前程，是考上个秀才。把秀才看作是状元宰相的根源，见了秀才，就称呼为相公（他六十岁时，赠留霞老人的诗，自注云：吾乡谚称，新得秀才者为相公）。

从那天起，他就正式地读起书来。外祖父不收他束脩，给他发蒙，先教他读一本《四言杂字》，这是乡里人学记账时必读的书。每天清早，他祖父送他去上学，傍晚又接他回家。这三里来地的路程，原来不太远，但走的都是些黄泥路，平常好天气的日子，倒不觉得什么，逢到雨季，可难走得很。黄泥是最滑不过的，满地泥泞，路途又不平整，一不小心，就得跌倒。他祖父总

127

是右手撑着雨伞，左手提着饭箩，一步一拐，很经意地看准了脚步，带着他走。看见泥塘深了，就把他背在背上，手里还拿着东西，低了头，一眼不眨地往前走。六十开外的人，累得上气不接下气，为了孙子，老人家真是费尽了心力。齐白石六十岁时，作了一首《过星塘老屋题壁》的诗，说：

白茅盖瓦求无漏，遍岭栽松不算空。
难忘儿时读书路，黄泥三里到家中。

就是纪念他自己当年上学时的情景。

齐白石上学之后，隔不多久，就把一本《四言杂字》读完了。接着，又读了《三字经》《百家姓》。他在家里，本已识得三百来个字，读起这些书来，一点不觉得费力，就读得烂熟了。蒙馆内许多同学，谁都比不上他，他算是读得最好的一个。外祖父挺喜欢他，常对他祖父说："这孩子，真不错！"他祖父听了，翘起了花白胡子，张开着嘴，笑嘻嘻地乐了。回家来说了一遍，他祖母和父亲，也都满面堆起了笑容。他母亲以为四斗稻谷钱花得真不冤枉，心里更有说不尽的高兴。

他外祖父又教他读《千家诗》，他一上口，就觉得很顺溜，音调也很好听，越读越起劲。他们家乡的土话，把只读不写，也不讲解的书，叫作"白口子书"。他在家里，跟他祖父识字，倒也略略知道一些字的意义，进了蒙馆，虽说读的都是"白口子书"，但用一知半解的见识，琢磨着书里头的意思，大致可以懂得一半。《千家诗》因为读着顺口，很有味儿，有几首他认为最好的诗，更是常在嘴里哼着。简直成了个小诗迷了。后来他到了二十多岁的时候，读《唐诗三百首》，一读就熟，自己学作几首诗，也一学就会，这都是他小时候读《千家诗》打下的根基。

从前人有句笑话："读死书，死读书，读书死。"实因那时候读书，是拿着书本，拼命地死读，熟读了要背书，背书必须背得顺口而出，嘴里不许打咕嘟。假使稍稍打了个咕嘟，就算没有读熟，老师就很生气地把书扔了回去，限令从头重读，读熟了再背。齐白石因为生性聪敏，又肯用功，书读得好，背得也好，外祖父每次都没有叫他重读重背过。读书之外，写字也是一门正式功课，外祖父教他写的是那时通行的描红纸，纸上用木板刷印了红色的字，不外"孔乙己，上大人""一去二三里，烟村四五家"之类。写的时候，是依着纸上印着的笔姿，一笔一划地描着去写。这是他拿毛笔蘸墨写字的第一次，比用松树枝在地面上划来划去，有意思得多了。他祖父为了他写字，把自己珍藏多年的"文房四宝"取出两件：一是一块断墨，一是一方裂了缝的砚台，郑重地给了他。这原是老人家自己写账时所用，向来轻易不往外露的。"文房四宝"中的另一宝——毛笔，因为笔头上的毛掉得快光了，无法再用，就给他买了一支新的毛笔。描红纸家里没有旧存的，也去买了点新的。他的书包里，顿时充实了不少东西，笔墨纸砚，样样俱全。

学画的开始

齐白石有了笔墨纸砚整套工具，手边觉得方便多了。写字原是日常应做的功课，无须回避，天天在描红纸上描个没完。描了几天，有时描得有些腻烦了，私下就偷偷地画起画来。恰巧，住在他隔壁的同学的婶娘生了个孩子，房门上挂起了雷公神像。当他五岁，二弟出生时，他母亲的房门上，也曾挂过，此次又见到了，越看越有趣，就想模仿着画它几张。他跟同学商量好以后，放了晚学，取出笔墨砚台，对着同学家的房门，在写字用的描红纸上，画了起来。只因不知雷公究竟是个什么出身，又不明白他的嘴脸，怪模怪样，为什么长得这样难看，姑且依着挂的画像，尖嘴薄腮，照样画去。画了半天，画出来的，变成了一只鹦鹉似的怪鸟脸，自己看着，也很不满意，改了几次，总是改不合式。雷公像在房门上，挂得挺高，取又取不下来，他就想出一个方法，搬来了一个高脚木凳，蹬了上去。描红纸质地太厚，不适于用，他到同学那边，找到了一张包过东西的薄竹纸，覆在神像上面，用笔勾影出来。画好了一看，这回画得可像个样子，简直和原像一般无二。同学要他另画一张，留着去玩，他也照样地画了。从此，他对于画画，感觉到莫大的兴趣。

他的同学到蒙馆里一宣传，别的同学看着眼馋，都来请他画。也是他性之所好，倒能来者不拒，有求必应。常常撕了写字本，把描红纸裁开了，半张纸、半张纸地画了起来。他最先给同学们画的，是星斗塘常见到的一位钓鱼老头。画的次数多了，把这老头的面貌身形，画得丝毫不差，大家一看，就知道是那个老头了。接着换了花样，画些花卉、树木、飞禽、走兽、虫鱼等等，凡是眼睛里平日看见过的东西，都把它们画了出来。尤其是牛、马、猪、羊、鸡、鸭、鱼、虾、螃蟹、青蛙、麻雀、喜鹊、蝴蝶、蜻蜓这一类眼前常见的东西，更是爱画，画得也就最多。他画了这些常见的实物，觉得雷公谁都没有见过，雷公像是根据什么画出来的呢？似乎有点靠不住，就不能相信它。那年，他母亲生了他的三弟，取名纯藻，号叫晓林，他家的房门上又挂起了雷公像，他就不再去画它了。

他给同学们画这个，画那个，越画越多，写字本的描红纸，却越撕越少，很快就撕完了。刚换上一本新的，不到几天，又撕完了。他外祖父是熟读朱柏庐《治家格言》的，嘴里常念着："一粥一饭，当思来之不易；半丝半缕，恒念物力维艰。"看见他写字本用得这么多，起初以为他练习写字过勤，倒也并不怀疑，经过留心考查，才知他是偷着去画画。认为小孩子东涂西抹，是闹着玩的，白费了纸，把写字的正事反倒耽误了，就屡次呵斥他："只顾玩儿，不干正事，你看看！描红纸耗费了多少？"那时的老师，对待学生都是挺严厉的，《三字经》上说过，"教不严，师之惰"，好像老师不严厉，反而是不负责任了。蒙馆的学生,哪个不怕老师?何况老师还有一件法宝——戒尺,随时拿在手里,晃动着吓唬人,有时弄急了,也会真的用戒尺来打人手心的。他平日并不十分淘气,没有挨过戒尺,只是为了撕写字本。好几次惹得他外祖父真的生了气。幸而外祖父终是疼爱外孙的。他读书又肯用功,功课比较好,外祖父在盛怒之下,也不过光是嘴里嚷嚷,戒尺却始终没曾落到他的手心上。这时他的画瘾,已是牢不可拔,戒掉是万难办到的,但怕外祖父责骂,不敢再撕写字本,只得满处去找包皮纸一类的废纸,在读书余暇,偷偷地继续画。他幼时受了外祖父的教训,作画用纸,到老仍是十分爱惜,凡是包过东西的包皮纸,只要带些棉性的,他都铺平折叠,积存起来;时常取出,画上几笔,自觉很为得意。曾见他在七十多岁时,给人画过一幅《三省图》,是幅很精彩的佳作。画的是三只冬笋,"三省"是切合三笋的意思,题辞说:"不弃家乡包物纸也。"就是用了他家乡寄来包东西的包皮纸画的。

秋天,田里的稻子快到收割的时候,乡里的蒙馆和"子曰店",都得要放假几天,名叫放"扮禾学",这是每年的惯例。他幼年生过一场大病,病虽好了,身体终究还不很健壮。那时他正读着《论语》,恰巧又病了几天。那年的年景,不十分好,田里的收成很歉薄。他们家没有什么家底子,平常过日子,原是穷对付,一遇到田里收不多,日子就更不好过。在青黄不接的时候,穷得连粮食都没的吃,别的就更不用提了。他母亲从早到晚地愁眉不展,瞪着两只眼睛,干巴巴地着急。等他病好了,对他说:"年头儿这么紧,顾不得上学了,糊住了嘴再说吧!"家里人手不够用,他留在家里,帮着做点事,读了不到一年的书,就此停止了。为了肚子饿，满处去找吃的，田里有点芋头，母亲叫他去刨，刨回家，用牛粪煨着吃。他到晚年，每逢画着芋头，总会想起当年的情景，曾经题过一首诗：

一丘香芋暮秋凉，当得贫家谷一仓。
到老莫嫌风味薄，自煨牛粪火炉香。

芋头刨完了，又去掘野菜吃。他后来题的《画菜诗》，有两句说："充肚者胜半年粮，得志者勿忘其香。"他又常常对人说："穷人家的苦滋味，只有穷人自己明白，不是豪门贵族能知道的。"他到老口味很清淡，喜欢吃蔬菜，并不多动荤腥，有句说："不妨菜肚斯生了，我与何曾同一饱。"又作过一首《饱菜》诗，自注云："余性嗜蔬笋，席上有蔬菜。其味有所喜者，虽鸡鱼不下箸矣。"这和他早年穷苦的环境，多少是有点关系的。

> 天趣匠心：齐白石自述

砍柴牧牛不忘读书写字

齐白石从九岁起（一八七一年辛未），就上不起学，待在家里，帮着挑水、种菜、扫地、打杂，还照看他两个弟弟（白石排行为老大）。闲着的时候，他常到门前星斗塘去钓鱼，祖母怕他掉到水里，就叫他上山去砍柴。他六十岁时，题《渔樵问答图》，曾说："阿芝少时喜钓鱼，祖母防其水死；作意曰：'汝只管食鱼，今日将无米为炊，汝知之否？'令其砍柴，不使近水，余以为苦。"柴是家里最需要的，砍了来，家里有得烧用，省掉一笔柴火钱，那些烧不完而剩下的，还可以卖出去，换回点米，凑合着吃。他老年题《得财图》云：

豺狼满地，何处爬寻！
四围野雾，一篓云阴。
春来无木叶，冬过少松针。
明日敷炊心足矣，朋侪犹道最贪淫。

这几句话，虽是他别有用意，但说的是幼时上山砍柴的事。那时，附近许多村庄，也有不少孩子，和他岁数差不多的，一起上山去砍柴，都成了他很好的朋友。

他们上了山，砍满了一担柴，休息时候，喜欢做"打柴叉"玩儿。打柴叉是集合了三个人一同玩的，用砍得的柴，每人拿出一捆，一头着地，一头靠在一起，算作是"叉"，用柴耙远远地轮流掷过去，把叉掷倒的算是赢，掷不倒的算是输，输赢就是各人拿出的一捆柴。因为柴耙是竹子做成，不是很重的，掷倒这个三捆柴并作一起的"柴叉"，并不是太容易的事，所以一捆柴的输赢，可以玩上好大半天。穷孩子们哪有钱去买玩具，只有找些不用花钱的玩儿。"打柴叉"却是他小时候最高兴玩的。在他定居北京以后，有一年他回到家乡，路过山上，看见一群砍柴的孩子，认出里头几个孩子的上辈，原是他的邻居，早年和他一起砍过柴，玩过"打柴叉"的，回想前情，禁不住感伤起来，做了两首诗，一首是律诗，说：

　　束发天寒苦负薪，只今赢得性情真。
　　九泉回首无惭色，两字伤心是正人。
　　断舌语言弓脱矢，雕梁身世木从绳。
　　问余无害为何物，狗子猫儿老可亲。

一首是绝句，说：

　　来时歧路遍天涯，独到星塘认是家。
　　我亦君年无累及，群儿欢跳打柴叉。

诗后他又注道："余生长于星塘老屋，儿时架柴为叉，相离数伍，以柴耙掷击之，叉倒者为赢，可得薪。"

　　他每天除了上山砍柴，就在家里帮着做事，一天到晚，够他忙的。有了闲工夫，却仍忘不了读书写字。外祖父教过的几本书，他从头到尾地温习了好多遍，自己背起来，真是熟极而流。描红纸写完了，祖父给他买了些写字用的黄表纸，又买了一本木版刻印的大楷字帖，教他先蒙着影写，蒙写得有个样子了，再教他脱手去临摹，每天总要写上一页半页。生长寒门的孩子，自然而然地懂得物力艰难，东西到手，决不肯大手大脚地随便浪费。他有了这些写字纸，舍不得轻易用掉，仿照描红纸的样子，想出了一个办法：先用红土子，写上一遍红字，再用墨笔，写上一遍黑字，一张纸，可作两回用，这就养成了他到老爱惜物力的习惯。因为外祖父说画画是小孩子闹着玩，怕人看见说他耽误正事，不敢在人前露面，背地里找到了祖父几十年前记过账的一本旧账簿，把它拆开，翻了过来，一页一页地偷偷地画，画的仍是日常看到的东西。账簿的页数很多，他十分节省地用着，倒也画了不少日子。

　　同治十二年（一八七三年癸酉），齐白石十一岁。一亩"麻子丘"打得的粮食，在他出生时，一家子喝点稀粥，有一顿，没一顿，还喝不上半年。这时连他的两个兄弟，家里有了七口人，缺粮就缺得更没法计算了。这些年来，他祖父和他父亲，一有闲暇，就到外边去出卖劳力，赚到的钱，买点粮食，贴补着吃。他祖父觉得买粮吃不太合算，跟家里人商量好，托人向地主那里说了人情，租到十几亩田，种上了稻子。地主原是吸血鬼，剥削人的手段，是极可怕的，要去的租谷，差不多占了收成的一半。他祖父明知跟吸血鬼打不出好交道，自己的血汗，不给吸血鬼吸得饱饱，是弄不到田种的。为了一家子张着嘴等吃饭，只得忍着一肚子的委屈，写下了字据，算是把田租到手了。家里添上了十几亩田，人手就显得不够使用，他祖父又想了法子，筹到一笔钱，买了一头牛，叫他每天上山去，一边牧牛，一边砍柴，顺便再捡点粪，给田里上点肥。他母亲叫带着他二弟纯松一块儿去，由他照管，免得在家碍手碍脚妨害他母亲做事。

他小时候身体不太好，祖母和母亲，时时担忧他短命夭殇，不易长大。乡里的算命瞎子，给他排过八字，算过流年，说："水星照命，孩子多灾，防防水星，就能逢凶化吉。"他祖母听了瞎子的话，买了一个小铜铃，用红头绳系在他的脖子上，对他说："阿芝！带着你二弟上山去，好好地砍柴牧牛，到晚晌下山，我在门口等着你们，听到铃声由远而近，知道你们回来了，我煮好饭，跟你们一块儿吃。"他母亲也弄来了一块小铜牌，牌上刻着六个字——"南无阿弥陀佛"，和铜铃系在一起，说："这是避邪的，有了这块牌，山上的豺狼虎豹，妖魔鬼怪，都不敢近你的身了。"他脖子上拴着这两件东西，真像壮大了胆似的，上得山去，更觉得泰然了。他在中年以后，写过一首诗：

儿时牛背笛，归去弄斜阳。
三里壕边路，藤花喷异香。

写出他幼年牧牛时高兴的情绪。他当时对于铜牌，倒还没有感觉到特殊意味，惟有这个铜铃，丁丁当当的，走一步，响一声，下山回家的时候，祖母总是在门口等候。他祖母倚闾而望的情景，他直到晚年，还是常常记起。但因当时的那个铜铃和那块铜牌，在民国初年家乡兵乱时，都丢失了，他懊恼之余，叫铜匠照式，各重做了一个，系在裤带上，作为纪念。自己刻了一方石章，称作"佩铃人"。还题过一首画牛的诗道：

  星塘一带杏花风，黄犊出栏东复东。
  身上铃声慈母意，如今亦作听铃翁。

另一首诗道：

  祖母闻铃心始欢，也曾总角牧牛还。
  儿孙照样耕春雨，老对犁锄汗满颜。

诗后自注："璜幼时牧牛，身系一铃，祖母闻铃声，遂不复倚门矣。"这都是他纪念祖母和母亲当初待他的一番苦心的。

  他上山总是带着书本去的。除了看牛、砍柴、捡粪和照顾他二弟以外，常是匀出时间，温习旧日的功课。他前年跟外祖父读书，读到放"扮禾学"时候，正读着《论语》，只读了小半部，就停止不读了。留着没有读过的大半部《论语》，里头很有几个不认得的字和许多不明白意义的地方，就趁了放牛之便，绕道到枫林亭，向他外祖父请教。他外祖父见他有志上进，不厌其详地教给他听。他很专心地牢牢记住,隔不多久,把一部《论语》,居然全都读完了。他尽顾着读书,越读越有味,越有味读得越起劲,读得忘了时辰。平常每天能砍四担五担柴的,那天一担都没砍满,捡的粪,也不满一筐。天黑回家,祖母见了,心里老大地不高兴。吃过了晚饭,他又照例取出那支羊毫笔,摊开了大字帖,横横竖竖地写起字来。祖母一肚子要说的话,实在憋不下去了,就叫他道:"阿芝!现在你会砍柴了,家里等着烧用,你却天天只管嘴里子曰子曰地念,手里一横一竖地写,俗语说得好:'三日风,四日雨,哪见文章锅里煮?'明天要是没米下锅,你说怎么办呢?唉!可惜你生下来的时候,走错了人家!"他祖母原是为了家里寒苦,急于要得点实惠,而读书写字,一时救不了穷,所以盼望他多费点力气,多帮助点家用。他明白祖母的意思,以后上山,虽仍带了书去,却把书挂在牛犄角上,先去砍柴捡粪,等到够足了数,然后取下书来,静心细读。回到家,把柴和粪交代过了,再动笔写字。他祖母见他并没耽误正事,也就不加禁止了。他老年有《忆儿时事》的诗,说:

桃花灼灼草青青,乐事如今忆佩铃。
牛角挂书牛背睡,八哥不欲唤侬醒。

还刻了一方印章——"吾幼挂书牛角",这是说他自己牛角挂书的事。他题朋友画册的诗,有句云:"笑侬尤胜林和靖,除却能棋粪可担。"他幼时捡粪之事,也曾入之吟咏的。

139

悲喜交集的一年

齐白石十二岁时，遭遇了一喜一悲的两件大事。

那年（一八七四年甲戌）正月二十一日，他祖父祖母和他父亲母亲做主，给他娶了亲。娶的是同乡陈姓的姑娘，名叫春君，比他大一岁。这位陈春君，过门是做"童养媳"的。那时，乡间通行一种风俗，因为家里人手少，很早就给孩子娶亲。娶的儿媳妇，年岁总得比自己的孩子略为大些，为的是让她进门来帮着做点事。孩子还没有成年，把儿媳妇先接过门来，经过交拜天地、祖宗、家长等仪式，名目叫作"拜堂"，就算有了夫妇的名分。等到双方都长大成人了，再拣选一个"黄道吉日"，合卺同居，名目叫作"圆房"，这才成了正式的夫妻。在女孩子的娘家，因为人口多，家计艰窘，吃喝穿着，负担不起，又想到女大当嫁，早晚是夫家的人，早些嫁过去可以先省掉许多心事，这是寒苦人家的穷打算，所以很小就让她过门。

陈春君是穷家的姑娘，从小操作惯的，能吃苦耐劳。嫁进门后，帮着婆婆洗衣、煮饭、看孩子、做针线，件件都行。坐下去，离不开一把剪子；站起来，又放不下一把铲子，手里总没有闲着的时候。他祖父祖母和他父亲母亲,都很喜欢她,说她小小年纪,这样能干,算得是料理家务的一把好手。他也觉得她非常之好,听了祖父祖母和父亲母亲夸奖她的话,心里更有说不出的高兴。他到了老年,想起童时新婚情景,好像还有回味似的,很风趣地对人说过:"那时疼媳妇是招人笑话的,心里虽是乐滋滋,嘴里非但不能说,连一点意思都不敢吐露出来,只不过两人眉目之间,有意无意地互相传传情而已。"

他娶亲后,家里更显得暖和和的。不料过了三个多月,到端阳节那天,他祖父去世了。他自出生以后,从未遭遇过这样不幸的事,真像一个晴天霹雳,震得他头脑都晕了。他想起祖父待他的好处:用炉钳子划着炉灰教他识字,把黑羊皮袄围抱了他在怀里暖睡,早送晚接地陪他上学,逢到下雨背了他走路,一幕一幕地都在眼前晃荡。他越想越难过,禁不住哭了起来,足足地哭了三天三宵,什么东西都没有下肚。他祖母原也是一把眼泪、一把鼻涕地天天在哭泣,看他这个样子,抽抽噎噎地,反而去劝他:"别这么哭了!你身体单薄,哭坏了,怎对得起你祖父?"他父亲母亲也各含着两泡眼泪,对他说:"三天不吃东西,怎能顶得下去?祖父疼你,你是知道的,你这样糟蹋自己身体,祖父也不会心安的。"他虽听得有理,但克制不了自己,仍是哭个不停,直到哭得实在累极,才糊里糊涂地睡着。穷人家逢着这种大事,钱是第一个难题,当时他们家里,东凑西挪,连卖带借,勉强张罗得出的,只不过六十千文。合那时的银圆价,也就是六十来块钱。尽着这六十千文,把他祖父的身后大事,从棺殓到埋葬,对付着过去,他祖母和他母亲多方筹划,处处俭省,确实是煞费心力。

学做木匠的波折

光绪元年（一八七五年乙亥），齐白石十三岁。为了他祖父的丧事，家里罗掘俱穷，还多多少少地负了几笔债务。吃饭尚且困难，债又不能不还，真所谓"挖肉补疮，终究是个窟窿"，光景窘迫，不在话下。田里的事情，他祖母虽也能够帮着点忙，但主要的重活，向来由他祖父和他父亲两人操作。他祖父去世之后，就只有他父亲独力担当，也显得劳累不堪。他母亲是管理家务的"当家人"，过着这么艰难的日子，干活的人手又少，常常长吁短叹地对他说："阿芝啊！我巴不得你们兄弟几个，快快地长大。等你们长大得身长七尺，帮着你父亲干点活，一家人的嘴，才能糊得下去啊！"他看看母亲的脸色，忧郁得很，心里头有说不出的难受。那年春夏之交，雨水特多，他不能上山砍柴，家里米又吃完了。他母亲没有办法，叫他去掘些野菜，拿回来，用积存的干牛粪煨着吃。他看见附近的地主家里，天天大吃大喝，给他留下了印象，后来画菜作过一首诗：

朱门良肉在吾侧，口中伸手何能得。

第二辑 齐白石的一生

是谁使我老良民，面皮变作青青色。

因为柴灶好久没用，雨水灌进灶内，生了许多青蛙。灶内生蛙，真是一桩奇闻。

第二年（一八七六年丙子），他母亲生了他四弟纯培，号叫云林。家里的粗细活儿，都由他尚未圆房的妻子陈春君帮着料理，他母亲倒也很放得下心。他从小身体并不健壮，祖父在世时，又十分疼爱，平时只叫他砍柴、牧牛、捡粪，做些不很重累的事情。回到家来，也不过扫扫地、打打杂。田里的活儿，没有让他动过手，他很想去试试，祖父怕他累坏身体，总是拦住他，不让他干。这时，他父亲见他长大了，家里又缺少人手，对他说："你的岁数不算小了，学做点田里的事吧！"他就跟着他父亲下田了。他父亲教他扶犁，学了几天，顾了犁，却顾不了牛；顾得了牛，又顾不了犁，牛和犁，顾不到一块儿，来回地折腾，弄得他满身汗水直流，终没有把犁扶好。他父亲说他："这哪里是扶犁，简直是受罪，换点别的活干吧！"又教他插秧耘稻。他整天弯着腰，跟他父亲一起，在水田里泡着。头上虽戴着大圈边的遮阳大草帽，背脊却给毒烈的太阳晒得几乎出了油。两只脚在晒热的泥水里，一脚深，一脚浅，不停不歇地顺着一行一行稻秧，走来走去，这比扶犁更是难受得多。每天清早下田，中午上来吃过饭，歇一会儿，又下田去，到傍晚才歇工。有一天，他歇了工，从田里上来，觉得很累，坐在星斗塘岸边洗脚，无意间脚指头上痛得像小钳子乱铗，急忙从水里拔起脚来一看，已出了不少的血。他父亲在旁见着，说："这是草虾欺侮了我儿啦！"星斗塘里，草虾很多，大雄虾的一对钳子，真够厉害。他从此不敢在塘里洗脚，但有了闲暇，常到塘边观察草虾活跃的姿态，模仿着画起画来。他后来画虾得了盛名，人家都说他画的虾同活的一般无二，他小时候在星斗塘边，确实是用过一番功夫的。

光绪三年（一八七七年丁丑），他十五岁。他父亲看他下田干活，费了很大的劲，活也没有干好，怕他勉强地干下去，身体经受不起，就同他祖母和他母亲商量，想叫他去从师学一门手艺，预备将来糊口养家。他祖母和他母亲，很愿意他学手艺，免得在田里吃辛受苦地累个不了。那时，他有一个本家叔祖，名叫齐仙佑，是个大器作木匠，乡里人都称他为"齐满木匠"。大器作木匠是做粗活的，又称"粗木作"，能做点家用的床椅桌凳和田里用的犁耙水车之类，而盖房子立木架，却是惟一的本行。他祖母是齐满木匠的堂嫂，那年年初，齐满木匠来到他家，向他祖母拜年。他父亲在和齐仙佑闲谈中说起要叫他跟去学做木匠手艺，齐满木匠倒也并不推辞，点头答应，当下就说定了。隔了几天，按照木匠的行规，拣了个好日子，他父亲领着他到齐满木匠那里，去行拜师礼，吃了进师酒，他就算齐满木匠的正式徒弟了。

他跟着齐满木匠学做手艺，一朝生，两朝熟，慢慢地看出了门径，心里有数，手里也就有了谱，桌椅的腿子，居然能做得大小合适，长短一致的了。过了清明节，逢到人家盖房子，齐满木匠领着他，一同去立木架。立木架和做家具，可不相同，用的木料，像大柁、檩子、柱子之类，都是大件头，挺粗挺重的。那家盖的是大瓦房，木料用得很坚实，他体力比较差些，师傅叫他扛一根大檩子，他非但扛不动，连扶也扶不起来。齐满木匠有点生气了,说他这样不中用,还干得了什么!房子还没完工,就把他送回了家。齐满木匠对他父亲说:"这孩子没有用,学不了木匠,换换别的手艺吧!"他父亲听着,像冷水浇头似的,只是罢了。当时乡亲们知道他给师傅送回来了,都说"阿芝哪能学得成手艺!"他听了很受刺激,从此,他发愤立志,有了勤学苦练的决心。

不到一个月,他父亲托了人情,又找到一位大器作木匠,领他去磕头拜师。这位木匠名叫齐长龄,也是他的远房本家,脾气比齐满木匠温和得多,很能体恤徒弟,知道他力气不够,对他说:"别着急!好好地练吧!无论什么本领,都是朝练晚练,练出来的。只要肯下苦功,常常练练,力气是练得出来的。"他听了师傅的话,不断地练着,练了些日子,动起斧子来,不觉得费劲了。一根中长的檩子,说扛就扛,扛在肩膀上,走起路来,也能不慌不忙。齐长龄不说他不中用,反而说他肯听话,为了照顾他的身体,不叫他搬动太重的东西,也不叫他干太累的活。他觉得这位齐师傅,比上次的那位齐师傅,好上不知多少倍,心情就舒畅了。

那年秋天,齐长龄在人家做了几件家具,完了工,带着他,师徒两人,背了做活用的家伙,一起回家。乡里人来来往往,走的是很长而不太宽的田塍。就在那田塍上,远远地看见对面来了三个人。有的肩上背了个木箱,有的背着一个很粗厚的大布口袋,箱里袋里装的,跟他师徒两人背的一样,也是些斧锯钻凿这一类东西。他心想:这三人背的都是木匠家伙,一定是同行了,也就并不在意。这时,两边越走越近,走到近身,想不到他师傅齐长龄,突然把两只手耷拉着垂了下来,侧着身体,让路似的,站在一旁，满面堆着笑意，连连地问他们好。这三个人却大模大样，倨傲得很，对着齐长龄，略微点了点头，眼光看在别处，爱理不理地随口问道："从哪里来？"齐长龄很恭敬地回答："给人家做了几件粗糙家具，刚完工回来。"交谈了不多几句话，这三人擦身而过，头也不回地走了。齐长龄直等这三人走远，才拉着他往前走。师傅的问话答话，他在旁边看得明白，非常诧异，闷葫芦不能不打开了，就问道："我们是木匠，他们不也是木匠吗？师傅对他们为什么这样恭敬？"齐长龄听了，拉长了脸，口气很沉重地说："小孩子不懂得规矩！我们是大器作，做的是粗活；他们是小器作，做的是细活。他们能做精致小巧的东西，还会雕刻花活，这种雕花手艺，不是聪明人，一辈子也学不成的。我们大器作的人，怎敢不知自量，和他们并起并坐呢？"齐长龄认为这是天经地义的道理，很严肃地教训他。他却很不服气，嘴里不说，心里却在盘算：小器作跟大器作都是木匠，有什么高低可分！虽说雕花这手艺比较细致，学起来难一点，但是人都有一双手，难道人家能学，自己就学不成？从那天起，他就决心想去学做雕花匠了。

第二辑　齐白石的一生

雕花自出新意

齐白石跟他远房本家齐长龄学做木匠，力量倒也练了一些出来，但他祖母终是不能放心，认为大器作木匠，要用很大力气，有时还得爬高上房，怕他身体顶受不住。他母亲也顾虑到，万一手艺没曾学好，先弄出了一身的病来，为了照顾他身体想叫他换一行比较轻松点的手艺。过了年（一八七八年戊寅），他十六岁了。年纪大了一些，自己多少有点把握，就把愿意去学小器作的意思，说了出来。他祖母首先表示同意，他父亲母亲也都说是很好，就由他父亲四处打听。不久，打听到离他们家不太远的周家洞地方，有个名叫周之美的雕花木匠，要领个徒弟。这是一个好机会，赶紧托人去说，可喜一说就成功了。他辞别了齐长龄，到周之美那里去拜师学艺。周之美的雕花手艺，白石铺一带是很出名的，用平刀法雕刻人物，更是当时独一无二的绝技。他喜欢这门手艺，又佩服师傅的本领，学得很有兴味。周之美看他天资很聪明，又肯用功，也就耐心地教他。师徒两人，真是有缘，处得非常之好。这时，周之美年已三十八岁，膝下还没有一男半女，收了他这个徒弟，就当作亲生儿子看待。常对人说："我这个徒弟，学成了手艺，一定是我们这一行的能手。我干了一辈子，将来面子上沾着些光彩，就靠在我的徒弟身上啦！"

他在十七岁那年（一八七九年己卯）的秋天，生了一场大病，病得非常危险，又吐了几口血，只剩得一口气了。他祖母和他父亲，急得没了主意，直打转。他母亲刚生了他五弟纯隽，号叫佑五，正在产期，急得东西都咽不下口。他妻陈春君，嘴里不好意思说，背地里淌了不少眼泪。幸而请到了一位姓张的大夫，用了一剂"以寒伏火"的药，立刻见了功效，连服几剂调理的药，病就好了。他病好之后，仍到周之美处学手艺。照小器作的行规，学徒期是三年零一节，他因病了不少日子，给耽误了，直到十九岁（一八八一年辛巳）的下半年，师傅看他不但学会了平刀法，还琢磨着改进了圆刀法，手艺学得很不错，许他出师了。出师是一件喜事，乡里人把学手艺出师，和读书考上秀才一样，看作是相等的大典。他在周之美那里满期出师，家里人当然很高兴。他祖母跟他父亲母亲商量好，拣了一个"黄道吉日"，请了几桌客。喜上加喜，他和陈春君圆了房。

雕花匠的工资，是按件论的，一件活完了工，才能去做另一件。乡里的财主家，有了婚嫁喜庆事情，男家做床橱，女家做妆奁，件数虽多少不同，雕花是免不了的。周之美的好手艺，白石铺附近一百来里地的圈圈内，没有人不知道。周之美有个出师徒弟齐纯芝，手艺比得上师傅，也是人人知道的。他出师后，因为路子还不太熟，仍是跟着师傅出去做活。人家见了他，都叫他"芝木匠"，有的人客气些，当着他面，叫一声"芝师傅"。他们师徒俩常去的地方很不少，主顾越拉越多。有时师傅忙不过来，就由他一人去了，生意倒是源源不绝。他的本家齐伯常，名叫敦元，是湘潭的一位绅士，家里要用雕花家具，总是叫他去做的。他到伯常家，常在稻谷仓前面做活。伯常的儿子公甫，年纪比他小得多，跟他却很谈得来，有了闲暇，总得聊上半天，成了知己朋友。公甫到了中年，请他画过一幅《秋姜馆填词图》，他在画上，题了三首诗，内有一首道：

稻粱仓外见君小，草莽声中算我衰。
放下斧斤作知己，前身应作蠹鱼来。

说的就是当年的事。

那时，雕花匠都是谨守师承的。所雕的花样，祖师傅传下来的，是一种花篮形式，雕的人物，也是些"麒麟送子""状元及第"等老一套东西。同行的手艺人，雕来雕去，雕得熟极而流，总跳不出这个圈子，陈陈相因，几乎千篇一律。这些东西，他跟师傅雕得很不少了，认为这样地雕个没完，不用说人家已是看得生厌，连自己也不免有点腻烦起来，就想换换法子，变出些新花样。先在花篮上面，加些葡萄、石榴、桃、梅、李、杏等果子，或牡丹、芍药、梅、兰、竹、菊等花木，加的东西一多，显得很热闹。连那只花篮也不是死板板的，就好看得多。又从绣像小说的插图里，勾摹出许多人物故事，像"刘备招亲""郭子仪上寿"之类，都是乡里人喜闻乐见的吉庆词儿，但比"麒麟送子""状元及第"等，却显得更有意思了。另又把自己平日常画的飞禽走兽，草木虫鱼，加上些布景，搭配成图稿，别开生面，也很有趣。他运用脑子里想得到的事物，造出许多新的花样。雕成之后，人家看了，果然齐声夸好。他高兴极了，更加大着胆子，创造起新样来了。

他随着师傅，东跑西转，一天没有闲过。只因出师不久，年岁还轻，资望既浅，挣的钱也就并不太多。他想到家里的艰难光景，所以挣到的工资，一文钱都舍不得用掉，都交给他母亲。他母亲笑着说："阿芝能挣钱了！钱虽不多，总比空手好得多。"家里有了他的工钱，光景比头两年略微好了一点。但历年积叠的亏空，一时还弥补不上，过日子仍是很不宽裕。他的妻子陈春君，也是个会把家而爱面子的人，一面帮着婆婆料理家务，一面又在房前屋后的空地上，种了许多蔬菜瓜豆，天天清早起来，提着木桶，到井边汲水，一棵一棵地浇灌。有时肚子饿得难受，没有东西可吃，喝点清水，就算搪了饥肠。娘家来人问："生活得怎样？"她总是笑嘻嘻地回答："很好！"始终不肯露出丝毫穷相。但却瞒不过左邻右舍的街坊们，有个邻居女人，曾经对她说："凭你这样一个能干的人，还怕找不到有钱丈夫，何必在此吃辛受苦的！"陈春君却笑着说："真是笑话了，有钱的人，会要有夫之妇？你又何必为我妄想！"这件事，他到老总是时时对人说起的。

奠定了学画的基础

齐白石二十岁（一八八二年壬午）出外雕花时，在一个主顾家里，见到一部《芥子园画传》，是乾隆年间翻刻的本子，五彩套印，初二三集，可惜中间缺了一本。这是一部有名的画谱，山水人物，翎毛花卉，应有尽有，色色俱全。从第一笔画起，直到画成全幅，逐步说明，很切实用。对于用墨着色的浓淡、深浅、先后、远近和配合、渲染等方法，说得非常详细，是学画的最好范本。他仔细地看了一遍，才知他以前画的东西，好像都有点小毛病。画人物，不是头大，就是脚长，头和脚配不匀称；画花卉，不是花肥，就是叶瘦，花跟叶也是搭不合适。见着了这部画谱，如同捡到一件宝贝，真是喜出望外！就想从头学起，临它三五十遍，也许能够画出个名堂，不至于像以前那样在暗中摸索了。但转念一想，书是别人藏的，不能久借不还，买新的，怕价钱贵，买不起，而且湘潭没有，也许到长沙才能买到，这怎么能成呢？只有先借到手，用早年勾影雷公像的办法，勾影下来，再慢慢地临摹。想好主意，向主顾家借了来。跟他母亲说明，在挣来的工资中，匀出些钱，买了点油素纸和颜料、画笔等必须应用的东西。油素纸是浸过桐油的薄竹纸，质地很薄，既透明，又不渗墨。晚上收工回家，凑在松油柴火灯下，一幅一幅地勾影。足足画了半年，把这部《芥子园画传》，除了残缺的一本外，全部勾影完毕。配了封面，钉成16本。有了这个画谱，做起雕花活，用它做根据，花样更能推陈出新，变化无穷，画也合乎规格，没有以前配搭不好的毛病了。

他母亲因为家里人口多了，开支也加大了，为了开门七件事，整天地愁眉不展。他祖母还时常自己饿着肚子，留着东西给他吃。他见了这种情形，心想自己是个长子，又是出了师学过手艺的人，不另想点办法，实在看不下去。他就凭着一双手，在晚上闲暇时候，匀出了临摹画稿的工夫，做了些玲珑小巧的玩艺儿。第二天清早，送到白石铺街上的杂货店里，许了点回扣，托他们代卖。销路最好的是装烟的烟盒子。那时乡里流行的，旱烟吸叶子烟，水烟吸条丝烟，他做的烟盒子，是用牛角磨光了，配着能活动开关的盖子，不论旱烟水烟，都能装得，用起来很方便。大概两三个晚上，他就能做成一个，除了给杂货店掌柜的回扣以外，每个他还能得到一斗多米的工料钱。他学会了吸烟，烟钱连烧料烟嘴的旱烟管和吸水烟用的铜烟袋，都在他自己做的烟盒子里赚了出来。剩余的钱，都给了他母亲，多少济了一些急。

早先他上山砍柴的时候，结识一个名叫左仁满的朋友，是白石铺胡家冲的人，岁数和他差不多。他跟齐满木匠学艺那年，左仁满也去从师学做篾匠手艺，出师比他早几个月。现在两人长大成人了，都已娶妻，并有了孩子，歇工回来，仍是常常来往，交情越交越厚。左仁满学成了一手编制竹器的好手艺，家庭负担比较轻，生活上就显得略微宽裕些。平日喜欢吹吹弹弹，拉拉唱唱，凡是胡琴、笛子、琵琶、板鼓等许许多多乐器，都会动得，还能唱几句花鼓戏和几段小曲时调。两人见面，互教互学，左仁满教他吹弹拉唱，他教左仁满画画写字，倒能各尽所长，各得其乐。乡里有钱的人，常往城里跑，去找玩儿的，他们是穷孩子出身，有了闲暇，只能做这样不用花钱的消遣。他到老喜欢听戏看杂耍，也会唱唱小曲，据他自己说，是年轻时受了左仁满的影响。

他二十一岁那年（一八八三年癸未）九月，他妻陈春君生了个女孩，这是他的长女，取名菊如，后来长大了，嫁给姓邓的女婿。他妻在快要生产的时候，家里缺柴烧，她拿了把厨刀，跑到房后紫云山上去砍松枝，拖着笨重的身子，上山很费力，就用两手在地上爬着走，总算把柴砍得了，拿回烧用，家里生活是很困苦的。

他从二十二岁（一八八四年甲申）到二十六岁（一八八八年戊子）这五年之间，仍以雕花活为生，有时忙里偷闲，做些烟盒等小件东西，找几个零用钱。乡里人知道他会画，常有人拿着纸，到他家去请他画。在雕花的主顾家里，做完了活，也有留着他画画的。请他画画，并不叫他白画，多少有点报酬，送钱、送礼物都有。他画画的名声，跟雕花的名声，同样地在白石铺一带传开了——"芝木匠会画"，"芝木匠画得很不错"，在乡里出了名。那时，请他画的，大部分是神像功对，画的是玉皇、老君、财神、火神、灶君、阎王、龙王、灵官、雷公、电母、雨师、风伯、牛头、马面和四大金刚、哼哈二将之类。每一堂功对，少则四幅，多的有到二十幅的。他常说："说话要说人家听得懂的话，画画要画人家看见过的东西。"他画古装人物，是依照《芥子园画传》的笔意，参考戏台上唱戏的打扮而画的，认为古人确曾穿过这样衣服，是有例可证的。早年画的雷公像，那是小孩子淘气，闹着玩的，知道雷公并无其人，是虚造出来的，早就不画了。现在又去画神像功对，这些位神仙圣佛，谁也没见过他们的本来面目，他原是不喜欢画的。只因画成一幅，可得一千文钱，合起银圆来，有块把上下，在当时的价码，算是很丰的了。为了挣钱吃饭，又却不过乡亲们的面子，只好来者不拒，以意为之。但神仙的相貌，怎样的画法呢？有的画成一团和气，有的画成满脸煞气。和气并不难画，可以采用"芥子园"的画法。煞气可不易捉摸了，不能都画成雷公那样的嘴脸，只得在熟识人中，挑选几个生有异相的人，略加变化，作为轮廓。他幼年在枫林亭上学时候，有几个同学，生得怪头怪脑的，就把他们画了上去，画成之后，看着倒也可笑。

　　他二十六岁那年的正月，他母亲生了他六弟纯楚，号叫宝林。这是他的"满弟"，"满"是他们家乡称作最小一个的意思。他那时有了五个兄弟、三个妹妹，连同他祖母、父亲、母亲，加上他的妻子和他的长女，老小四辈，已有十四口人了。他父母和他二弟纯松，下田耕作；他在外边做手艺；他三弟纯藻在一所道士观里，替人家烧煮茶饭；别的弟妹，大一些的去牧牛砍柴；他祖母已是77岁的人，不能再下田了，只得在家里看看孩子，做些轻微的事；他的妻子帮着他母亲，整天忙的是家务，又养了一群鸡鸭，种了不少瓜豆菜蔬。婆媳俩还轮流地纺纱织布。他的妻子夏天纺纱，总是在院内葡萄架下阴凉的地方，他回家去，也喜欢在那里画画写字，听了纺纱的声音，不免有点聒耳可厌。他中年后常常远游他乡，老来回忆，想再听听这种声音，已是不可再得，因此作过一首诗道：

山妻笑我负平生,世乱身衰重远行。

年少厌闻难再得,葡萄阴下纺纱声。

这诗是很有感慨的。

他的本家齐铁珊,是齐伯常的弟弟,他的好朋友齐公甫的叔叔,那年同几个朋友,在道士观内读书。他的三弟纯藻,为了自己生活,还想多多少少地挣些钱来,贴补家里的开支,急于出外做工,就由齐铁珊介绍,到道士观内,煮饭打杂。他为了三弟的缘故,常到道士观去闲聊,和铁珊谈得很投机。铁珊一见了他的面,总是先问他:"最近又画了多少?画的是什么?"似乎对于他的雕花活,并不关心,而注意的,是他画画的生涯。有一天,铁珊对他说:"萧乡陔快到我哥哥伯常家里来画像了,你何不拜他为师!画人像总比画神像好一些。"这位萧乡陔,名叫传鑫,住在朱亭花钿,离白石铺有一百来里地,相当地远。他是个纸扎匠出身,自己发愤用功,四书五经读得烂熟,也会作诗,画像是湘潭第一名手,又会画山水人物,是个多才多艺的人。他也素知萧乡陔的大名,只是没有会见过,听着铁珊一说,就留着心了。不多几天,听得萧乡陔果然到了齐伯常家里,他画了一幅铁拐李像,送去请求指教。并托铁珊、公甫叔侄俩去说,愿意拜列门墙。居然一说就合,等萧乡陔完工回家,就去正式拜师。萧乡陔对他很器重,把拿手本领,都教给了他,又介绍一位名叫文少可的和他相识。文少可是萧乡陔的至好朋友,也是个画像名手,家住小花石,为人很热心,把自己的得意手法,指点得详细明白。他对于文少可,也很佩服,只是没有拜师。自从认识了萧、文两位,他画像就算摸着门径了。

廿七年华始有师

离星斗塘四十多里地，在佛祖岭的山脚下，有个村庄，叫作赖家坨，那边住的人家，都是姓赖的。齐白石在二十六岁那年的冬天，到赖家坨去做雕花活，因为离家不算近，晚上住在主顾家里。他平时歇工回家，总是就着松油柴火，画上几幅画，寒暑无间，几乎成了日常功课。住在赖家，觉得赖家的灯火，比家里光亮得多，就在灯盏下，取出画具，照例画了起来。偶然画了几幅花鸟，给赖家的人看见，都说"芝师傅不是光会画神像功对的，花鸟也画得很生动"，顿时传开了。就有人拿着女人的鞋帮，请他在鞋头上画点花样去绣。又有人说："请寿三爷画个帐檐，等上一年半载，还未必能画成，我们去把竹布取回来，就请芝师傅画画吧！"他记得住在杏子坞的马迪轩（号少开）有个连襟姓胡，人都称作寿三爷，虽没有见过，但"寿三爷"三个字，听得很熟，大概说的就是此人，却也并没在意。年底活没完工，留着次年再做，辞别了赖家，回家过年。

过了年（一八八九年己丑），他二十七岁，仍到赖家坨去做活。有一天，寿三爷来到了赖家，要他去见见。他不能不去，见了面，依照家乡规矩，叫了声"三相公"。寿三爷挺客气，说："你的邻居马家，也是我的亲戚，我常到杏子坞去，听说你很聪明，又肯用功。只因你常在外边做活，从没曾见到过，今天在这里遇上了。你的画，我也看到，大可以造就！"接着又问道："家里有什么人？读过书没有？"还问："愿不愿意再读读书，学学画？"他把家里的状况和跟祖父识字，在枫林亭上了不到一年的学，约略地说了一遍，最后说："读书学画，倒是挺愿意，只是穷得很，家里没办法，书也读不起，画也学不起。"寿三爷说："那怕什么？只要有志气，一面读书学画，一面卖画养家，也能对付得过去。你如愿意的话，等这里的活做完了，到我家来谈谈！"他看寿三爷说话很诚恳，当下就答应了。

寿三爷，名叫胡自倬，号沁园，又号汉槎。能写汉隶，会画工笔花鸟草虫，诗也作得很清丽。住在竹冲韶塘，离赖家垅不过两里多地，附近有个藕花池，所以书房就取名为"藕花吟馆"，时常邀集朋友，在内举行诗会。韶塘胡姓原是有钱的大族，但是寿三爷喜欢提倡风雅，素广交游，又爱收集名人字画，景况并不十分富裕。他在赖家垅完工之后，回家说了情形，就到韶塘胡家，恰巧那天，寿三爷家里正是诗会的日子，到的人很多。他到了，寿三爷很高兴，留他同诗会的朋友们一起吃午饭，并介绍他认识了家里延聘的教读老夫子，姓陈，名作埙，号少蕃，是上田冲人，湘潭的名士。吃饭时，寿三爷问他："你如愿意读书的话，就拜陈老夫子的门吧！不过你父母知道不知道？"他说："父母愿意叫我听三相公的话，只是穷……"话还没说完，寿三爷拦着说："我跟你说过，卖画养家！你的画，可以卖出钱来，别担忧！"他说："岁数

157

大了，怕来不及。"寿三爷笑笑说："你是读过三字经的，'苏老泉，二十七，始发愤，读书籍。'你今年二十七岁，何不学学苏老泉呢？"陈少蕃在旁接着说："你如愿意读书，我还能收你的学俸钱？"同席的人都说："读书拜陈老夫子，学画拜寿三爷，拜了这两位老师，还怕不能成名！"他说："三相公栽培我的厚意，我是感激不尽。"寿三爷说："别'三相公'了！以后就叫我老师吧！"当下就决定了，吃过午饭。按照老规矩，他先拜了孔夫子，再拜胡、陈两位老师，就算行过了拜师的大礼。

他拜师之后，胡沁园留他住下。两位老师商量好，给他取了个单名，叫作"璜"。又取了一个号，叫作"濒生"。还对他说："题画应该取个别号。"因为他住家跟白石铺相近，就叫作"白石山人"，后来人都知道他名叫"齐璜"，号叫"白石"，就是当年胡沁园和陈少蕃两位给他取的。陈少蕃对他说："你来读书，不比小孩子上蒙馆了，也不是考秀才赶科举的，画画总要会题诗才好，你就先去读《唐诗三百首》吧！俗语说'熟读唐诗三百首，不会吟诗也会吟'，这话不是全没道理的。诗的一道，易学难工，你能专心用功，一定能有成就。"

从那天起，他就读《唐诗三百首》了。他小时读过《千家诗》，几乎全部都能背出来，读了《唐诗三百首》，上口就像遇见了老朋友，读得很有味，渐渐地辨得出平仄声来。只因他识字不多，有许多生字，不易记熟，他就用同音的字，注在书页下端的反面，温习时候，一看就认得。这种方法，他们家乡，叫作"白眼字"，初上学的人，常有这么用的。过了两个来月，陈少蕃问他："读熟了几首？"他说："差不多都读熟了。"陈少蕃有些不信，随意抽问了几首，果然都一字不遗地背了出来，就很惊讶地说："你的天分，真了不起！"读完了《唐诗三百首》，接着读了《孟子》。陈少蕃还时常给他讲些唐宋八家的古文，又叫他在闲暇时，看看《聊斋志异》一类的小说。并且勉励他："古人的名作，应该多读多看，作起诗文来，博览酌取，才能有好的作品。"他得了陈少蕃的教益，加以自己发愤用功，后来诗文倒也很有点成就了。

他跟陈少蕃读书，同时又跟胡沁园学画，学的是工笔花鸟草虫。胡沁园把收藏的许多古今名人字画，指点给他看，教他仔细临摹。对他说："石要瘦，树要曲，鸟要活，手要熟。立意、布局、用笔、设色，式式要有法度，处处要合规矩，才能画成一幅好画。"又介绍一位谭荔生，单名一个"溥"字，别号瓮塘居士，是个画山水的名家，叫他去学。他画了画，胡沁园总是精心地批改，并给他题上诗。还对他说："光会画，不会作诗，未免美中不足。你学学作诗吧！"那时是三月天气，牡丹盛开，胡沁园约集诗会同人，赏花赋诗，叫他加入。他作了一首七言绝句，交了上去，怕作得太不像样，给人笑话，有些胆怯。胡沁园看了一遍，却面带笑容，点着头说："作得还不错！有寄托。"又念道："'莫羡牡丹称富贵，却输梨橘有余甘。'这两句不但意思好，十三覃的甘字韵，押得工稳，很是不易。"说得诗友们都围拢上来，争着要看，都说："濒生是有聪明笔路的，别看他根基差，却有性灵。诗有别才，一点儿不错！"这首七绝，是他生平所作的第一首诗，居然没曾丢脸，还得着人家夸奖，真是出乎他意料之外。从此，他摸索得了作诗的诀窍，常常作了，向胡、陈两位老师请教。

他在胡家，读书学画，有吃有住，心境安适，眼界也广阔多了。当时常在一起的，除了胡沁园的几个子侄，其余都是胡家的亲戚，一共有十几个人，都跟他处得很好。

那年七月十一日，他的妻子陈春君，生了个男孩，这是他的长子，取名良元，号叫伯邦，又号子贞。他想起了家里的光景，心头总不能没有牵挂。又想到干雕花手艺，很是费事，每一件总得雕上好多日子，把身子困住了，别的事就不能再做。画画却不一定有什么限制，可以自由自在地，有闲暇就画，没闲暇就罢，画起来也比较省事。那时照相还没盛行，乡里有钱的人，喜欢在生前画几幅小照玩玩，死了也要画一幅遗容，留作纪念。这项手艺，叫作画像，也有叫作"描容"的，是描画人的容貌的意思。他从萧芗陔、文少可两人那里，学会了这行手艺，还没给人画过。听说画像收入，比画别的来得多，觉得胡沁园所说的"卖画养家"这句话，确是既方便，又实惠，很想开始干画像这一行了。由于有胡沁园给他到处宣传，韶塘附近一带的人，都来请他去画，一开始，生意就很好。每画一个像，人家送他二两银子，价码不算太少。有些爱贪小便宜的人，常在画像之外，叫他给女眷们画些帐檐、袖套、鞋样之类，甚至还有画中堂、屏条的，这都算是白饶。他们湘潭风俗，新丧之家，妇女穿的孝衣，都把袖头翻起，画上些花样，算作装饰。他去画遗容时，这些零碎玩艺儿，更是必不可少地要附带着画的。他倒很和气，总是照办了。他又琢磨出一种精细画法，能够在画像的纱衣里面，透露出袍褂上的团龙花纹，比老样子雅致得多。这是他的一项绝技。人家叫他画细的，送他四两银子，从此作为定例。

第二辑 齐白石的一生

画在锅里煮了

因为画像挣的钱,比雕花多,而且还省事,他就收拾起斧锯钻凿一类家伙,改行专做画匠,来往于杏子坞、韶塘周围一带。但在刚开始画像的头两年,家景还不很宽裕,家里有时连灯油都买不起,一家子常常摸黑上床。胡沁园的外甥黎丹,号叫雨民,到他家去看他,留着住下。夜间没有灯油,烧了松枝,就着火光,两人大谈其诗。他在四十多岁时,有《宿老屋》诗道:

杏坞茅堂旧寂寥,松柴当烛记曾烧。
廿年老矣情如死,孤负梅花开一宵。

自注云:"黎大丹尝宿星塘老屋,余烧松照,谈诗境。"又隔了十多年,他题的画松诗,末两句也说:"若使晚年清福在,松明当烛夜窗红。"这都是回忆那年跟黎雨民烧松枝谈诗而写的。他另有一位朋友王仲言,单名训,有一部白香山的《长庆集》。他借了来,白天没有闲暇,晚上回家才能阅读,也因家里缺乏灯油,在松柴火光下把它读完的。他到七十岁时,想起了这件事,作过一首诗《往事示儿辈》的诗：

村书无角宿缘迟，廿七年华始有师。
灯盏无油何害事，自烧松火读唐诗。

诗后有注云："余少苦贫，廿七岁始得胡沁园、陈少蕃二师。王仲言社弟，友兼师也。朝为工，夜则以松火读书。"他还常说："没有读书的环境，偏有读书的嗜好，穷人读一点书真不容易！"他这话大可以发人深省。

他到了三十岁（一八九二年壬辰）以后，画像已画了几年，乡里人都知道他画的画，比雕的花还好。一传十、十传百地，乡里都嚷嚷开了。要请他画画的越来越多，附近百来里地的范围以内，他差不多跑遍了东西南北。他祖母说："你小的时候，算命先生说你长大了一定要别离故乡，看来这句话是要应验的了。"那时他的收入，比过去好得多，家里靠了他这门手艺，光景就有了转机。他母亲紧皱了半辈子的眉头，到这时才慢慢地放开了。他祖母看着，也是高兴非常，笑着对他说："阿芝！你倒没有亏负了这支笔。从前我说过，哪见文章锅里煮？现在我看见你的画，却在锅里煮了！"他细辨祖母的话意，不免有点感慨，觉得穷人能够吃上饱饭，可算得千难万难。就画了几幅画挂在屋里，又写了一张横幅，题的是"甑屋"两个大字，意思是说：可以吃得饱啦！不至于像以前锅里空空的了。他六十一岁住在北京时，家里也布置了一间取名为"甑屋"的书斋。在匾额上题着："余未成年时喜写字，祖母尝叹息曰：汝好学，惜来时走错了人家。

俗语云：三日风，四日雨，哪见文章锅里煮！明朝无米，吾儿奈何！后二十年，余尝得写真润金买柴米，祖母又曰：哪知今日锅里煮吾儿之画也！忽忽余六十一矣，犹卖画于京华，画屋悬画于四壁，因名其屋为甑。其画作为熟饭，以活余年，痛祖母不能同餐也。"他七十岁时，曾同我谈起此事，我请他题词，他题道："吾有《甑屋记》，次溪弟闻之，欲求一观，吾与之共读。记中多吾祖母伤贫之言，不觉感痛中心，泪潸潸然。次溪复属题此册，何能成书矣！"他还自己刻过"甑屋""煮画庖""煮画山庖"等几方石章，都是感念他祖母当年伤贫之言的。

那时，他已并不专搞画像，山水人物、花鸟草虫，人家叫他画什么，他就画什么。送他的"润笔钱"，也并不比画像少。乡里人尤其喜欢画仕女，三天两朝总有人要他画的，他常画些西施、洛神之类。有人点景要画细致的，像文姬归汉、木兰从军等等，也照画像画出纱衣里团龙花纹的办法，加倍送他笔资，他就依着人家的要求，一一照画了。他卖画，要算仕女画得最多，乡里人都说他画的美人真够美的。跟他开玩笑，大伙儿替他取了个外号，叫他"齐美人"。他晚年自己对人说："那时画的美人，论起笔法来，实在并不高明，乡里人光知道表面好看，不懂得功力的深浅，家乡又没有真正能画仕女的名手，所以就算独步一时了。"但是，也有一批势利鬼，看不起他是木匠出身，叫他画了，却不要他题款。好像他算不得斯文中人，而画是风雅的东西，不是斯文人，就不配题风雅画。他知道了这种肮脏的心理，觉得非常可笑，只是为了挣钱吃饭，也就不去计较这些了。

他在胡沁园家读书的时候，曾跟萧乡陔学会了裱画手艺。

他改业画匠之后，除了画画以外，有时接受人家的请托，附带替人裱画，也就另外增加了点收入。他们家乡，向来是没有裱画铺的，只有几个会裱画的手艺人，在四乡各处流动地应活做工，萧乡陔就是其中的一人。胡沁园当年把萧乡陔请到家里，一方面为了裱画，一方面却叫儿子仙逋，跟着学做这门手艺。胡沁园曾对他说："濒生，你也可以学学。学会了，装裱自己的东西，可以方便些。给人家做点活，也可以作为副业谋生。"他听着很有道理，就同胡仙逋一起跟着萧乡陔学起裱画来。胡家特地匀出三间大厅，屋子中间放着一张红漆桌子，尺码很长很大，四壁墙上钉着平整光滑的木板格子，所有轴干、轴头、别子、绫绢、丝绦、宣纸，以及排笔、糨糊等一切裱画用的东西，置备得齐齐全全，应有尽有。他从托纸到上轴，一层一层的手续，都学会了。比较难的，是旧画揭裱。揭要揭得原件不伤分毫，裱要裱得清新悦目，遇有残破的地方，更要补得天衣无缝，污黑斑点，也要冲洗得干净利落。一般裱画匠，只会裱新的，不会揭裱旧画，萧乡陔是个全才，裱新画是小试其技，揭裱旧画才算是拿手本领。他跟着学了不少日子，把揭裱旧画的手艺，也学得能自己动手做了。乡里裱画，揭裱旧的，究属不多；裱新的，全绫挖嵌的也很少；讲究些，也不过"绫栏圈""绫镶边"而已，普通的都是纸裱。他反复琢磨，认为不论绫裱纸裱，裱得好坏，关键全在托纸。他给人家裱画，托纸总是托得匀整平贴，挂起来，不会有卷边抽缩、弯腰驼背等毛病。主顾们都很满意，说他的裱画手艺，并不在画画之下。

龙山结社

光绪二十年（一八九四年甲午），齐白石三十二岁。那年二月二十一日，他的妻子又生了个男孩。这是他的次子，取名良黼，号叫子仁。他自从在胡沁园家读书以后，由于胡沁园以及朋友们的介绍，认识的人渐渐地多了起来。黎雨民的本家黎培銮，又名德恂，号叫松安，住在长塘，是个当地有名望的人。黎松安的父亲，是上年去世的，那年春天，请他去画遗像。王仲言在黎家教家馆，彼此都是熟朋友，他在黎家住了些日子。黎松安的祖父，那时还在世，是会画几笔山水的，名人字画也收藏了一些，看他画得不错，就都拿了出来，让他临摹。朋友们知道他和王仲言都在黎松安家，就时常来叙谈。王仲言发起，集合几个常来的朋友，组织了一个诗会，邀他加入。约定集合地点，在白泉棠花村罗真吾、罗醒吾兄弟家里。罗真吾名天用，罗醒吾名天觉，是胡沁园的侄婿，原都是和他经常在一起的朋友。

他们的诗会，起初没有名称，不过四五个人，随时集合在一起，主要是谈诗论文，兼及字画篆刻，有时又谈到音乐歌唱，漫无边际地聊上半天，倒也兴趣很浓。只是没有一定的日期，也没有一定的规程。到了夏天，经过大家的讨论，正式组成了一个诗社。在罗真吾、罗醒吾弟兄所住的棠花村附近，中路铺白泉的北边，有座五龙山，山上有所明朝留下的庙宇，叫作大佛寺，里边有很多棵银杏树，清静幽雅，是最适宜避暑的地方。就在大佛寺内，借了几间房子，作为诗社的社址。因为寺在五龙山，所以取名为"龙山诗社"。诗社的主干，共有七人，除了他和王仲言、罗真吾、罗醒吾弟兄，还有陈茯根、谭子荃、胡立三，人称"龙山七子"。陈茯根名节，板桥人；谭子荃是罗真吾的内兄；胡立三是胡沁园的侄子，都是他常见面的朋友。他在七人中，年龄最长，大家推举他做社长。这几个都是读书人家的子弟，书都比他读得多，叫他去当头儿，他不免有点受宠若惊，认为是存心跟他开玩笑，坚辞不干，连说："这怎么敢当呢？"王仲言说："濒生，你太固执了！我们是叙齿，七人中，年纪是你最大，你不当，是谁当了好呢？我们都是熟人，社长不过应个名而已，你还客气什么！"大伙儿你一言，我一语的，附和了王仲言的话，说他无此必要客气。他推辞不得，也就只好答应了。事后，他刻过一方"龙山社长"的石章，作为纪念。

论作诗的功力，他们七人之中，当然以他为最浅。不过在那时科举时代，读书人大部分都是多少有点弋取功名的心理，试场里用着的是当时所谓的"试帖诗"。为了应试取中起见，对试帖诗就得有相当研究，要用苦功悉心去揣摹。试帖诗讲究工稳妥帖，又要圆转得体，真要作得好，确也不太容易。但过于拘泥板滞，遂索然无生气，把人的情趣，汩没得干干净净，所谓"味同嚼蜡"，实在是恰当的比喻。他是反对死板板无生气的东西的，主张抒写自己的性灵，不愿意堆砌成篇，人云亦云。因此，他对于使用典故，讲究声律，虽不十分精到，但做些陶性情、咏自然的句子，却能很见出色，社友们都是很佩服他的。

龙山诗社成立后，社外诗友来的很多，常来的有黎松安、黎薇荪、黎雨民、黄伯魁、胡石庵、吴刚存等人，都是和他极相熟的。只有一个张仲飏，他以前却没见过，是新认识的。这位张仲飏，名登寿，年轻时学过铁匠手艺，自己发愤用功，读了不少的书，曾经拜了湘潭大名士王湘绮做老师，经学根底很深，诗也作得非常工稳，又写得一笔好字，很为王湘绮所器重。他和张仲飏虽是素不相识，但"张铁匠"这个名称，湘潭附近一带，是很有点名声，他也耳闻已久。两人都是学过手艺的人，自然不免有点意气相投，所以一见了面，就十分亲热，成了知己朋友，后来又结成为儿女亲家。但两人的脾气，却不一样，两人的立身处世，后来也就并不相同了。

过了年（一八九五年乙未），黎松安在家里也组成了一个诗社。因为黎松安住的地方，相距一里来地，面对着一座罗山，又称罗纲山，所以取名为"罗山诗社"。龙山社的主干七人，和别的社外诗友，也都加入，常去应课作诗。龙山社和罗山社名称虽是两个，实则是声气互通的。五龙山跟罗纲山，相隔有五十来里地，他们时常互相来往，并不嫌路远。不久，龙山社从五龙山的大佛寺内迁了出来，迁到南泉冲黎雨民的家里，他仍在龙山、罗山之间跑来跑去。两个诗社的社友，都是爱漂亮的少年，认为诗写在白纸或普通的信笺上面，不很美观。有了他这个会画画的人，就去跟他商量，想请他制造花笺。花笺是他们家乡的土话，就是写诗的诗笺，他们家乡是买不到的。他受了社友们的嘱托，义不容辞，立刻就答允了。他用单宣或"官堆"一类的纸，裁成八行信笺大小，晚上在灯光下，一张一张地画上几笔，有山水、有花鸟、有草虫也有鱼虾之类，着上淡淡的颜色，笔调又极清疏明朗，看起来，雅致得很。他出笔倒还不慢，一晚上能画出几十张，一个月只要画上几个晚上，分给两个诗社的社友们，就足够写用的了。王仲言看他画得很精美，常对社友们说："这些花笺，是濒生辛辛苦苦造成的，随便糟蹋了，对不起濒生熬夜的辛苦！"他因为能造花笺，社友们对他都十分欢迎。

初学刻印的动机

齐白石写字,起初是学馆阁体,临的是历科翰林的殿试策。写出来的字,讲究圆润腴满,一笔不苟,没有一点碑帖的气息。到了韶塘胡家读书以后,看了胡沁园、陈少蕃两人写的,是道光年间他们湖南道州何绍基一体的字。觉得何绍基体的字,腴润中很有笔力,显得挺秀气,他就跟着胡、陈二人学。同时,诗友们有几位会写钟鼎篆隶,兼会刻印章的,他也很想学刻印章。知道刻印章必须先会写字,他就在闲暇时候,向诗友们请教,常常写些钟鼎篆隶。有一次他被人请去画像,遇着一个新从长沙省城里来,自命不凡,目空一切,号称"篆刻名家"的人。乡里人震其虚声,拿着石头去求刻印的非常之多,他也找出一方寿山石,专程去请刻个名章。隔了几天,他去探问刻好了没有,这个"名家"却把石头还给了他,说:"先去磨磨平,再拿来刻!"本来他这块寿山石,光滑平整,并没有什么该磨的地方,既是"名家"这么说,他只得磨了再拿去。名家看也没看,随手搁在一边。又过几天,他满以为这次一定可以刻好了,再去询问,不料"名家"仍把石头扔还给他,说:"没有平,拿回去再磨磨!"

他看这样子，倨傲得太不近乎情理了，好像并不单是看不起他这块寿山石，简直是连他这个人，也不在眼中。就想：为了一方印章，何必一而再、再而三地去自讨没趣呢？气忿之下，把石头拿回来，当夜用修脚刀，自己把它刻了。别人看了，很夸奖他，说："比这位长沙来的客人刻的，大有雅俗之分。"他听了真是高兴，想起陈少蕃说过的"天下无难事，只怕有心人"，这话确是很有道理的。

他的这方寿山石印章，原是憋着一肚子闷气，给这个"名家"激得自己去刻的。他那时对于刻印，还是一个门外汉，不懂得篆法刀法，所以不敢在人前卖弄。他的朋友中间，王仲言、黎松安、黎薇荪等，都是喜欢刻印的，见他刻得很有点样子，大体上也还看得过去，说他有刻印的天才，就拉他在一起，教他一些初步的方法。他参用了雕花手艺的技巧，顺着笔画一刀一刀地削去，倒也并不费劲。他晚年常对人说，那时他还不配称作刻印，只能说是削印，无非跟了朋友们闹着玩儿。这虽是他的谦虚话，但他当时初学刻印的动机，却是值得回味的。

他三十四岁（一八九六年丙申）时，朋友胡石庵的父亲胡辅臣介绍他到皋山黎桂坞家去画像。皋山黎家是黎培敬的后人。黎培敬号叫"简堂"，是咸丰年的进士，做过贵州的学台、藩台。光绪初年，做过江苏的抚台，死了没有多久。黎雨民是黎培敬的长孙；黎薇荪是黎培敬的第三子；黎戬斋是薇荪之子，这三人都是他很相熟的朋友。黎桂坞是黎培敬的次子，薇荪的哥哥，他却是初次会见。他还认识了黎培敬的第四子铁安，即桂坞。铁安不常刻印，但写的小篆，非常精好，他就竭诚请教："我刻印章，总是刻不好,有什么办法呢?"铁安笑着说:"南泉村的楚石有的是!你挑一担回家去,随刻随磨。你能刻满三四个点心盒,都成了石浆,那就刻得好啦!"这是一句玩笑话,却也包含着至理。他从此打定主意,发愤学刻印章,从多磨多刻这句话上着想,继续不断地去下功夫了。

他最早的印友,是黎松安。他常到黎松安家去,一去就得住上几天。他刻了磨,磨了又刻,弄得他住的黎家的客室里,满地是泥浆,几乎无处插脚,一屋子都变成了池底。黎松安很鼓励他,送给他丁龙泓、黄小松两家刻印的拓片。后来过了两年,黎薇荪的儿子戬斋,交给他丁龙泓、黄小松两家的印谱,说是黎薇荪从四川寄回来送给他的。黎薇荪是甲午(光绪二十年)科的翰林,散馆改了外任,放作四川崇宁县知县。薇荪、戬斋父子俩,跟他都是十分相契的。黎松安给他丁、黄刻印的拓片,黎薇荪又送他丁、黄印谱,都是投其所好,他十分感谢。他对于丁、黄两家精密的刀法,也就有了途轨可循了。青田、寿山等石章,在他们家乡还不是轻易能买到的,价格也不便宜;像鸡血、田黄等等,更是贵重得了不得。有一次,他到一家人家去画像,无意间买到了那家旧存的几块青田、寿山石的印章,黎松安知道了,冒着大风雨到他家,说是要分他石章,他俩可算是印迷了。他做过一首《忆罗山往事》的诗:

石潭旧事等心孩,磨石书堂水亦灾。
风雨一天拖两屐,伞扶飞到赤泥来。

这诗的前两句,说他在黎松安家刻石成浆;后两句,说黎松安冒雨去取石章。石潭、赤泥,都是地名,石潭离罗山不过一里来地,在杉溪的下游;赤泥村离罗山西北,也只有一里来地。这两处,都在黎松安家附近。那年秋天,他们几个人,在杉溪岸边散步,溪上有一独木桥,桥身很窄,人都不敢在上面走。黎松安取出一块青田石章,说:"谁能倒退走过此桥,就把这块石章奉送。"齐白石说:"我试试!"果真倒退走过了桥,又倒退走了回来,因而得到了这块石章。他老年回想此事,作了一首诗,送给黎松安,说:

　　三十年前溪上路,与君颜色未曾凋。
　　丹枫乱落黄花瘦,人影水光独木桥。

他俩的交谊,确是很深。他最早正式刻成的一方石印,刻的是"金石癖"三个字,就是在黎松安家里刻的,留在黎家作为纪念。听说黎家保存了好几十年,直到抗日战争胜利的前一年,在兵乱中失去了。

诽誉百年谁晓得

齐白石在三十五岁以前，始终没曾离开家乡，足迹所到之处，只限于杏子坞附近百里之内，连湘潭县城都没去过。直到他三十五岁那年（一八九七年丁酉），才由朋友介绍，到县城里去给人家画像。去过几次，请他画像的人渐多，他就常常进城去了。他在湘潭城内，认识了两个大官的儿子。一是同县的郭葆生，名叫人漳，是个候补道（有了道台资格而还没补到实缺的人）。一是桂阳州的名士夏午诒，名叫寿田。他虽然为了生活，经常城乡奔跑，但暇时仍和朋友们一起，作诗刻印章，作画造花笺。黎松安因为他幼年多病，又曾吐过血，看他跑东跑西，忙于衣食，屡次劝他戒除吸烟的习惯。他起初不免阳奉阴违，黎松安逼着他到孔夫子神牌面前行礼宣誓。他觉得朋友的诚意不可辜负，从此把吸烟的坏习惯戒掉了。这时，黎松安家新造了一所书楼，取名"诵芬楼"，罗山诗社的诗友们，都到那里集会，他们龙山诗社的人，也常去参加。

光绪二十四年（一八九八年戊戌）他三十六岁。他妻子生了个女孩，小名叫作阿梅，后来嫁给姓宾的女婿。

他三十七岁那年（一八九九年己亥）的正月，由张仲飏介绍，拿了自己的诗文字画和刻的印章，去见王湘绮，请求评阅。王湘绮看了他的诗文，没有什么表示，惟独对于他的画和篆刻赞不绝口，说："又是一个寄禅黄先生哪！"寄禅是湘潭一个有名的和尚，俗家姓黄，原名读山，是宋朝黄山谷的后裔，出家后，法名敬安，寄禅是法号，又自号八指头陀。此人也是少年寒苦，自己发愤成家，王湘绮如此相比，是很看得起他的。张仲飏说，王湘绮评他的文，还算像个样子，诗却成了《红楼梦》里呆霸王薛蟠的一体了。他想：自己在二十多岁时，文理还不大通顺，不敢和朋友通信，黎雨民要跟他书信往来，特意送了他一些信笺，逼着他写信，他才开始写信，再慢慢地练习作起文章来。作诗是在胡沁园家学会的，原是想写出心里要说的话，并不在字面上修饰，格律更是谈不到，也就难怪王湘绮说是"薛蟠体"了。那时王湘绮的名声很大，趋势好名的人，都想列入门墙，递上个门生帖子，就算是王门弟子，在人前卖弄，自以为很有光彩。张仲飏屡次劝他去拜门，他却迟迟没有答应。王湘绮看他高傲不像高傲，趋附又不肯趋附，有点奇怪，曾对吴劭之说："各人有各人的脾气，我门下有铜匠衡阳人曾招吉，铁匠同县乌石寨人张仲飏，只有同县一个木匠，也是非常好学，却始终不肯做我的门生。"这话给张仲飏听到，告诉他说："王老师这样地看重你，还不去拜门？人家求都求不到，难道你是招也招不来吗？"他知道王湘绮是真的很器重他，便不再固执。到了十月十八日，同着张仲飏，到王湘绮那里，正式拜门。

那时，黎铁安介绍他到长沙省城里，给谭氏三兄弟刻收藏印记。这三兄弟，大的叫谭延闿，号组安；次的叫谭恩闿，号组庚；小的叫谭泽闿，号祖同，又号瓶斋。三人都是两广总督谭钟麟的儿子。他一共给谭氏兄弟刻了十多方印章，自己看来，倒很得意。却有一个名叫丁可钧的，是丁酉（光绪二十三年）科的拔贡，自称金石家，指斥他的刀法不好，说了不少坏话。谭氏兄弟听了丁拔贡的谗言，以耳代目，把他刻的字，统都磨掉，就请丁拔贡去刻了。他生平还没遇到过这样的难堪，面子上很有点下不去。心想：我和丁可钧，都是刻的丁龙泓、黄小松这一派，为什么姓丁的刻得对，我就不对了呢？转念一想，自己刻的印章，王湘绮倒很赏识，丁拔贡说的，也许是江湖上的生意诀，未必算作真是非，也就不去与之计较。他后来给自己的印谱题跋，曾有两句话说："人誉之，一笑；人骂之，亦一笑。"又题画马的诗，有句说："论长说短任人狂，呼马为牛也不妨。"还自己刻了两方印章：一是"何要浮名"；一是"心之所安"。他在诗稿上也题过两句诗："诽誉百年谁晓得？黄泥堆上草萧萧。"这都是他自知甘苦，不计毁誉的表示。他不但刻印如此，作画、作诗文，也无不如此。

借山而居

有一个江西籍的盐商,住在湘潭县城内,是个小财主,游了衡山七十二峰,认为是天下第一胜景,想请人画个南岳全图,作为游山的纪念。光绪二十六年(一九〇〇年庚子),齐白石三十八岁时,朋友介绍他去应征,他很经意地画了六尺中堂十二幅。盐商本是不懂得画的,讲究着色特别浓重,以为着色越浓,显得气派越大。他迎合盐商的心理,每幅都是画得重峦叠嶂,望去一片浓翠欲滴,十二幅画,光是石绿一色,足足用了二斤。盐商看了,十分满意,连声说好,送了他三百二十两银子的润笔钱。在那时,三百二十两银子是个了不起的数目。人家看他一下弄到这么许多钱,都像猛吃一惊似的说:"这还了得,画画真可以发财啦!"他卖画的名声,就更大了起来。他这次给盐商画画,得到这样成绩,却并不自满,仍是很谦虚的,曾有诗说:"小技羞人忌自夸,久将心事付桑麻。"事后还对人说:"这种画法,简直是天大的笑话,名和利,原是蒙得来的。"

这几年,他家里添了好多人口。住的星斗塘老屋,房子原本很小,显得更见狭窄。他拿到三百二十两银子的润笔钱后,就想另找一所住房，住得宽展一些。离白石铺不远的狮子口，在莲花寨下面，有所梅公祠，连同附近几十亩祠堂的祭田，正在招人典租，索价八百两银子。他想把它承典过来，却没有这些银子，只典房屋，不典祭田，又不能办到。正在为难的时候，恰巧他有一个朋友，是种田的，小时候，两人一起上山砍柴，放过牛，感情一向很好，愿意和他合伙。于是他出三百二十两，典住祠堂房屋，他的朋友出四百八十两，典种祠堂祭田。事情办妥，他就同他的妻子，带着他们两个儿子，两个女儿，搬到梅公祠去住。他有诗说："樵歌牧笛当年侣，劝我莲峰著草堂。"记的是这位种田朋友，帮助他典房的事。他离开星斗塘时，对于从小生长的地方，总不免有些留恋之意。直到他老年，还画过一幅《星塘老屋图》，题诗道：

乱离身世任浮沉，久矣轻帆出故林。
难忘星塘旧茅屋，客乡无此好桐阴。

莲花寨离余霞岭，有二十来里地，一望都是梅花。他把住的梅公祠，取名为"百梅书屋"。他作过一首诗：

最关情是旧移家，屋角寒风香径斜。
二十里中三尺雪，余霞双屐到莲花。

还有一首《忆梅》的诗说：

> 看花不怯天寒冷,我是山梅旧主人。
> 忘却黄昏不归去,百梅祠外雪纷纷。

梅公祠边,梅花之外,他从星斗塘移来了许多木芙蓉,花开时好像铺着一大片锦绣,好看得很。他离乡以后,回想那时的故居,曾题过一首《归梦》的诗,说:

> 廿年不到莲花洞,草木余情有梦通。
> 晨露替人垂别泪,百梅祠外木芙蓉。

梅公祠内,有一点空地,他添盖了一间书房,取名"借山吟馆"。种了几株芭蕉和许多葵花。芭蕉到了夏天,绿荫荫地映得几席生凉意,尤其是秋风夜雨的时候,叶子潇潇簌簌地响着,助人的诗思不少。他有句云:"莲花山下窗前绿,犹有挑灯雨后思。"他题的《葵花》诗说:

> 落叶西风青石铺,伤根久雨百梅祠。
> 一痕初月黄昏后,倾尽葵花日不知。

他还种了不少瓜茄黍稷之类,成为作画的题材。画上的题辞尝云:"此瓜,南人称之曰南瓜,其味甘芳,丰年可作菜食,饥年可作米粮,春来勿忘下种。"又云:"借山吟馆主者齐白石,居百梅书屋时,墙角种粟,当作花看。"他是来自田间,终不忘掉他的农家生活,在他题画的辞句中,可以见得他真挚的感情。因为梅公祠前后左右，花木扶疏，一年四季，鸟声不断，他也写了一首诗道：

中年青鬓未成丝，斗酒微醺欢乐时。
隔院黄鹂声不断，暮烟晨露百梅祠。

这诗很可以看出他恬适的情致。这一年，他在借山吟馆里，除了画画刻印章，就读书学诗，作的诗，有几百首之多。

他搬到梅公祠后，因为离星斗塘不过五里来地，并不太远，常同他的妻子到星斗塘去看望他的祖母和父亲母亲。孩子们更是跑来跑去。他祖母和父母亲，也常到梅公祠去玩。一家人虽是住在两处，倒和聚在一起差不多。从梅公祠到星斗塘，沿路水塘内种的都是莲，到荷花盛开时，一路风来，香气扑鼻。他作过一首题为《感往事》的诗，说：

人生能约几黄昏，往梦追思尚断魂。
五里新荷田上路，百梅祠到杏花村。

他在梅公祠门前的水塘内，自己也种莲。夏末秋初，结的莲蓬很多，在塘边用稻草搭盖了一个棚子，嘱咐他两个儿子，轮流去看守。那年，他长子良元十二岁，次子良黼六岁。兄弟俩平日上山去砍柴，跟他幼年时一样，砍得倒很起劲。他说："穷人家的孩子，总是手脚勤劳些的好。"他常常这样教育孩子。

住在梅公祠后，比在星斗塘时，光景好得多了。他画了一幅《借山吟馆图》，朋友问他："借山"两字，是什么意思？他说："意思很明白，山不是我所有，不过借来娱目而已！"他因为梅公祠房屋是典来的，典期届满，仍须交还给人家，不能算是自己所有，所以取了"借山"这个名目。画的这幅图，是留作将来纪念的。他在十多年后，写过一首诗：

吟声不断出帘栊，斯世犹能有此翁。

画里贫居足夸耀，屋前犹有旧邻松。

说是"题借山图"的。

第二年（一九〇一年辛丑），他三十九岁，朋友介绍他到湘潭县城里，给内阁中书李家画像。这位李中书，名叫镇藩，号翰屏，是个傲慢自大的人，向来是谁都看不起的。他以为这样一个有名的狂士，绝难相处得好，只能就画论画，别的就谈不到的了。不料李中书一见他面，谈得却非常之好，而且还彬彬有礼，丝毫没有摆出倨傲的架子。他倒有点奇怪了，想不出是什么缘故。经过打听，原来另有一位内阁中书蔡毓春，号敉功，是王湘绮的内弟，和李中书是同寅，曾对李中书说过："国有颜子而不知，深以为耻。"蔡中书这样恭维他，李中书也就对他另眼相看了。

那年十二月十九日，祖母故去了。他幼年多病，祖母常背着他下地做活，在穷苦无奈之时，祖母又常饿着肚子，留下东西给他吃。他想起这些情景，心里当然悲痛得很。这是他祖父逝世后，又遭遇到的一次重大刺激。

第二辑 齐白石的一生

初作远游

光绪二十八年（一九〇二年壬寅），齐白石四十岁。四月初四日，他的妻子又生了个男孩，这是他的第三子，取名良琨，号子如。他的朋友夏午诒秋天来信，请他去西安，教如夫人姚无双学画。夏午诒是戊戌科的翰林，这时，随其父，陕西藩台夏时在任。知道他是靠作画刻印的润资度日的，夏午诒把束脩和旅费都汇了给他。郭葆生也在西安，怕他不肯远行，寄了一封长信来，劝他"关中夙号天险，山川雄奇。收之笔底，定多杰作。兄仰事俯蓄，固知惮于旅寄，然为画境进益起见，西安之行，殊不可少"。他在四十岁以前，没曾出过远门，来来往往，都在湘潭附近各地，偶或才到长沙省城。而且每到一地，也不过稍作勾留，少则十天半月，多则三五个月，得到一点润笔的钱，就拿回家去，奉养父母，抚育妻子。他向来不希望发财，只图糊住一家老小的嘴，于愿已足，并不作远游之想。这次接到夏午诒、郭葆生两人先后来信，朋友们这样的敦促，也就不免怦怦心动。便和父母商量好了，于十月初旬，辞别家人，动身北上。他这次是初作远行，少不得预备些行装，他一向是俭省的，只置备了一条蓝布面的棉褥子。后来屡次出门，就作为行李中的要件，总是带之同行。定居北京后，他还日常用着，一直用了三十来年，还不肯轻易丢掉。

有一个十三四岁的小姑娘，天资很聪敏，想跟他学画，他因为要远游，不能答应。小姑娘写信向他表示："俟为白石门生后，方为人妇，恐早嫁有管束，不成一技也。"他看她很有志气，在动身到西安之前，特地去跟她话别，作了两首诗送给她。有句云："鼠尾麝煤情太薄，为君实下泪三升。"又云："王叟三千门下士，不闻多艺女侯芭。"想不到小姑娘在他回家之前，竟已死了，竟不能再见，他非常遗憾。后来又作了两首悼念的诗：

最堪思处在停针，一艺无缘泪满襟。
放下绣针申一指，凭空不语写伤心。

一别家山十载余，红鳞空费往来书。
伤心未了门生愿，怜汝罗敷未有夫。

他到了晚年，有时还想起此事，说他生平文字艺术知己，一个一个都在他脑中盘旋，这位小姑娘，确也是其中的一个。

那时，水陆交通很不方便，长途跋涉，走得很慢。他却趁此机会，添了不少画料。每逢看到奇妙景物，就画上一幅。到此境界，才明白前人画谱，造意布局和山的皴法，都不是向壁虚造，没有根据的。他在中途画了很多，最得意的有两幅。一幅是路过洞庭湖，画的是《洞庭看日图》，他六十岁后补题了一首诗：

往余过洞庭，鲫鱼下江吓。
浪高舟欲埋，雾重湖光没。

雾中东望一帆轻，帆腰日出如铜钲。
举篙敲钲复住手，窃恐蛟龙闻欲惊。

湘君驾云来，笑我清狂客。
请博今宵欢，同看长圆月。
回首二十年，烟霞在胸膈。
君山初识余，头还未全白。

一幅是快到西安之时，画的是《灞桥风雪图》，他也题过一首诗：

名利无心到二毛，故人一简远相招。
蹇驴背上长安道，雪冷风寒过灞桥。

这两幅图，他都列入《借山吟馆图卷》之内。还有一方石章，刻的是"曾经灞桥风雪"，是他初赴西安，路过灞桥时刻的。

他到西安，已是腊月中旬了。见着夏午诒，又会到了郭葆生。张仲飏也在西安，还认识了一位长沙人徐崇立。夏午诒的如夫人姚无双，跟他学画，进步得很快。他觉得门下有了这样一个有天才的女弟子，很是高兴，自己刻了一方"无双后游"的石章。他在夏午诒家教画余闲，常同几位老友，游览西安附近名胜。碑林、雁塔坡、牛首山、华清池等许多古迹，都游遍了。在快要过年的时候，夏午诒介绍他去见陕西臬台樊樊山。这位樊臬台，名增祥，号云门，湖北恩施人，是当时的名士，又是南北闻名的大诗人。他刻了几方印章，带了去，想作为见面的礼品。到了臬台衙门，因为不懂得衙门里的陋规，没有递上"门包"（那时官署中的传达，收受贿赂的名称，成了公开的秘密），"门上"（即传达）不给他通报，白跑了一趟。夏午诒跟樊樊山说了，才见着了面。樊樊山收了他刻的印章，送了他五十两银子，作为刻印的润资。又给他定了一张刻印的润例："常用名印，每字三金。石广以汉尺为度，石大照加。石小二分，字若黍粒，每字十金。"亲笔写好了，交给了他。在西安的许多同乡，见到臬台这样抬举他，认为是大好的进身之阶，都来向他道喜，他觉得非常可笑。他的朋友张仲飏对他说："机会不可错过。"劝他直接去走臬台门路，不难弄到一个很好的差事。他在画幅上题了几首诗，表明他是不肯依附人势的。他题《藤花》云：

柔藤不借撑持力，卧地开花落不惊。

又题《卧地秋花》句云：

花肥茎瘦腰无力，不借撑持卧地开。

又题《钵菊》诗云：

挥毫移向钵中来,料得花魂笑口开。

似是却非好颜色,不依篱下即蓬莱。

又刻了一方"独耻事干谒"的石章。他以为一个人要是利欲熏心,见缝就钻,就算钻出了名堂,这个人的品格,也就可想而知了。

▶ 天趣匠心：齐白石自述 »»

载得清名而归

齐白石在西安住了三个来月，已是第二年（一九〇三年癸卯）的春天。夏午诒的父亲夏时，升任江西巡抚，要进京陛见，全家都得同行，邀他一起前去。樊樊山告诉他，五月中也要进京，慈禧太后喜欢绘画，宫内有位云南籍的寡妇缪素筠，专替太后代笔，吃的是六品俸，打算在太后面前保举他，也许能够弄个六七品的官衔。他笑着回答："我是个没见过世面的人，怎么能去当内廷供奉呢？"他没有别的奢望，只想卖卖画，刻刻印章，凭着一双劳苦的手，积蓄得三二千两银子，带回家去，够他一生吃喝，也就心满意足了。夏午诒说："京城是个人海，遍地有的是银子，有本领的人，俯拾即是，三二千两银子，算得了什么？濒生当了内廷供奉，照常可以在外头挂了笔单，卖画刻印。有了供奉头衔，姓名就像贴上了金，京城里准能轰动一时，还怕不够一生吃喝的吗？"他听这些都是官场口吻，不便接口，只好相对无言了。他画了两幅菊花，各题一诗。一幅画的是《卧开菊》，题诗道：

休笑因何卧地苗，大风吹不折花梢。

寒香秋后人方觉，腐尽蓬蒿一丈高。

一幅画的是《小竿撑菊》，有句云："种花不必高三尺，高转多危撑亦难。"这些诗暗示了他不愿往上爬的意思。他在离开西安之前，又去游了一次雁塔，题了一首诗：

长安城外柳丝丝，雁塔曾经春社时。
无意姓名题上塔，至今人不识阿芝。

他不喜欢出风头，在这首诗里，说得也是很透彻的。

三月初，他随同夏午诒一家，动身进京。路过华阴县，登上了万岁楼，面对华山，看了个尽兴。一路桃花，连绵不断，长达数十里。风景之美，真是生平所仅见。到晚晌，他在灯光下，画了一幅《华山图》，题诗道：

仙人见我手曾摇，怪我尘情尚未消。
马上惯为山写照，三峰如削笔如刀。

他老年定居北京以后，常到西山一带去游览，想起了当年华山风景，又补题过两首诗：

老年看西山，眼底桃花谢。
自笑惜花情，无复华阴夜。

中年长安游，佳景初惊讶。

积雪堆华山，桃灼华山下。

渡了黄河，在弘农涧地方，远看嵩山，另是一种奇景。他向旅店借了一张小桌子，在涧边画了一幅《嵩山图》。这图后来给他的门人雪厂和尚临了一通，他在雪厂画上题道：

看山时节未萧条，山脚横霞开绛桃。

二十年前游兴好，弘农涧外画嵩高。

这两幅图，都收在他的《借山图卷》之内。在漳河岸边，他从水里拾得一块长方形的东西，颜色像砖，质地却像石头，原想取来磨磨刻字用的。到邯郸县住宿时，仔细一看，乃是块汉砖，铜雀台遗物。他无意间得此稀见珍品，真是喜出望外。曾有句云："最难函谷骑牛去，那更漳河跨马来。"诗后自注："由长安转京华，道出漳河，于马上见浅水微波，露石一角，宿邯郸，磨洗之，知铜雀砖也。"据他说，民国初年，家乡兵乱，给土匪抢了去。他也写过诗道：

囊底空空对客惭，牛衣犹在可供探。

不应掠去铜台瓦，我固清贫君过贫。

掠其所爱，他是很痛惜的。

他进了京城，住在宣武门外菜市口北半截胡同夏午诒家。每天教姚无双学画以外，应了朋友的介绍，卖画刻印章，倒也不断有点收入。闲暇时候，常去逛琉璃厂，看看古玩字画。有时也到前门大栅栏一带，听听四喜、三庆京班的戏。认识了湘潭同乡张翊六，号贡吾；衡阳人曾熙，号农髯；江西人李瑞荃，号筠庵；其余还有不少的新知旧友，常在一起游宴，客中很不寂寞。不过夏午诒家来往的，有许多是势利的官场中人，他是不愿意去接近的。他刚认识曾农髯时，以为也是一个势利人，嘱咐夏午诒家门房，来时说他有病，不能会客。曾农髯几次都没见着，有一次，不待通报，直闯了进去，连声说："我已经进来了，你还能不见我吗？"他无法再躲，只得延见。曾农髯原也是个风雅之士，两人气味倒很相投，以后就成为莫逆之交。三月三十日那天，夏午诒同杨晢子等发起，在陶然亭饯春，到了不少诗人，他画了一幅《陶然亭饯春图》。杨晢子是他湘潭同乡，单名一个"度"字，也是王湘绮的门生。他作过一首诗，寄给他在西安认识的朋友樊樊山，中有四句说："陶然亭上饯春早，晚钟初动夕阳收。挥毫无计留春住，落霞横抹胭脂愁。"就是说的那年他画《饯春图》的这回事。

到了五月里，他听说樊樊山已从西安启程，怕樊山来京以后，保举他去当内廷供奉，侯门一入，尚且深如海；何况是宫门！进去后势必更难脱身。因此，想趁樊山未到之先，离京南下，就向夏午诒说："离家半年多，着实有点思乡之念，打算出京回家去了。"午诒劝他不要走，他坚决不肯再留，只得说："既然留你不得，只好随你的便！我想替你捐个县丞，指省江西，家严马上就要到任，你去也可以立刻上任，倒是一桩好玩的事。县丞虽是微秩，究属是朝廷的命官，慢慢地磨上了资格，将来署个县缺，是并不难的。况且我也要到江西去的，替你打点打点，多少总有点照应。"他说："我哪里会做官！你的盛意，我只好心领而已。我如果真的到官场里去混，那我简直是受罪了！"夏午诒看他意志一点没有犹豫，知道他是绝不会干的，也就不再勉强，把捐县丞的钱，送给了他。他得了这些钱，连同在西安、北京卖画刻印章所得的润资，一共有二千多两银子。他在北京临行之时，买了些京里的土产，预备回家去送送亲友。又在李玉田笔铺，定制了画笔六十支，每支上面，挨次刻着号码，自第一号起，至第六十号止，刻的字是："白石先生画笔第几号。"当时有人说："不该自称先生，这样的刻笔，似乎近于狂妄。"他说，从前金冬心就曾自己称过先生，有例在先，不能说他刻的不对。在他出京后不久，樊樊山也到了京城，听说他已走了，对夏午诒说："齐山人志行很高，性情却有点孤僻啊！"他这一次远游，放弃了做官的机会，可算是载了清名而回去的。他曾有题《画菊》的诗道：

穷到无边犹自豪，清闲还比做官高。
归来尚有黄花在，幸喜生平未折腰。

又有一诗：

爱菊无诗自取嘲，长安人笑太无聊。
花能解语为吾道，好在先生未折腰。

他在中年以后，虽和当时的士大夫阶级常相往来，但对于官僚，是不愿去趋附的，所以他说，即使"穷到无边"，也绝不肯"折腰"。他另有一首题雁来红的诗说：

> 四月清和始著根，轻锄亲手种蓬门。
> 秋来颜色胜蓬草，未受春风一点恩。
> （原注：北地春日寒不生草）

又题《钵中花》云：

> 数亩香粳满院麻，老农身世未应嗟。
> 受人恩即多拘束，笼鸟朝官钵里花。

可见他是不愿受人之恩，主张自食其力。凭着自己的劳动谋取生活，虽很辛苦，却是觉得非常愉快。

　　他出京后，从天津坐海轮，过黑水洋，到上海，再坐江轮，转汉口，回到家乡，已是三伏炎天了。他从四十岁起，至四十七岁止，这八年中，出过五次远门，是他晚年时常谈起的所谓"五出五归"。这次远游西安、北京，绕道天津、上海回家，是他五出五归的一出一归，也就是他出门远游的第一次。那时，同他合资典租梅公祠祭田的那位朋友，想要退田。跟他商量，他在带回家的二千两银子中，拿出四百八十两给了朋友，以后梅公祠的房子和祭田，统都归他承典了。他回乡以后，仍和旧日师友常相晤叙。作画吟诗刻印章,是每天的日课。胡沁园见了他画的《华山图》,很为赏识,拿来一把团扇,叫他缩写在扇面上。他很经意地画了,还题上一首诗:

看山须上最高楼,胜地曾经且莫愁。
碑底火残存五岳,树名人设过青牛。
日晴合掌输山色,云近黄河学水流。
归卧南衡对图画,刊文还笑梦中游。

胡沁园笑着说:"读万卷书,行万里路,你做到了第二句,慢慢地再做到第一句,那就更好了。"这句话,是劝他再多读点书的意思。

王门三匠在南昌

齐白石自经张仲飏介绍，拜了王湘绮为师，王湘绮因他有志向学，倒也刮目相看。张仲飏此时已从西安回来，和他仍是不断见面。他四十二岁那年（一九〇四年甲辰）的春天，他和张仲飏往游南昌，是应王湘绮的邀约同去的。从汉口坐江轮东行，路经小姑山，在船中画了一幅小姑山的侧面图。在九江登岸，先去游了庐山，又画了几幅庐山的风景。到了南昌，他同张仲飏就住在王湘绮的寓所。南昌的名胜，城内有百花洲，城外有滕王阁，离得都不太远，他们常去游览。王湘绮另有一个门生衡阳人曾招吉，原是铜匠出身，此刻也在南昌，常到王湘绮寓中来闲谈。彼此都是同门，一见就如旧识。王湘绮门下，有铜匠出身的曾招吉、铁匠出身的张仲飏和木匠出身的齐白石，人称"王门三匠"。这"王门三匠"的名声，跟着王湘绮的交游遍天下，远近皆知。曾招吉少时用功自修，文笔倒还很好，又喜研究科学。那时由王湘绮介绍，在江西巡抚夏时那里试制空运大气球，预备试验成功，开厂制造。王湘绮叫他和张仲飏参加这个计划。曾招吉的大气球，说是能坐两个人，在天空中飘行，试验过好几次，放了上去，一忽儿就掉到水里去了。一班喜说风凉话的人就都作为笑谈。开厂的计划，也就无形解消。这"王门三匠"中的铜匠和铁匠，性情原不与他一样。曾招吉平常日子，总是穿着一双高腰的缎面官靴，走起路来，慢条斯理地迈着鸭子式的八字方步，好像非如此，就不能表示出自己是个会作文章的读书人。张仲飏是个热心做官的人，在大众面前，往往放言高论，说些不着边际的大话，自以为满腹经纶，抱负不凡。这两人的言行，他直到晚年，仍是喜欢谈起的。南昌是江西省城，大官儿不算少，钦慕王湘绮的盛名，常去登门拜访。张仲飏和曾招吉周旋其间，认识了不少阔人。他是向来怕和官场接近的，看见官儿来了，就躲在一边，避不出见。所以"王门三匠"，人家只熟悉铜匠和铁匠，认识他这个木匠的，却是不多。张、曾两人常常笑他是个怕见官面的乡巴佬，他也常说，性不相近，勉强不得。在这次从南昌回家，路过九江时，他写了一诗道：

浔阳江外有池塘，风过菰菱水有香。
羡汝闲闲鸥两个，羽毛何必似鸳鸯。

他是把鸳鸯比作曾、张两人，而把闲鸥比作自己的。

他们在南昌住过了夏，七夕那天，王湘绮在寓所，招集门下"三匠"，一起饮酒，食石榴。席间，谈起了前几天同游滕王阁的事，并提议联句。就首先唱了两句："地灵胜江汇，星聚及秋期。"他们三个人想了半天，谁都没有联上，彼此面面相觑，觉得有点难乎为情。实则他们随意联上一句，并不是真不可能，只因王湘绮的诗，是主张汉魏的，格调力求高古，他们平日所哼的，都是从《千家诗》和《唐诗三百首》这两部书上学到的一些皮毛，光会押韵调平仄，谈不上什么叫作格调，"三匠"在老师面前，谁都不敢先开口。王湘绮是知道他们底细的，既然联不上，也就不让他们受窘，只得罢了。十多年后，他回忆旧游，作了一首诗：

> 挥笔难忘旧梦踪，滕王阁上坐春风。
> 西山南浦今无恙，不见联诗白发翁。

自注：甲辰春，余侍湘绮师游庐山。秋七夕，师于南昌邸舍，招诸弟子联句，师首唱云云。

又有一诗道：

> 星聚南昌旧梦酣，伤情南浦别时难。
> 开图面目真如此，是我乌丝归看山。

他作这两首诗时，都已在王湘绮逝世之后了。

他在夏天，曾把所刻印章的拓本，呈给王湘绮评阅，并面恳作篇序文。就在七夕那天的晚上，王湘绮把作成的序文给了他。文中有几句褒奖他的话，说是："白石草衣，起于造士。画品琴德，俱入名域，尤精刀笔，非知交不妄应。朋坐密谈时，有生客至，辄逡巡避去，有高士之志，而恂恂如不能言。"王湘绮把他的脾气，写得却很确实。他原是不多说话的，尝有句道："客至终朝缄口坐，不关吾好总休论。"又有《题古树归鸦图》云：

八哥解语偏饶舌，鹦鹉能言有是非。
省却人间烦恼事，斜阳古树看鸦归。

到了中秋节，他才从南昌回到家乡，这是他五出五归中的二出二归。回家以后，想起七夕在南昌，联句没有联上，心里总觉惭愧。他是一个有志气争取上进的人，凡事落在人后，就不肯心安理得，行若无事。想到作诗既不是容易的事，就应该多读点书，把根基扎得实实的，才有作好的希望，光凭这一知半解，似乎相差太远。因此，他把书室"借山吟馆"中间的"吟"字删去了，只名为"借山馆"表示他不敢称作诗人。他这样脚踏实地勉励自己，一生的学问事业，终于有了很大成就。

阳朔之行

光绪三十一年（一九〇五年乙巳）七月中旬，汪颂年约齐白石游桂林。他素知广西的山水是天下著名的，桂林人也常自夸，得此机会，就欣然而往。汪颂年，名诒书，长沙人，壬辰科（光绪十八年）翰林，当时任广西提学使。他进了广西省境，所见奇峰峻岭，层出不穷，果然目不暇接，心旷神怡。觉得画山水的来到广西，才算开了眼界，得有真趣。他从此画出的山水，参用此行看到的景色，雅倩潇洒，画品益见高超，和一般画家的死啃古人几幅名作，自称某宗某派的，大不相同。有人说他画山水是"野狐参禅"，他作了一首诗回答：

逢人耻听说荆关，宗派夸能却汗颜。
自有心胸甲天下，老夫看惯桂林山。

又有一首题图诗：

曾经阳朔好山无？峦倒峰斜势欲扶。

> 天趣匠心：齐白石自述 >>

一笑前朝诸巨手，平铺细抹死工夫。

这是他讥笑那般没曾见过真山真水，光知临摹的人而说的。他到了桂林，独秀山是常去游览的地方，尝有句云："一星灯火桂林殊。"自注："桂林城内，有独秀峰，峰上有灯树，甚高，晚景苍苍时，灯如一星早出，众星出，不可辨灯也。"又有诗云：

笑看独秀如碑立，可惜周遭没字痕。
只有晚风残照候，一竿灯火乱星辰。

桂林的气候瞬息多变，炎凉冷暖，捉摸不定。出门游览，最好把棉、夹、单三种衣服带个齐全，才能适应天气的急冷急热。他有《忆桂林往事》的诗：

广西时候不相俦，自打衣包备小游。
一日扁舟过阳朔，南风轻葛北风裘。

诗后他又自注："桂林无论冬夏，南风则燥，北风则寒。"说的倒不是过甚其辞。

他在桂林，把樊樊山在西安给他定的刻印润例，托笺纸铺和笔墨店挂了出去，另又挂了一张卖画润格。汪颂年替他宣传了一番，生意居然很好，而刻印的收入，比卖画进款还多些。他有一首纪事诗：

眼昏隔雾尚雕镌，好事诸公肯出钱。

死后问心何值得，寻常一字价三千。

巡警学堂总办蔡松坡看他赋闲无事，想请他出来帮着做点事。蔡松坡名锷，宝庆人，在长沙耽过一时，和他相识，新从日本回国，在新派人物中是比较有点声名的。托人去对他说，巡警学堂的学生，每逢星期日放假，常到外边去闹事，想请他在星期天去教学生们作画，每月致送薪资三十两银子。齐白石说："学生在外边闹事，在里头也会闹事。万一闹出轰教习的事，把我轰了出来，颜面何存？还是不去的好。"那时教员称作教习，三十两银子请个教习，是很丰厚的薪资，何况一个月只教四天的课，这是再优惠没有的了。他坚辞不就，人都说他是个怪人。蔡松坡又想自己跟他学画，他也没有答应。事后他作过一首诗：

竖抹横涂天不欺，雕虫难许作人师。

岂知岳麓山头骨，贵出榕城并客时。

大概此诗是作于蔡松坡逝世之后。"榕城"是福建省城福州的别称，因产榕树而得名，他用来称呼桂林，这是他记错了。

有一位和尚，齐白石在朋友家里，遇到过好几次。自称姓张，名中正，人都称之为张和尚。说话是长沙口音，语气很多可疑处，行动也不甚正常。他问和尚从哪里来，往何处去？和尚总是闪烁其辞，不曾说出一个准地方，吞吞吐吐地"唔"了几声，他也不便再问下去了。和尚对他的感情，倒很不错，托他画过四条屏,送了他二十块银元。他打算回家的时候,和尚知道了,特来问他:"你哪天走?我预备骑着马,送你出城去!"他觉得这位和尚待友真够殷勤,只是不知道究竟是怎么一回事。问过朋友,也不得要领。直到民国初年,报纸上常有黄克强的名字,黄克强——黄兴,是人人知道的。朋友问他:"你认识黄克强先生?"他说:"不认识。"又问:"你见过黄先生?"他说:"素昧平生,从未见过。"朋友笑着说:"你记得在桂林遇到的张和尚吗?他既不姓张,也不是和尚,就是黄先生,为了革命改装的。"他才恍然明白,难怪黄先生当年的来踪去迹,不肯明言的。他在桂林和黄先生虽曾接近过一段时期,但以后却始终没再见过一面。

粤游归后

次年（一九〇六年丙午），齐白石在桂林过了年，打算要回家，画了一幅《独秀山图》，作为此行纪念。画成之后，题了一首七言绝句道：

穿洞登岩冬复春，人间无此最闲人。
寄言独秀山头月，今日先生太苦辛。

这图，他也收入《借山图卷》里去。许多朋友，听说他要走了，都留着他不放。他说回家去看看再来，写了一首诗：

无羁老马笑齐璜，公等雕笼意气扬。
不信杜鹃啼破血，能言鹦鹉那思乡？

他是把老马、杜鹃比作自己，把鹦鹉比作一般做官朋友，雕笼是说名利羁身的意思。正想动身的时候，接到他父亲来信，说是他四弟纯培，和他的长子良元，从军到了广东。两人从来没出过远门，走时又没有跟家里人说明，家里很不放心，叫他很快去追寻。他觉得事出突然，也有点忐忑不安，就辞别了汪颂年和别的朋友，取道梧州，往广东而去。

　　他到了广州，住在祇园寺庙内。探听得这叔侄两人，跟着郭葆生到钦州去了。郭葆生的亲戚袁海观，也是湘潭人，在广东做两广总督。郭葆生原是个候补道，指省不久，就放了钦廉兵备道。钦廉是管辖钦州直隶州和廉州府两属而言，道台驻在钦州。他的四弟纯培和他的长子良元，是郭葆生叫去的。叔侄两人怕家里人拦阻，不放远行，所以瞒了人，偷偷地来到广东。他知道了确讯，匆匆忙忙地赶了一千里的水陆路程，到了钦州。郭葆生很欢迎地笑着说："我叫他们叔侄来到这里，连你这位齐山人也请到了！"他说："我是找他们来的，既已见到，家里也就放心了。"郭葆生留他住下，叫如夫人跟他学画。郭葆生也会画几笔花鸟，在广东官场里，有点画名，求画的人很多。他到了以后，郭葆生好像有了一个得力的帮手，所有应酬画件，都叫他代为捉刀。他本来闲着无事，借此挥毫，作为消遣。在钦州住了几个月，代笔的画件，画了不少。郭葆生送了他一笔相当丰厚的润资，并把历年收藏的许多名画，取出来请他鉴赏。他拣选了八大山人、徐青藤、金冬心等几个他向来钦佩的人的真迹，临摹了一遍，倒也得益匪浅。到了秋天，他向郭葆生告别，订了后约，独自回到家乡。这是他五出五归中的三出三归，也是他三次游广东的第一次。

　　他到家不久，得知他学雕花手艺的师傅周之美于九月二十一日死去了。他想起当年从师学艺的时候，师傅处处关心他，照顾他,简直把他当作亲生儿子一般看待,把自己一生的雕花绝技,全套都教给了他,还时常在人前夸着说:"徒弟的本领,强过了我啦!"满处去替他传名。师傅对他深切的栽培,他念念不忘。只因连年在外奔波,相见的机会愈来愈少,他此次从广东归来,还没和师傅见上一面,不料竟成长别。又想到师傅没有后嗣,身后光景十分凄凉,心里实是难受得很。他作了一篇《大匠墓志》,到周之美家去哭奠了一场。

那时,梅公祠的房屋和祠堂的祭田,典期届满,人家要赎回去了。他在余霞峰山脚下,茶恩寺茹家冲地方,买了一所破旧房屋和二十亩水田。茹家冲在白石铺南面,相隔二十来里。西北到晓霞山,也不过三十来里。东面是枫树坳,坳上大枫树,足有百十来棵,都是几百年前遗留下的。西北是老坝,又名老溪,是条小河,岸的两边,古松很多。他的房屋前面和旁边,各有一口井。井边种着竹子。房前的井,名叫墨井。这一带在四山围抱之中,风景很是幽美。只是地势较为偏僻,他有《老屋听鹂》的诗道:

音乖百啭黄鹂鸣,斗酒双柑老屋晴。
笑我买山真僻地,十年不听子规声。

诗后附有自注:"自丙午新迁,老妻尝云,来此不闻杜宇,已九年矣。"此诗作于他迁入此屋后很久,大约在民国二三年间了。因为和枫树坳相距很近,他有句云:"门前枫树认荒庄。"又句云:"楼前秋色枫千本。"另有《枫树园野望》的诗中有句:"行看种树成青幛,却忆移居未白头。"他在房屋内外,又种了不少花木，从星斗塘移往梅公祠的好多棵木芙蓉，也都搬了来。后在民国初年，经过兵乱，家中的东西损失不少，惟有木芙蓉却喜没有受伤，他有诗云：

记得移家花并来，老夫亲手傍门栽。
"借山"劫后非无物，一树芙蓉照旧开。

此诗是他定居北京以后所作的。

他买了这所破旧房屋，把它翻盖一新，取名为"寄萍堂"。堂内造了一间书室，名为"八砚楼"，是他远游时得来的八块砚石，置在室中，取了此名。但名虽为楼，却不是楼房。他有"寄萍堂""八砚楼"两方印章，就是在那时刻的。这座房屋，是他画了图样盖成，前后窗户，都安上了他从上海带回来的细铁丝纱，既透光，又通气，夏天非常凉爽，蚊蝇又飞不进去，他很是得意，把它称作"碧纱橱"。布置妥当，遂于十一月二十日，同了他的妻子带着儿女们，从梅公祠旧居搬到了茹家冲新宅。十二月初七日，他的大儿媳生了个男孩，这是他的长孙，取名秉灵，号叫近衡。因为生在搬进新宅还不到一个月，又取了一个号，叫作移孙。

绿天过客

齐白石和郭葆生在钦州话别时，曾订约次年再去。过了年（一九〇七年丁未），他又动身，坐轿到广西梧州，再坐轮船，转海道而往。到了钦州，郭葆生仍留着他教如夫人学画，还兼给葆生代笔。住不多久，郭葆生要到肇庆公干，邀他同去游鼎湖山，观飞泉潭。泉水像泼天河似的，倾泻而下，声音同打雷一样震人耳膜。他在潭水底下站立了好久，清凉之气，令人神爽。后来他给朋友在画册上题辞，曾用飞泉潭的景色写了一首诗道：

造化可夺理难说，何处奔源到石巅。

疑是银河通碧海，鼎湖山顶看飞泉。

在肇庆耽了几天，又往高要县，游端溪，谒包公祠。他以为端溪是出产砚石著名的地方，很想买些带回家去，但市上出售的，都是新凿，并无老坑珍品可买，只得罢了。

钦州辖界跟越南接壤，那年边疆不靖，兵备道派兵巡逻。他趁此机会，随军来到东兴。东兴在北仑河北岸，隔了河，对面是越南的芒街。他走过了铁桥，到达北仑河南岸，游览越南山水。野蕉数百株，丛立成林，映得满天都成碧色，人行其中，连影子都变作了绿颜色的。他画了一幅《绿天过客图》，收入《借山图卷》之内，题了一首诗：

芒鞋难忘安南道，为爱芭蕉非学书。
山岭犹疑识过客，半春人在画中居。

他平生没有到过外国，那年游览了越南芒街，可说是出了一次国境。

回到钦州，正值荔枝上市。沿路，他看了田里的荔枝树结着累累的荔枝，碧绿的叶子中间衬着紫红色的果子，非常好看。他向来没有画过荔枝，从此他把荔枝也入了他的画了。曾有人拿了许多荔枝来，换了他的画去。郭葆生说，这是很风雅的事。他也觉得挺有意思。另有一位歌女，羡慕他的画，常常剥了荔枝肉给他吃。他有一首《纪事》诗：

客里钦州旧梦痴，南门河上雨丝丝。
此生再过应无分，纤手教侬剥荔枝。

钦州城外有座天涯亭，他每次登亭游眺，总不免有点游子之思，曾经刻了一方"天涯亭过客"的印章，聊以解嘲。他自春天到此，原本打算小住两个月，就回家去。转瞬之间，到了冬月，偶然又去游了天涯亭，怀乡之念，油然而生，写了一首诗：

看山曾作天涯客,记得归家二月期。

游遍鼎湖山下路,木棉十里子规啼。

郭葆生看他归心如箭,不再强留,他就动身回乡。到家已是腊鼓频催的时节了。这是他五出五归中的四出四归。

重游粤东

光绪三十四年（一九〇八年戊申），龙山诗社"七子"之一的罗醒吾，在广东提学使衙门办理文书的事情，约齐白石到广东去玩。他便于二月间，动身到了广州。原想略住几天，转道往钦州，罗醒吾劝他多留些时，他就在广州住下，并挂出了润格，仍以卖画刻印为生。那时广州人看画，喜的是"四王"一派，对于他的画法，不很了解，求他画的人，也就很少。惟独刻印，广州人却非常夸奖他的刀法，求他刻印的人，每天总有十来起。他的卖艺生涯，靠着刻印，倒也并不寂寞。罗醒吾是当时孙中山先生领导的同盟会会员，在广州做秘密革命工作。此番在广州见面，悄悄地把革命党的情形和自己的工作状况，详细无遗地告诉了他。并对他说："必要时还得借重你，不知你能不能答应？"他说："朋友之道，理应互相帮助，何况为了国事！只要力所能及，无不惟命是从，但不知要我办的是什么事？"罗醒吾说："请你传递些文件。"他想，这倒不是难办的事，只须机警地不露破绽，也就不至于发生问题的，当即一口答应了。从此，革命党的秘密文件，需要传递，罗醒吾都交他去办理。他是利用卖画的名义，把文件夹杂在画件之内，传递得十分稳妥。这样的传递，每月并没有多少次，所以始终没露痕迹，倒也相安无事。

他在头两年，两次来到钦州，吃着鲜荔枝，这次在广州，又吃上了荔枝，比他在家乡吃到的，嫩而且腴，胜过不知多少倍。他常说，广东的荔枝，真是水果中的第一俊品。题了两首诗：

过岭全无远道愁，此行曾作快心游。
荔枝日食三千颗，好梦无由续广州。

论园买夏鹤头丹，风味虽殊痴嗜难。
人世几逢开口笑，红尘一骑到长安。

不过就荔枝来说，钦州产的，比广州的还要胜过一筹。他每逢吃荔枝时候，总不免想起了钦州。隔了很多年后他还作过一首诗：

此生无计作重游，五月垂丹胜鹤头。
为口不辞劳跋涉，愿风吹我到钦州。

那年，他在广州度过了夏天。到秋间，他父亲来信叫他回去，他辞别了罗醒吾，回到家。住了没有多久，他父亲叫他去接他四弟和他长子回家，他又赶到了广东。

他在广州过了年（一九〇九年己酉），正月到钦州，郭葆生又留他住下，一直到了秋天，才同着他四弟和长子，别了郭葆生，往香港。在广州到钦州的路上，看见人家住的楼房，多在山

209

坳树木深处，别有一种景趣。他晚年回想旧游，写了一首纪事的诗：

> 好山行过屡回头，戊己连年忆粤游。
> 佳景至今忘不得，万山深处着高楼。

到了香港，换乘海轮，直达上海。住了几天，正值中秋佳节，他想，游山赏月，倒是一桩有趣的事。就带着他四弟纯培和他长子良元去苏州。到苏州时，天已快黑了，乘夜去游虎丘。恰巧那天晚上，天空阴沉沉地，一点月光都没有，大为扫兴。那时苏州街头，专有人牵着驴、马待雇的，他们雇了三匹马骑着。他骑的是一匹瘦马，走到山塘桥，不知怎的，马忽受了惊，几乎把他摔了下来，幸而缰收得快，没有出危险。第二天，他们到了南京。他想去见当时的名书法家李梅庵（名叫瑞清），没有见着，刻了几方印章留下。在南京，逛了几次名胜，就坐江轮西行。路过江西小姑山，想起在他四十二岁时画过一幅《小姑山图》，是侧面的景色，此次在轮中，对着山的正面，画了一图。他到六十四岁时，从长沙回北京，又经过那里，重新画了一幅，题诗道：

> 往日青山识我无？廿年心与迹都殊。
> 扁舟隔浪丹青手，双鬓无霜画小姑。

回北京后，又补题了一诗：

昔年难舍出乡关，海水波狂湘水间。

今日题诗在燕市，笑人不怪小孤山。

这几幅图，他都收入了他的《借山图卷》之内。到九月间，他才回到了家。这是他五出五归末一次。他从（一九〇二年壬寅）四十岁起，到（一九〇九年己酉）四十七岁，八年之间，走遍了半个中国。游览了陕西、北京、江西、广西、广东、江苏六处的著名山水，沿路经过的省份，还不算在内。他到晚年，仍是时常对人说起。这五出五归，对于他作画刻印章风格的改进，大有助益。

姓名人识鬓成丝

胡沁园早先曾对他说过:"行万里路,读万卷书。"他这几年,路虽走了不少,书却读得不多。五出五归之后,回到家来,自觉书底子还差得很,知道作诗作文章的难处,就天天读些古文诗词,想从根基方面,用点苦功。有诗道:

结茅岩上北堂居,林木萧疏秋气殊。
蚁鼠不来尘不到,借侬补读少年书。

又答友人句云:"独我于书少无分,青灯应笑白头狂。"有时和旧日诗友,分韵斗诗,刻烛联吟,往往一字未妥,删改再三,不肯苟且。他有《孤吟》一首,寄给他的朋友道:

饥肠索句苦中娱,世态深窥欲碎壶。
此口不吟无可语,任人窃笑以为迂。
诸侯十载老宾客,蓑笠一朝存阿吾。
谁更不欺憔悴死,秋风听叶赏心俱。

他是不做"诸侯宾客",回来做他的"蓑笠阿吾"的。又有《萧斋闲坐》一诗:

不作扬尘海岛仙,结来人世寂寥缘。
苦思无事十年活,老耻虚名万口传。
茅屋雨声诗不恶,纸窗梅影画争妍。
深山客少关门坐,老矣求闲笑乐天。

那时他闭门用功,倒也心旷神怡。

他远游归来,依然过的是农家生活,尝有诗道:

出门两脚转如蓬,非为铜山访邓通。
十载家园总辜负,芋苗黄瘦蓼花红。

又有一诗:

雕虫只合老蒿藜,矮补茅檐举手齐。
无害暮年真善计,牛栏还绕屋东西。

又有句云:"欲劝相将叱犊去,扶犁乐趣胜风流。"又刻了"以农器谱传吾子孙","家在白云岭下","吾家衡岳山下"等几方印章,这都是他不忘其本的意思。他还有《种菜》诗道:

> 白头一饱自经营，锄后山妻手不停。
> 何肉不妨老无分，满园蔬菜绕门青。

另有句云："先人代代咬其根，种菜山园深闭门。"在他离家以后，直到晚年，时常想起当年家园种菜之事，有诗云：

> 久别倍思乡，吟情负草堂。
> 饱谙尘世味，尤觉菜根香。
> 自扫园中雪，谁怜鬓上霜。
> 伤心娱老地，归梦叹青黄。

又诗云：

> 手种新蔬青满园，冬天难舍掘其根。
> 何年能享清平福？著屐携篮剪芥孙。

他种菜之外，又栽了很多果树，也曾写过不少的诗，其中有一首说：

> 删除草木打虚花，却笑平生为口嗟。
> 新种葡萄难满架，复将空处补丝瓜。

当他种菜栽果树时，他的儿孙等，都跟在后面，一起操作。他常把勤劳俭朴的道理教导儿孙，所以他的儿孙们，也都养成了吃苦耐劳的习惯。他尝有诗云：

早起迟眠懒未能，百年居此只三分。

邻翁福厚终朝睡，好在无人识姓名。

这诗，他咏的是"木床"，另有句说："窃恐就棺他日苦，木床练习背皮来。"他不肯贪图安逸，到老一直如此。他还有一首诗，诗中有句道："人生懒外有何事，斜日长绳系住否？"用了这句诗意，他又自己刻了几方印章，如"痴思长绳系日""要知天道酬勤""自强不息""君子以自强不息"之类，常常以此自勉。

他早年作画，是用《芥子园画传》作蓝本，照了书本上的样式，随笔勾摹，只求形似，并无笔法可言。但他作画的基础，却是在那时打下的。拜了胡沁园为师后，胡沁园是画工笔画的，指点他画法，他用心钻研，也就专画工笔画了。自从远游归来，沿途饱览风景，深得江山之助，又见到了不少古今名人的手迹，渐渐改用大写意笔法。把游历得来的山水画稿，重画了一遍，编成《借山图卷》，题诗道：

自夸足迹画图工，南北东西尺幅通。

却怪笔端泄造化，被人题作夺山翁。

诗后附有自注："唐传杜题借山图诗云：'山本天生谁敢借，无端笔底夺天工。山翁是夺非缘借，尽在挥毫一笑中。'"《借山图卷》他一共画了五十二幅，其中三十幅，后为友人借去未还，只存了二十二幅，他向人谈及此事，非常痛惜。他还有《酬故人书题后》的诗：

> 鸡啼犬吠隔重围，墨水炉烟昼掩扉。
> 余习未能除画债，此心多病恶人非。
> 卖灯苦效冬心早，与语欢如季札稀。
> 且喜枝头檐外鸟，有时飞去有时归。

他那时作的画是很多的，所以他《家山杂句》诗中，有"儿辈不饥爷有画"的话。他回家后的第二年（一九一〇年庚戌），他的朋友胡廉石，把自己住在石门附近的景色，请王仲言拟了二十四个题目，叫他画《石门二十四景图》。他精心构思，很郑重地换了好几次稿，费了一百来天的时间，才把它画成，交了去。朋友们见了，都说他远游归来，画的意境，比以前扩展得多了。但是也有很多人说他画得比以前反而不好的，他有诗道：

> 峰高如削世间稀，木末楼居亦未奇。
> 何处老夫能得意，客游归后画名低。

这虽是他的自嘲，也可见得当时的风气。

以前他写字，跟着胡沁园、陈少蕃，专学何子贞的。在北京认识了李筠庵，学写魏碑。李筠庵叫他临《爨龙颜碑》，他就一直临到如今。他刻印章，原是取法丁龙泓、黄小松两家的，此次回家后，恰值黎薇荪从四川辞官归来，在黎薇荪家里，见到赵之谦的《二金蝶堂印谱》，借了来，用朱笔勾出。和原来对照了一下，倒是一点没有走样。自此以后，他刻印章就改摹赵㧑叔的一体了。他有诗纪事：

> 旧侣如云散不逢，卜居徒近祝融钟。
> 麓山无复寻碑梦，岩洞虚欢移树佣。
> 身后友师金蛱蝶，眼前奴婢木芙蓉。
> 老天也遣怜愁寂，时有清风响古松。

诗有自注云："黎薇荪招游麓山，有同游者某，邀余明日渡河，同赏赵㧑叔印谱。㧑叔印谱，有二金蝶堂印，余私淑焉。"人家说他出了几次远门，不但作画改变作风，连写字、刻印，也都变了样子，造诣更进了一层。

那年，黎薇荪约他去游天衢山，送他一首诗，有句说："探梅莫负衢山约。"天衢山在湘潭城南五十二里。他回答了一首七律：

> 瀼西归后得清娱，小费经营酒一壶。
> 宦后交游翻似梦，劫余身世岂嫌迂。
> 梅花未著先招客，桃叶添香不负吾。
> 醉矣欲眠诗思在，怜君闲与老农俱。

那年，黎薇荪在岳麓山下新造了一所别墅，取名"听叶庵"，邀他去玩。他到了长沙，住在通泰街胡石庵的家里。王仲言在胡石庵家坐馆，胡仙甫也在省城，都是他的老朋友。黎薇荪那时是湖南高等学堂的监督，高等学堂是湖南全省最高的学府，在岳麓书院旧址。张仲飏在里头当教务长，也是他的熟人。他同黎薇荪、张仲飏和胡石庵、王仲言、胡仙甫等游山吟诗，有时又刻印作画，旧友重逢，心情非常欢畅。

自从刻印的刀法改变以后，他又把汉印的格局，融会到赵扔叔一体之内。黎薇荪大为称赞，说是古朴耐人寻味。茶陵州的谭氏兄弟，是长沙城内有名的巨绅，十年前听了丁拔贡的话，把他刻的印章，统都磨平了，当时他的颜面，真是丢得不轻。此刻谭氏兄弟懂得些刻印的门径，知道丁拔贡的话，并不可靠，因此，把从前要刻的收藏印记，又请他去补刻了。同时，王湘绮也叫他刻了几方印章。省城里的人，顿时轰传起来，求他刻印的人，接连不断。他有过一句"姓名人识鬓成丝"的诗，这是他比较今昔，不免有点牢骚之意。他常说："人情世态，就是这样的势利啊！"

次年（一九一一年辛亥）春二月，谭延闿约他去给先人画像，又来到长沙。在荷花池上，和谭延闿相见。谭延闿的四弟谭恩闿于前年八月故去，也叫他画了一幅遗像。他用细笔，在纱衣里面，画出袍褂的团龙花纹，并在地毯的右角，画上一方"湘潭齐璜濒生画像记"小印，这是他近几年来给人画像的记识。王湘绮也在长沙，他去访候，并面恳给他祖母作墓志铭。这篇铭文，后来由他自己动手刻石。清明后二天，王湘绮借瞿子玖家里的超览楼，招集友人饮宴，看樱花海棠。写信给他说："借瞿协揆楼，约文人二三同集，请翩然一到！"他接信后就去了。同座的人，除了瞿氏父子，尚有嘉兴人金甸臣、茶陵人谭祖同等。瞿子玖名鸿宴，当过协办大学士，军机大臣。瞿子玖的小儿子瞿宣颖，号兑之，也是王湘绮的门生，和他是同门，那时还不到二十岁。谭祖同，就是谭泽闿。瞿子玖作了一首《樱花歌》七古，王湘绮作了四首七律，金、谭两人也都作了诗。他不便推辞，过了好多日子，才补作了一首《看海棠》的七言绝句。诗道：

　　往事平泉梦一场，师恩深处最难忘。
　　三公楼上文人酒，带醉扶栏看海棠。

当日王湘绮在席间，曾对他说："濒生这几年，足迹半天下，许久没给同乡人作画了。今天集会，可以画一幅《超览楼禊集图》啦！"老师的吩咐，他当然满口允承。但因他耽了不多几天就回家了，图却没有画成。

连遭伤心事

齐白石五出五归以后，并不再有远游之想。他《寄宝觉禅林僧》诗云：

波水尘沙衣上色，海山万里送人还。
遍行世道难投足，既爱吾庐且息肩。
老比寒蝉声欲断，瘦如饥鹤命堪怜。
石泉笑我忙何苦，输与高僧对榻眠。

另有《画蝉》诗云：

好饮潇湘水一瓢，因何年老喜游遨。
借山不是全萧索，犹有残蝉咽乱蕉。

他在壬子那年（一九一二年），已是五十岁的人，感觉到老之将至，所以《秋日山行》的诗中，有句说："心事已如霜杀草，年光不似水回滩。"因为频年作客在外，像萍飘似的，"萍翁"这

个别号,就是那时取的。他《画老来红》诗道:

> 年过五十字萍翁,老转童颜计已穷。
> 今日醉归扶对镜,朱颜不让老来红。

他住的茹家冲新宅,经他连年布置,倒也很有点规模。他学取了崇德桥附近一位老农的经验,凿竹成笕,引导山泉从后院进来,客到烧茶,不必往外汲水,很为方便。寄萍堂内一切陈设,连他作画刻印的几案,都由他自出心裁,加工制成,大一半还是他自己动手做的。他有《小园客至》诗云:

> 经营身世合长嗟,旧友相逢强自夸。
> 夜读百篇惭造士,春耕三亩亦农家。
> 筠篮沾露挑新笋,炉火和烟煮苦茶。
> 肯共主人风味薄,诸君小住看梨花。

又有《闲立》诗云:

> 晴数南园添竹笋,细看晨露贯蛛丝。
> 人叱木偶从何异,蹲到儿呼饭熟时。

他觉得奔波了半辈子,到这时,才算有了一个比较舒适的容身之所了。

在他五十一岁那年(一九一三年癸丑)的九月,他把历年积蓄分给他三个儿子,让儿子们自谋生活。那时,他长子良元年二十五岁,次子良黼年二十岁,三子良琨年十二岁。他的妻子因为良琨年岁尚小,就留在身边,跟随他们夫妇度日。长次两子,虽仍住在一起,但各自分炊,独立门户。他长子良元在外边做工,收入比较多些,糊口并不为难。次子良黼,只靠打猎为生,收入微薄,天天愁穷。十月初一日得了病,初三日曳了一双破鞋,手里拿着火笼,有气无力地踱到他那边来,烤着松柴小火,诉说窘况。当时他和他的妻子以为孩子是在父母面前撒娇,并不在意。不料才隔五天,到初八日,良黼竟死了。他深悔急于让儿子们分炊,致使次子穷愁而死。遭此意外,他心里很是难过,作了一篇祭文,文内有几句说:"幽栖虚堂,不见儿坐,抚棺痛哭,不闻儿应。儿未病,芙蓉花残,儿已死,残红犹在。痛哉心伤!膝下依依二十年,一药不良,至于如此!"他的文章,很有至情。

民国三年(一九一四年甲寅)雨水节前四天,他在寄萍堂旁边,亲自种了三十多株梨树。苏东坡致程全父求果木的信说:"太大则难活,小则老人不能待。"他读了这篇文章,心想:自己已是五十二岁的人了,种这梨树,只怕等不到吃果子,人已没了,未免有点感触。作了一首诗道:

老谚一啖费经营,稳把烟锄世味轻。
遍种园梨霜四角,只愁头鬓雪千茎。
盗桃臣朔饥无补,怀橘儿郎壮可耕。
斛米若酬木竹石,十年肠里作雷鸣。

诗后附有自注云："东坡枯木竹石，月须米五斛，酒数升，以十年计，樊山先生为余评定画价，尝借用此事。"又刻了一方印章，文为"百树梨花主人"。等到梨树长大，他亲眼见他结实，每只重达一斤，而且味甜如蜜。吃到自种的果子，未尝不是一件快意之事。六年后，他在北京想起了梨树，写了一篇短文说："老萍亲种梨树于借山馆，味甘如蜜，重约斤许。戊己二年，避乱远窜，不独不知梨味，而且辜负梨花。"他画梨花，常把这篇短文，题在画上。

那年四月，他的六弟纯楚死了，死时只有二十七岁。纯楚一向在外边做工，当年（一九〇八年戊申）他从广东回家，曾戏为纯楚画了一幅小像，那时纯楚才二十一岁。前年冬，纯楚因病回家，病了一年多而死。死后，他作了两首悼诗：

偶开生面戊申时，此日伤心事岂知？
君正少年堂上老，乃兄毛发雪垂垂。

堂堂玉貌旧遗民，今日真殊往岁春。
除却爷娘谁认得，天涯沦落可怜人。

他六弟纯楚死后没几天，正值端阳节，他派人送信给韶塘胡沁园。送信人急匆匆地回报说，胡沁园故去已七天了。他听了，真像万箭攒胸，说不尽有多少痛苦。他自二十七岁时认识了胡沁园以后，得胡沁园的提携，才能有今日的成就，饮水思源，抑制不住满腔悲思。他参酌旧稿，画了二十多幅画，都是胡沁园生前赏

▶天趣匠心：齐白石自述 »

识过的，亲手把它裱好，装在亲自糊扎的纸箱内，送到胡沁园灵前焚化。同时又作了七言绝句十四首，诗道：

榴花欲著荷花发，闻道乘鸾拥旆旌。
我正多忧复多病，暗风吹雨扑孤棨。

此生遗恨独心知，小住兼旬耐旧时。
书问尚呈初五日，转交犹寄石门诗。

闲随竹杖惊鱼散，静对银瓯听鸟哗。
梦也解寻行惯路，园亭池畔怯看花。

平生我最轻流俗，得谤由来公独知。
成就聪明总孤负，授书不忘藕花池。

穷来犹悔执鞭迟，白发恒饥怨阿谁。
自笑良家佳子弟，被公引诱学吟诗。

苏家席上无门下，因喜停车长者风。
难得扫除无习气，称呼随众曰萍翁。

忌世疏狂死不删，素轻余子岂相关。
韶塘以外无游地，此后人谁念借山。

兴来嬉笑即挥毫,上口清茶胜浊醪。
我亦孤人无地著,纺车如海间儿号。

诸侯宾客旧相违,四十离乡归复归。
一事对公真不愧,散人长揖未为非。

初逢事若乍同欢,兴极看梅雪不寒。
一瞬卅年吾亦老,残躯六月怯衣单。

往迎车使礼荒唐,喜得春风度草堂。
五百年来无此客,入门先问读书房。

老来不足是吟哦,百事心灰两鬓皤。
青案乌丝遗稿在,好诗应有鬼神呵。

廿七读书年已中,顾余流亚蠹鱼虫。
先生去矣休欢喜,懒也无人管阿侬。

学书乖忌能精骂,作画新奇便誉词。
惟有暮年恩拜厚,半为知己半为师。

又作了一篇祭文,一副挽联,联道:"衣钵信真传,三绝不愁知己少;功名应无分,一生长笑折腰卑。"这副联语,他自己说,虽是挽的胡沁园,实际是他的自况。

乙卯(一九一五年)冬天,胡廉石把他前几年画的《石门二十四景图》送来，请他题诗。他看黎薇荪已有诗题在前面，就每景补题了一诗。他们湖南有一位前辈的画家张叔平，单名一个"淮"字，也会刻印章，是永绥厅人，道光己酉科的举人，齐白石在黎薇荪家里，见过张叔平的真迹很不少，曾经临摹过一遍。丙辰（一九一六年）九月，他在茹家冲邻居那里，看见四幅画，笔法很苍健，却只有题字，没有款识，盖的印章，也是闲章，不是名印。他借来临摹，仔细辨认笔法、题字和印章，断定是张叔平的手迹，便在临摹的画幅上面，题了几句。黎薇荪的儿子戬斋，原是他的好友，常到他家，见了心爱，向他索取。他素知张叔平和戬斋的先辈文肃公是乡榜同年，就把临摹的四幅画，送给了戬斋。正在这时，忽得消息：王湘绮病故了，享年八十五岁。这又是他意外的一件刺激，专程去哭奠了一场。王湘绮在当时负文坛重望，人多以拜入门墙为荣。他经张仲飏介绍，虽亦名列王门弟子，却始终不肯以此为标榜。郭葆生原是他很知己的朋友，起初也不知他是王湘绮的门生，在北京听了王湘绮亲口说起才知道，这就见得他的品格了。

他在家乡卖画刻印，衣食可以无虑，尝有《自嘲》诗云：

富贵无心轻快人，亦非故遣十分贫。
五旬以后三年饱，不算完全饿莩身。

他是向来不作奢望，知足常乐的。另有《大村》诗云：

落日呼牛见小村，稻粱熟后掩蓬门。
北窗无暑南檐暖，一粥毋忘雨露恩。

又有《小园看果木》诗云:

> 野雀山狸惯一家,扰人鸡犬觉声哗。
> 半春俗客亦无到,昨夜东风开李花。

他那时心境是很安闲的了,却遭逢了一件扫兴之事,说来倒也可笑。他作诗,只讲性灵,不求藻饰,尤其反对模仿他人,搔首弄姿。这十年来,他喜读宋人的诗,觉得宋人诗格轻朗闲淡,和他的性情很是相近。有时偶用宋人格调,随便哼上几句。只因不是去模仿,就没有去作全章的诗,所哼的都是断句残联。日子多了,积得有三百多句。不意在秋天,被人把诗稿偷了去。他悒悒寡欢,想这偷诗的人,一定是有掠美之意。他为此事,写了两首诗:

> 平生诗思钝如铁,断句残联亦苦辛。
> 对酒高歌乞题赠,绿林豪杰又何人?

> 草堂斜日射阶除,诗贼良朋影不殊。
> 料汝他年夸好句,老夫已死是非无。

作诗原是雅事,到了偷袭掠美的地步堕入恶道,难怪他耿耿于心了。那年,南北军阀战于湘潭,他住的茹家冲一带虽未波及,但也受了点虚惊,他有"军声到处便凄凉,说道湘潭作战场"的诗句。他次友人韵的诗,也有句说:"兵时草木疑堪叹,劫后池亭亦可怜。"从此以后,直到北洋军阀垮台,他的家乡时常发生战事,人民不断遭灾。

避乱北游

齐白石在辛亥革命前后的七八年间,耽在家乡,原有终老之意。不料革命并没彻底成功,政治仍是一片污浊,军阀连年混战,附近土匪乘机蜂起,地方很不安靖。官逼税捐,匪逼钱谷,老百姓忍着痛苦任其宰割,稍有违拒,巨祸立至,弄得食不安席,寝不安枕,没有一天不是提心吊胆地苟全性命。民国六年(一九一七年丁巳)春夏间,又发生了兵事。湘潭城乡,有碗饭吃的人,纷纷别谋避难之所。他有诗道:

月黑龙鸣号夜乌,一时逃窜计都无。
谁家五代长毛狗,顷刻论功长百夫。

那时乡里人家,每户都养着狗,听到狗叫,就像得着警报似的,纷纷逃窜。他在画的《狗子图》上也曾题辞云:"昔人有遭遇得力于猫儿狗子,冬心先生诗云:'狗子猫儿可共居。'萍翁老年乃喜孤僻,以为狗子在六扰之内。然丁巳以来之湖南多抢劫,无论昼夜,闻犬吠即由屋后之门窜出,狗子之于余之功屡屡矣。"他正在进退两难、一筹莫展的时候,接到樊樊山从北京寄来的信,劝他到京居住,卖画刻印章,尽可自谋生活,比着在家乡天天饱受惊恐总是好些。他迫不得已,听了樊樊山的话。便辞别父母妻子,携着简单行李,独自动身北上。

阴历五月十二日到京。这是他第二次来到北京,住在前门外西河沿排子胡同阜丰米局后院郭葆生家。住了不到十天,恰逢复辟之变,北京城内,风声鹤唳,一夕数惊。郭葆生对他说:"民国元年壬子正月,乱兵到处抢劫,闹得很凶,此番变起,不可不加小心。"遂于五月二十日,带着眷属,到天津租界去避难,他也随着去了。龙阳人易实甫,名顺鼎,在樊樊山那里和他认识,也是常到郭葆生家闲谈,虽是初交,却很投机。易实甫听说他们要赴津避难,力劝不必多此一举,走的那天,还派人来约齐白石到煤市街文明茶园听鲜灵芝的戏,他只好写了一封回信辞谢了。他们坐上火车,路过黄村、万庄一带,正值段祺瑞部将李长泰的军队和张勋的辫子兵打得非常激烈。火车到站,不敢停留,冒着战火,直冲过去,侥幸没出危险,平安到津。他有诗纪事:

七月玄蝉如败叶,六军金鼓类秋砧。

飞车亲遇燕台战,满地弦歌故国心。

(按是年阴历五月二十日,为阳历七月八日)

到六月底,战事结束,他又随郭葆生一家,返回北京,住在延寿寺街炭儿胡同,也是郭葆生的家。那里同住的,有一人跟他相处得很不好,他就搬到宣武门外西砖胡同法源寺庙内,和杨潜庵同住。杨潜庵名昭俊，和他本是同乡熟友。法源寺的住持道阶和尚，俗姓许，湖南衡山人。早年也曾读过书，二十岁上出的家，释名常践，"道阶"是法号，又号晓钟。因和"八指头陀"寄禅和尚素有来往，自称"八不头陀"，这是一位交际很广的有名高僧。他由杨潜庵介绍，又有同乡关系，和道阶朝夕相见，处得十分亲密。张仲飏那时也在北京，住在阎王庙街，离得不远，和他时常晤谈。他有诗云：

折腰靖节已堪伤，乞米昌黎可断肠。
自古诗人穷不死，客居能敢傍阎王。

张仲飏来京谋求差事，他的诗是指着这个说的。

他在琉璃厂南纸店，挂起了卖画刻印润格，生意清淡得很，终日在法源寺里闲着无事，十分无聊。他写了三首《杂感》诗：

大叶粗枝亦写生，老年一笔费经营。
人谁替我担竿卖，高卧京师听雨声。

禅榻谈经佛火昏，客中无物不消魂。
法源寺里钟声断，落叶如山画掩门。

八月京华霜雪天，稻禾千顷不归田。
人言中将人中鹤，苦立鸡群我欲怜。

他生性虽不骄傲，却也向不自卑，他题《画佛手柑》的诗云：

  买地常思筑佛堂，同龛弥勒已商量。
  劝余长作拈花笑，待到他年手自香。

他认为自己的作品，总有一天，能够遇到识者的。那时，有一位在教育部任编审员的陈师曾，名衡恪，江西义宁人。祖父宝箴，号右铭，做过他们湖南抚台，官声很好。父亲三立，号伯严，别号散原，是当代的大诗人。陈师曾能画大写意花卉，笔致矫健，气魄雄伟，在京里很负盛名。在琉璃厂见着他刻的印章，大为赞赏，特到法源寺去访他。两人一见面，就交成莫逆。他在行箧中，取出《借山图卷》，面请鉴定。陈师曾说他的画格是高的，但还有不到精湛的地方。题了一首诗给他，说：

  曩于刻印知齐君，今复见画如篆文。
  束纸丛蚕写行脚，脚底山川生乱云。
  齐君印工而画拙，皆有妙处难区分。
  但恐世人不识画，能似不能非所闻。
  正如论书喜姿媚，无怪退之讥右军。
  画吾自画自合古，何必低首求同群。

陈师曾之意，劝他自创风格，不必求媚世俗，这倒和他的素志是相同的。他常到陈师曾家去，陈师曾的书室，取名"槐堂"，他就成了槐堂的座上常客。陈师曾向来主张画要有性灵，有思想，有活动力，不能像照相那样千篇一律，人云亦云。常说："宁朴勿华，宁拙勿巧，宁丑怪勿妖好，宁荒率勿工整，纯任无真，不假修饰，才能发挥个性，振起独立精神，免掉轻美取姿，涂脂抹粉的世俗恒态。取法乎上，品格自高。"他的画自改用大写意的笔法以后，已走上"纯任天真、发挥个性"的路子，所以陈师曾说他画格是高的。但是他那时刻的印章，仍是循规蹈矩，很为谨严。听了陈师曾论画的话，他把刻印章的作风也改变了，从此就"大刀阔斧"地直往直来。两人谈画论世，越谈越投契，交谊就愈来愈深。当时陈师曾住在西单牌楼库资胡同，他每天晚上，总是挟了他画的卷册条幅之类，进宣武门，到陈师曾家去，很谦逊地请求指教。陈师曾见他功力深厚，造型独特，称许他胆大笔健。他认为陈师曾确实懂得画，是他的艺术知己。他有诗题陈师曾的画道：

无功禄俸耻诸子，公子生涯画里花。
人品不惭高出画，一灯瘦影卧京华。

他出京时又写了一首诗：

槐堂六月爽如秋，四壁嘉陵可卧游。
尘世几能逢此地，出京焉得不回头。

古人云：得一知己，可以无恨。他这次来到北京，得交陈师曾做朋友，确是他一生可纪念的事。

樊樊山是看得起他的诗的,他把诗稿送去评阅,樊山做了一篇序文给他,说:"濒生书画,皆力追冬心。今读其诗,远在花之寺僧之上,其寿门嫡派也。冬心自叙其诗云:'所好常在玉溪、天随之间;不玉溪,不天随,即玉溪,即天随。'又曰:'俊僧隐流,钵单瓢笠之往还,复饶苦硬清峭之思。'今欲序濒生之诗,亦卒无以易此言也。冬心自道云:'只字也从辛苦得,恒河沙里觅钩金。'凡此等诗,看似寻常,皆从刿心鉥肝而出,意中有意,味外有味,断非冠进贤冠、骑金络马,食中书省新煮馄头者所能知。唯当与苦行头陀在长明灯下读,与空谷佳人在梅花下读,与南宋前明诸遗老在西湖灵隐、昭庆诸寺中,相与寻摘而品定之,斯为雅称尔。"樊樊山并劝他把诗稿印出来。他很谦虚地做了一首诗:

旧稿全焚君可知,饥蚕那有上机丝。
苦心岂博时人笑,识字无多要作诗。

隔了十年,他才把诗稿付印,就是他最早印行的《借山吟馆诗草》。是他亲自手写,石印印出的,收的诗不多。樊樊山是喜欢听戏的,他那年在京,常同樊樊山一起听戏消遣,出京时尝有诗道:

堂上歌声可断魂,燕京黯淡战烟昏。
劫灰余得老樊在,听雨潇潇独闭门。

他这次到京,认识了不少人。除了易实甫、陈师曾和法源寺住持道阶和尚三人外，又认识了凌植支、汪霭士、陈半丁、萧龙友、姚茫父、王梦白和罗瘿公、敷庵兄弟等。凌植支名文渊，江苏泰州人；汪霭士名吉麟，江苏丹徒人；陈半丁名年，浙江绍兴人；萧龙友名方骏，四川三台人；姚茫父名华，贵州息烽人；王梦白名云，江西丰城人；罗瘿公名惇融，罗敷庵名惇愛，广东顺德人。凌、汪、陈、姚、王，都是画家，罗氏兄弟是诗人兼书法家，萧是名医，也是诗人。又认识了一位和尚，是阜成门外衍法寺的住持，释名瑞光，号雪庵，能画山水，对他非常钦服。瑞光时常进城来向他请教，相交得很好。他有《阜成门外衍法寺寻瑞光上人》诗云：

故我京华作上宾，农髯三过不开门。
今朝古寺寻僧去，相见无言将虱扪。

自注："前朝癸卯年，夏午诒请为上宾，曾农髯过访再三，余以病却。"瑞光后来拜他为师，他也认瑞光为可传的弟子。据他对我说，他和我先君篁溪公见面，也是在那一年。先君和他都是受业于王湘绮的，神交多年，到此时才在易实甫家晤见，从此往来很密。揭阳人曾刚甫，名习经，是先君的好友，也能画几笔山水，由先君介绍，和他相识。说他的画品诗格，都是别出蹊径，不同凡俗，有"踪迹天随似较亲，声名白石拟差伦"等诗句。曾刚甫性情很傲岸，对人不轻许可，对他却非常推重，人都说是很难得的。

那时，新交的朋友中，和他相处得很好的倒也不少。却有一个自命科榜的名士,以为他是木匠出身,生来就比人低下一等。在朋友家遇到,表面虽也跟他虚与周旋,眉目之间,终不免流露倨傲的样子。这位名士非但看不起他的出身,尤其看不起他的作品,常常在背地里骂他,不是指斥他画得粗野,就是讥笑他诗作得不通,简直是说他一无可取,一钱不值。有时当了他面,故意地说:"画要有书卷气。肚子里没有一点书底子,画出来的东西,俗气熏人,怎么能登大雅之堂呢!讲到诗的一道,又岂是易事!有人说,自鸣天籁。这'天籁'两字,是不读书人装门面的话,试问自古至今,究竟谁是天籁的诗家呢?"这几句话,原是针对他说的,他岂有听不懂话意的道理。只因文人相轻,古今通例,这位自称有书卷气的科榜名士,画得本极平常,只靠科名卖弄身份。他想:自己认识的科甲中人,倒也很有几位,像这样的所谓"名士",并不觉得物稀为贵。况且画得好不好,诗通不通,谁比谁高明,百年后世,自有公评,何必争此一日短长,显得气度不广。他有《北海晚眺》诗云:

微名不暇与人争,独眺漪澜秋水澄。
细数游鱼过半百,清闲一辈要无能。

又有《棕树》诗云:

形状孤高出树群,身如乱锦里层层。
任君无厌千回剥,转觉临风遍体轻。

又刻了一方印章："君子之量容人"。在他晚年，我问过他几次："这位科榜名士，究竟是谁呢？"他总是微微地笑，始终没说出姓名来。但他另有纪事诗云：

　　作画半生刚易米，题诗万首不论钱。
　　城南邻叟才情恶，科甲矜人众口喧。

又有一诗：

　　百年以后见公论，玉尺量来有寸分。
　　死后是非谁管得，倘凭笔墨最怜君。

似乎蛛丝马迹，多少有点线索可寻。不过他既不肯指明是谁，这件公案，也只好付之传疑而已。

那年六月，华北发生水灾。他想回家，因水阻不能启程。到了中秋节边，听说军阀们又在湘潭县属熊家桥地方打起仗来，离他住的茹家冲很近。他心里着实有点不放心，又不敢冒着战火，回去看看。他当时旅愁万斛，无可排遣，做了一首《枕上闻秋声》的诗：

　　容易秋风窗外鸣，严更五换睡难成。
　　夜长如岁年偏短，与我何干愁欲生。

又想起前数年远游刚回时候，在家乡的情景，写成一首《观鱼》

的诗道：

> 丁巳年前懒似泥，杖藜不出借山西。
> 细看鱼嚼桃花影，习习春风吹我衣。

此刻的家乡，不知遭劫到了什么地步，已没有闲情逸致在京城留恋下去了。到九月底，听说家乡乱事稍定，遂出京南下。十月初十日到家，他家里人避兵在外，尚未回来。茹家冲宅内，已被抢劫一空。他有诗纪事道：

> 佛家财宝五家通，离乱心情万事空。
> 明月入窗如有意，照人一灶在厨东。

> 人失人得何彼此，一物岂横胸次死。
> 犹有山间香意来，寒梅零乱著花蕊。

他意境虽很旷达，对此劫后残余，不免触目惊心，刻了一方"丁巳劫灰之余"的印章，盖在残存的书籍字画上面。还写了一首《昔感》诗：

> 年少时和喜远游，故园景物懒回头。
> 深林绕屋无惊雀，好纸如山每汗牛。
> 衰老始知多事苦，乱离翻抱有家忧。
> 相怜只有芙蓉在，冷雨残花傍小楼。

另有《题画雏鸡》的诗道:

> 雏鸡自有窠,野鸟亦有巢。
> 阿吾有山居,牛羊过后无蓬茅。

自经此次兵灾,百业萧条,他的卖画生涯大受影响,他《题画藤》的诗,说:

> 湘上滔滔好水田,劫余不值一文钱。
> 更谁来买山翁画,百尺藤花锁午烟。

那年他的家乡,遭受兵灾是很惨的。

定居北京

民国七年（一九一八年戊午），军阀们不知为了什么名目，摩拳擦掌，好像又要动起手来。齐白石处在这样的环境，真是啼笑皆非。他写给友人的诗说：

五洲一笑国非亡，同室之中作战场。
稻槁邻犹关痛痒，城焚鱼亦及灾殃。
下流不饮牛千古，自荐无渐士一长。
四顾万方皆患难，诸君挥泪再思量。

那时湘潭附近，军队来来往往，也搞不清是谁的部下，来了就向老百姓要这要那，一批接一批的，同走马灯似的，比上年更加纷乱得多。四乡土匪趁此纷乱机会，明目张胆，横行无忌。有的跟军队勾结上了，弄得兵匪不分。抢劫绑架，吓诈钱财，几乎天天都有所闻，稍有余资的人，没有一个不是栗栗危惧。他又有纪事诗两首说：

> 草木疑兵晓露凉，却从愁外忆词场。
> 当年意气全消却，冷眼看人举世狂。

> 自砍柴门未欲工，鹑衣敝裤往来通。
> 小箩剩得明朝米，邻里尤穷唤富翁。

他因这几年来，一家子吃得饱，穿得暖，生活比较好些，附近的坏人歹徒，看着就眼红起来。有人造了许多谣言，说："芝木匠发了财啦！去绑他的票！"一般心存忌嫉、幸灾乐祸的人，也跟着起哄，说："芝木匠这几年发了大财，油水很足，确有被绑票的资格啦！"他听了这些威吓的话，不敢在家再耽下去。趁着邻居们不注意的时候，悄悄地带着家人，匿居在紫云山下的亲戚家里。那边地势很偏僻，几间矮小的茅屋，倒是个避乱的好地方。他住下以后，因离家不远，惟恐被人发现，发生麻烦，就隐姓埋名，小心翼翼地时刻提防着。这种苦况，在他的诗草自叙中曾经说过："风声鹤唳，魂梦时惊。遂吞声草莽之中，夜宿于露草之上，朝餐于苍松之阴。时值炎夏，浃背汗流，绿蚊苍蝇共食，野狐穴鼠为邻。殆及一年，骨如柴瘦，所稍胜于枯柴者，尚多两目，而能四顾，目睛莹莹然而能动也。"他又有诗说：

> 天光黯黯雾漫漫，几处猖狂几处残。
> 安得老萍能变化，化为长剑满湘南。

> 萍翁叱犊课耕归，一粥关门未必非。

愁绝小楼居不得,长蛇绕榻大蜂飞。

到了秋天,战事仍未停止,愁闷之余,他又写了一首《叹菊》的诗:

重阳欲近雨丝丝,赏菊家园酒一卮。
七载已经三百劫,如今又作战场时。

到此地步,才知道家乡虽好,却不是安居之所。他答朋友的诗,末两句说:"借山亦好时多难,欲乞燕台葬画师。"他经受了这番刺激,决定从明年起,离开家乡,到北京定居,打算终老京华,不作还乡之想了。

次年(1919年己未)三月初,他乘乱事稍定的机会,悄悄地离开家乡。这时,他父亲年已81岁,母亲75岁。老人们知道他这次出门,和以前的几次远游,情形不同。以前是出游复归,不过暂时的小别,此次是迁京定居,以后即使回来看看,家乡反变成了客居。风烛残年,遭逢生离,心中自不免有些凄恻,因此再三叮咛,希望时局略见安定,常常南回走走,免劳老人的盼念。妻子陈春君,舍不得扔掉家乡的产业,情愿带着儿女留在家里,对他说,她是一个女人,在乡间既不招风,又不惹事,见机行事,谅可无妨。等他到了北京,谋生有路,站稳了脚跟,她再往来京湘,也能时时见面。又感到他只身在外,客中起居,一定不很方便,想给他置一副室,免得无人照料。陈春君这样地为他设想,体贴入微,他真有说不尽的感激。当时正值春雨连绵,借山馆前梨花开得正盛，他满腔离愁别绪，触景兴怀，好像雨中梨花，也在为他落泪。他登上了旅途。沿路风景，无心眺览，心潮起伏不定，说不出是怎样滋味。他的诗草自叙中，有一段文章写道："过黄河时，乃幻想曰，安得手有嬴氏赶山鞭，将一家草木，过此桥耶！"他到北京后，也有一首《燕京果盛有怀小园》的诗说：

家园尚剩种花地，梨橘葡萄四角多。
安得赶山鞭在手，一家草木过黄河。

离家远行，原是出于迫不得已，恋乡之情，自然是很深刻的。

他到北京，这是第三次了，仍住法源寺庙内。在南纸店内，他挂出了润格，卖画刻印，生涯并不太好，收入很是寥寥。好在那时京城里物价低廉，得到的润资，勉强还能维持生计。有一个湖北人，名叫胡鄂公，号叫南湖，喜欢买字画，常到古玩店走动。在琉璃厂见到他的画，大加称誉，花了较大的价钱，买去了他画的六幅屏条。这是他初到北京时的"空谷足音"，他感慨之余，在这画上题了几行字道："庐江吕大赠余高丽陈年纸，裁下破烂六小条，灯下一挥成六屏，令厂肆清秘阁主人代为裱褙。南湖见之喜，清秘主人不问余，代余售之。余以为不值一钱，南湖以为一幅百金，时流何人能画。余感南湖知画，补记之。"胡鄂公又请他画了一个扇面，他在日记上写道："南湖出清道人所书之扇面索画，道人之书，其墨凸若钱厚，余亦以浓墨画不倒翁，并题记之，记云：余喜此翁，虽有眼耳鼻身，却胸内皆空。既无争权夺利之心，又无意造作技能以愚人。故清空之气，上养其身，泥渣下重，其体上轻下重，虽摇动，是不可倒也。"他这题记，确是樊樊山在他诗集序文中所说"意中有意，味外有味"的。他跟胡鄂公交成了很亲密的朋友。他那年的日记里，还记有一事："过春雪楼，其主人求余画《南湖庄屋图》，出宿盒墨，秃锋笔，为此粗稿。是时炎威逼人，不及画屋而罢。石倩以为有心作画，绝无如此天趣，笑人苦余加名字印。余知此时之京华卖书画者，笔墨愈丑愈得大名，余亦有好名之意耶？"他所说"笔墨愈丑愈得大名"，倒不是他发牢骚的话，实在是有这种情形的。

他这次到京，感时怀乡，每到夜晚，人静更深，形影相对，想起了父母妻子、亲戚朋友，远别千里，聚首何日，怅触万端，愁思百结。有时辗侧枕上，入梦无由，往往通宵睡不着觉，静待天明。他在此时期，只有吟咏消遣，解解心头闷气，作的诗倒也不少。他有《望云》诗一首，写得非常悱恻。诗道：

拖筇北上复何求，我亦中年万事休。
老鬼画符时不合，故山埋骨死犹忧。
省亲安得云为马，饮水何妨颈似牛。
年少清平欢笑事，等闲赢得泪盈眸。

诗前附有小序说："一夜梦读东坡'死后犹忧伴新鬼'句，感动涕泣，因泣而醒，泪犹盈眶。明日游西山，登其巅，南望浮云，有思亲舍。"他又记起在家临别，藤萝花开正繁，小园景色，使他脑海里来回盘旋，久久不能忘掉。有诗道：

> 春园初暖闹蜂衙，天半垂藤散紫霞。
> 雷电不行笳鼓震，好花时节上京华。

中秋节后，有一天，他正在画着梅花，接到他的妻子来信。他心里就高兴起来，在画上题了一诗：

> 妻子分离归去难，四千余里路漫漫。
> 平安昨日家书到，画出梅花色亦欢。

他的妻子信上说，给他聘定了副室，即将携同来京，嘱他预备住宅，布置成家之事。他托人在右安门内，陶然亭附近，龙泉寺隔壁，租了几间房子，这是他在北京正式租房的第一次。

不久，他的妻子陈春君同着他的副室胡宝珠到京。胡宝珠原籍四川丰都县转斗桥胡家村，光绪二十八年壬寅八月十五日生的，小名叫作桂子，时年十八岁。她的父亲名以茂，是个篾匠。有一个胞姊，嫁给姓朱的，还有一个胞弟，名叫海生。到了冬天，听说湖南又有战事，他的妻子陈春君挂念家园，急欲回去，他遂把北京的家务，嘱托了胡宝珠，陪着陈春君同行南下。动身之时，作了一首感怀诗道：

> 一日飞车出帝京，衡湘何处著闲民。
> 园荒狐已营巢穴，世变人偏识姓名。
> 愁似草生删又长，盗如山密划难平。
> 三年深负红梨树，北地非无杜宇声。

那时,祸国殃民的军阀们,此伏彼起,层出不穷,官军可以变成土匪,土匪也能变成官军,变来变去,群盗如毛。他的诗中,"盗如山密划难平"这一句,可以算得是信史。他南回进入湖南省境,做了一首《近乡》的诗:

岳色湘流可断肠,近乡心事更凄怆。
世间是处堪埋骨,不必余年死故乡。

回到家来,家里的钱谷牛猪,又都给人抢个精光。他在画家雀的一幅图上,题诗道:

家雀!家雀!
汝居有屋,我归畏缩;
汝栖有竹,我耕无犊。

另有《乡居》的诗道:

乡居遍地走牛羊,增赋田园半弃荒。
十五年前借山馆,四围荆棘是城墙。

当时他的心情是十分沉重的。

▶天趣匠心：齐白石自述 »

画到如今不值钱

民国九年（一九二〇年庚申），齐白石五十八岁。他在家乡过了年。春二月，他带着三子良琨、长孙秉灵，来京上学。那年，良琨十九岁，秉灵十五岁。刚出家门，走到莲花山下，逢着一场大雨，附近有一户人家，是他们从前的邻居，三人前去避雨，等雨停了再走。他是出门惯的，向来不觉旅行之苦，此次带着儿孙同行，却不免有点累赘了。他有诗纪事：

不解吞声小阿长，携家北上太仓皇。
回头有泪亲还在，咬定莲花是故乡。

到北京后，因龙泉寺僻处城南，交通很不方便，搬到宣武门内石镫庵去住。他曾对我说过，他刚到京时，从法源寺搬到龙泉寺，又从龙泉寺搬到石镫庵，连搬三处，住的都是庙产，可谓与佛有缘的了。他做了一诗：

法源寺徙龙泉寺，佛号钟声寄一龛。

>> 第二辑　齐白石的一生 ◀

谁识画师成活佛，槐花风雨石镫庵。

他搬进了石镫庵不久，直皖战事突然而起，这又是一次军阀大混战，战火逼近了北京。北京城内，人心惶惶，他还能自作镇静，照常作画。有诗道：

老妇愚姬心胆寒，每惊危险虽相安。
耻闻昨夜黄村战，塞耳关门画牡丹。

郭葆生在东城帅府园六号租得几间房子，邀他同去避难，他带着良琨、秉灵，一同去住。帅府园离东交民巷不远，东交民巷有各国公使馆，附近一带，号称保卫界，行政权操在帝国主义手中，是当时的特殊区域。他做了一首《避难》的诗：

石镫庵里胆惶惶，帅府园间竹叶香。
不有郭家同患难，乱离谁念寄萍堂。

战事没隔几天就停了，他又搬回了西城。只因石镫庵的老和尚，养着许多鸡犬，从早到晚，鸡鸣犬吠之声，不绝于耳，他早想另搬他处。恰巧胡宝珠托人找到了新址，战事停止以后，他们全家，就搬到虎坊桥观音寺内。不料观音寺的佛事很忙，佛号钟声，昼夜不断，比着石镫庵，更加嘈乱得多。他答友人诗说：

木偶泥人似老翁，法源寺里感相逢。
此翁合是枯僧未，又听观音寺里钟。

另有"佛号钟声烦恼场，僧房清静话荒唐"之句。住了不到一个月，实在住不下去了，又迁到西四牌楼迤南三道栅栏六号，住得就安定些，从此他的住所，才算与庙绝缘了。我认识他，就在那年他住在石镫庵的时候。在此以前，他好几次来到我家，和先父篁溪公闲谈，我都上学去了，总没见着，直到他搬到了石镫庵，我才和他见了面。

他刚到京时，所作的画，是近于八大山人冷逸的一路，不为北京人所喜爱，除了陈师曾等三两个人以外，懂得他画的人，简直是绝无仅有。他《自题小像》的诗说：

身如朽木口加缄，两字尘情一笔删。
笑倒此翁真是我，越无人识越安闲。

又题画菊诗，有句云："香清色正好幽姿，种向深山孰得知。"他知道自己的画，不易卖得出去，所定的润格，特别低廉。一个扇面，定价银币两元，比着同时画家的价码，便宜一半，尚且很少人来问津。他画了一幅《一粒丹砂图》，上面题了一首很有深意的诗：

尽了工夫烧炼，方成一粒丹砂。
人世凡夫眼界，看作饿殍身家。

他又画了一幅山水，杂以花草，自题云：

未工拈箸先拈笔,画到如今不值钱。

秃管有灵空变化,忽然花草忽山川。

又自题花果画册,中有两句:"冷逸如雪个,游燕不值钱。""雪个"是八大山人的又一别号。他在湖南家乡,已是很有点画名,到了北京,却不为人所重,但他并不消极,认为自己的画,迟早总有出头的一天,他题门人画云:

雕虫岂易世都知,百载公论自有期。

我到九原无愧色,诗名未播画名低。

又自题桃花竹笋画幅云:

瞎人不知花何色,聋者不知笋有味。

天下万一非瞎聋,洛阳纸价须当贵。

他是有他的抱负,丝毫没有悲观的情绪。他有《檐前》诗道:

寄萍三道栅栏开,小院春深长绿苔。

尽日关门人不到,檐前鸦鹊不惊猜。

又《自夸》诗道:

诸君不若老夫家,寂静平生敢自夸,

尽日柴门人不到,一株乌桕上啼鸦。

又《东院》诗道：

东院一株柳，阴凉生户牖。
终岁足音无，六月蝉声有。

当时他在北京，生涯真是落寞得很。陈师曾劝他自出新意，变通画法，他听了，琢磨了多时，自创红花墨叶的一派。他画梅花，原是学的宋朝杨补之。杨补之名无咎，画梅向称高手。他的同乡尹和伯，名金阳，在湖南画梅是最有名的，他也参用了一些尹和伯的笔法。陈师曾对他说，工笔画梅，费力不好看。他听了陈师曾的话，也改变了梅花的画法。有人对他说，改变了画法，别出蹊径，恐怕更不合时人之意，说不定给人称作旁门左道了。他为友人作画记云："余作画数十年，未称己意，从此决定大变，不欲人知，即饿死京华，公等勿怜，乃余或可自问快心时也。"又自记云："余昨在黄镜人处，获观黄瘿瓢画册，始知余画犹过于形似，无超然之趣，决定从今天大变。人欲骂之，余勿听也；人欲誉之，余勿喜也。"又云："人喜变更，不独天下官吏行事也，余画亦然。余二十岁后喜画人物，将三十喜画美人，三十后喜画山水，四十后喜画花鸟草虫。或一年之中喜画梅，凡四幅不离梅花。或一年之中喜画牡丹，凡四幅不离牡丹。今年喜画老来红、玉簪花，凡四幅不能离此，如此好变，幸余甘作良民。"那时他给同乡易蔚儒画了一把团扇，这个扇面，给林琴南看见了，大为赞赏，说："南吴北齐，可以比美。"他题吴昌硕的画，尝云："见邱家有缶老画四幅，前代已无人矣，此老之用苦心，来者不能出此老之范围也。"他对于吴昌硕,向极推重,他们二人的笔路,原是有些相同。林琴南以之相比,他听了,当然是很高兴的。林琴南名纾,福建举人,能画山水,他由易蔚儒介绍,和琴南交成了朋友。但他对于林琴南的画,并不十分赞成,曾经题过一诗:

如君才气可横行,百种千篇负盛名。
天与著书好身手,不知何苦向丹青。

林琴南本以翻译小说负盛名,山水却画得很平常,所以他作了这首诗,婉言讽劝。同时他又认识了徐悲鸿、贺履之、朱悟园等人,都是当时北京的画家,尤其是徐悲鸿,跟他最为投契。

那年九月初,他由齐如山介绍,和梅兰芳认识。那时梅兰芳住在前门外北芦草园,他到兰芳家,是齐如山约他同去的。梅兰芳家里花木很多,光是牵牛花,颜色式样,就有一百来种,有的花大如碗,真是见所未见,从此他就画上了牵牛花。过了几年,他还记起此花,尝有诗道:

闲门灯影鬓霜华,老懒真如秋蛰蛇。
百本牵牛花碗大,三年无梦到梅家。

当天在梅兰芳的书斋缀玉轩里,他画了许多草虫,画完了,梅兰芳清唱了一段"贵妃醉酒"。他写了纪事诗两首,其一云:

飞尘十丈暗燕京,缀玉轩中气独清。

> 难得善才看作画，殷勤磨就墨三升。

其二云：

> 西风飕飕袭荒烟，正是京华秋暮天。
> 今日相逢闻此曲，他时君是李龟年。

同时在座的，还有两人：一是教梅兰芳画梅花的汪霭士，和他原是熟人。一是福建人李释堪，名宣倜，是教梅兰芳作诗词的，后来和他也交成了朋友。梅兰芳性情温和，礼貌周到，可说是恂恂儒雅，和他认识以后，对他很是尊重。有一次，他到人家去应酬，满座都是阔人，看他穿的衣服很不讲究，又无熟友周旋，谁都不来理睬。他窘了半天，无聊之极，自悔不该贸然而来，讨此没趣。正在难于下台之际，梅兰芳却来了。一见他面，首先和他招呼，很恭敬地寒暄了一阵。座客见此情形，大为惊讶，才有人来和他敷衍，他的面子，总算圆了回来。他经过这番阅历，觉得势利场中的炎凉世态，真是既可笑，又可恨。他感谢梅兰芳的厚谊，很经意地画了一幅"雪中送炭"图，送给梅兰芳，作为纪念。在图上题了一首诗，有句说："而今沦落长安市，幸有梅郎识姓名。"他在那个时候，长安市上，确有点沦落之感。

民国十年（一九二一年辛酉）端阳节前几天，他的朋友夏午诒，从保定来信，邀他去过节。他到了保定，游莲花池，是清末莲池书院旧址，内有朱紫，十分茂盛。他对花写照，画了一张长幅，题诗道：

三亩清香满地阴,莲花池上客游曾。

偷闲愿借藤阴住,合作无能粥饭僧。

住过了端阳节,回到北京。秋天,他因思念父母,回湘潭去。重阳到家,写了一首《过星塘老屋》的诗道:

大树垂枝别后栽,眼昏红叶作花猜。

山林却比市朝好,野鸟无笼去又来。

到九月十五日,他接到三子良琨从北京发来的电报,说他长孙秉灵病重,他就同他的妻子陈春君动身北行。路经长沙,接良琨电,说秉灵病势有了转机。到汉口,又得电报,知病已大减,他寄了一首诗给良琨道:

电机三报阿移病,沿路鸿鳞慰老亲。

汉口释疑真未死,开缄一笑不成声。

到了北京,秉灵的病,已是好了,他才放下了心。腊月二十日,他的副室胡宝珠生了个男孩,取名良迟,号子长,这是他的第四子。他副室胡宝珠,年才二十岁,初次生育,他的妻子陈春君怕她年轻不会抚育孩子,接过来亲自照料。夜间专心护理,不辞辛劳。孩子饿了,抱去喂乳,喂饱了又领去同睡。冬天的夜是漫漫长长的,一宿之间,冒着寒威,总得起身好几次,这样的不辞辛劳,爱同己出,真是不可多得。

▶天趣匠心：齐白石自述 »

海国都知老画家

一九二二年，齐白石六十岁。春天，陈师曾对他说，接到日本两位著名画家荒木十亩和渡边晨亩来信，说是东京府厅工艺馆主办中日联合绘画展览会，欢迎中国画家参加。陈师曾跟他一向是很谈得来的，叫他预备几幅画，由师曾带往日本展览出售。他自从定居北京以后，卖画生涯，本不甚好，碰上了这个机会，当然就很高兴地答允了，画了几幅花卉山水，交给陈师曾带去。不久，他陪着妻子陈春君出京南下，到家已是四月初旬。家中的石榴树，是他早年亲手种的，那年天气较暖，花已开得很茂盛，他写了《到家看榴花》的诗道：

七载榴花背我开，还家先到树边来。
眼昏隔雾花休笑，未白头时手自栽。

朋友们知道他回家，都来看他，他有答谢友人的诗：

六十年华两鬓斑，从无姓字落人寰。

出门一笑寻诗去，只在岩前水石间。

劫余物尽剩晴窗，脱帽挥毫共此狂。
再五百年无此事，相逢欢乐即凄凉。

他在家住了几天，来到长沙。张仲飏已先在省城，又晤见了旧友胡石庵、黎戬斋等。另有一个会写隶书的杨重子，名钧，是杨晳子的胞弟，也是常在一起。初八那天，他在远房本家齐逊园家里，见着他的次女阿梅。他次女是嫁给同乡姓宾的，过门后夫妇很不和睦，为了躲避夫婿打骂，时常住在娘家，一住往往一两年，有时又住在娘家的同族或亲戚处。轻易不敢回到夫家去。他在北京屡次接到次女来信，希望他迁回家乡来住，就近可以照顾。他以为年轻夫妇偶有争吵，也是常事，并不放在心上。不料此番见面，相别只有四年，憔悴得不成个样子。又听说女婿的脾气非常暴烈，心里有许多说不出的愁闷，当时做了两首五言律诗，有句说："犹余伤苦泪，罗帕为儿沾。"又说："赤绳勿太坚，休误此华年！"他是怜惜女儿的不幸，婉劝她另谋出路。

他在长沙待了十几天，回到北京，已是四月底了。隔不多少日子，陈师曾从日本回来，带去的许多幅画，一幅不留地统统都卖了出去，而且卖出的价码，非常丰厚。他的画，每幅卖了一百元银币。山水画更贵，二尺长的纸，卖到二百五十元银币。这样的价码，在国内连听也没有听到过，更不要说卖得上卖不上了。陈师曾还告诉他：这次日本举办的中日绘画联合展览，非但轰动了日本人士，连别国人在日本的也争先恐后地去参观。法国人选了他们两人的画,预备加入巴黎艺术展览会。日本人又想把他们两人的作品和生活状况,拍摄电影,在东京艺术院放映。他觉得这些都是料想不到的事,可算得意外的奇遇了,做了一首诗,作为纪念。诗云:

曾点胭脂作杏花,百金尺纸众争夸。
平生羞杀传名姓,海国都知老画家。

他的画,经过日本展览以后,首先在国际方面,声名大了起来,外国人来到北京,都知道他的名姓,买他画的很多。他有诗道:

一身画债终难了,晨起挥毫夜睡迟。
晚岁破除年少懒,谁教姓字世都知。

自注云:"因外客索画,一日未得休息,倦极自嘲。"琉璃厂的古董商人,眼见他的画,在外国人面前,卖得出大价,纷纷来求他画了,预备去做投机生意。一般附庸风雅的人,向来是胸无主宰,以耳代目的,听说他的画能值钱,也都来请他画了。于是从前"门可罗雀"的,一转瞬间,"门庭若市"了。他在藤萝的画幅上,题了一诗道:

西风昨岁到园亭,落叶阶前一尺深。
且喜天工能反复,又吹春色上枯藤。

从此以后,他卖画生涯,一天比一天兴盛起来。他常说,这是陈师曾提携他的一番厚意。他题画菊的诗,有一首说:

几朵霜花贵万缗,价高殊不逊黄金。
油盐煤米皆能换,何必专餐苦落英。

又有《夜吟》诗说:

泼墨涂朱笔一枝,衣裳柴米赖撑支。
居然虽作风骚客,把酒持螯夜吟诗。

这都是他画名起了,能得善价以后的话。十一月初一日,他长孙秉灵死了,年十七岁。他在家乡时,曾在借山馆前后,种了许多花木果树,秉灵那时才十岁左右,拿了刀凿,跟在他身后,帮着干活。他种的梨树,秉灵尤其出力不少,他回想前情,作了一首悼诗:

远梦回家雨里春,土墙茅屋露红云。
梨花若是多情种,应忆相随种树人。

睹物怀人,也就不免使他伤感得很。

次年(一九二三年癸亥),他打算开始写日记,取名"三百石印斋纪事",只因作画刻印章,有时忙不过来,忙了点,就把日记给耽误了,往往隔着好多天,才记上一回,日子就不能连贯,他也认为聊胜于无而已。七月中旬,听得家乡又有战事,他写了一诗道：

> 又道湘军上战鞍，劫灰经惯渐心宽。
> 料君一物难携去，数叠青青屋后山。

又题"夜景"图云：

> 开图月似故园明，南舍伤离已五春。
> 画里灯如红豆子，风吹不灭总愁人。

他这几年来，饱经忧患，伤乱之怀，总是勾起了羁旅之思的。中秋节后，他从三道栅栏迁至太平桥高岔拉一号，在辟才胡同西口迤南，沟沿的东边。高岔拉现改名为高华里，沟沿早已填平，现称赵登禹路。他迁入之后，把早年王湘绮给他写的"寄萍堂"横额，挂在中间屋内。又把纪念祖母生前伤贫之言，自己写的"甑屋"两字的横幅，挂在画室之内。附近有条胡同，名叫贵门关，在那时称作"鬼门关"，原系明朝时候刑人的地方。他很风趣地做了一首《寄萍堂》诗：

> 凄风吹袂异人间，久住浑忘心胆寒。
> 马面牛头都见惯，寄萍堂外鬼门关。

陈师曾在他从三道栅栏迁出之先，曾来向他辞行，说是要到大连去。不料他搬到高岔拉后不久，得到消息：陈师曾在大连接家

信,奔继母丧,到南京去,八月初七日得痢疾死了,年才四十八岁。他失掉一个知己,心里难受,自不必说,做了几首悼诗:

槐堂风雨忆相逢,岂料怜公又哭公。
此后苦心谁识得,黄泥岭上数株松。

一枝乌桕色犹鲜,尺纸能售价百千。
君我有才招世忌,谁知天亦厄君年。

哭君归去太匆忙,朋友寥寥心益伤。
安得故人今日在,尊前拔剑杀齐璜。

北京旧有一种风气,有钱有闲自命风雅的人,常常邀集画家小饮,预先备齐纸笔颜料,临时请求画一手卷或一条幅,首先动笔的,算是这幅画的领袖,在报上发表姓名,照例是列在第一。陈师曾逢到这种场面,总是毫不谦逊,拿起笔来,首先一挥。有的人很不满意,不是脸色有点难看,就是嘴里有点噜苏,陈师曾一概不管,旁若无人,依然谈笑风生。自从陈师曾死后,他觉得师曾生前的豪情逸兴,已是无人能及,更是怅惘之极,曾有《对菊忆师曾》的诗道:

往日追思同饮者,十年名誉扬天下。
樽前夺笔失斯人,黄菊西风又开也。

他们两人作画的旨趣，原是十分相同，互相切磋，相得益彰。陈师曾指正他的地方很多，他都遵从，逐步地改变了。陈师曾也很虚心采纳他的意见，并不自以为是。他有诗道：

　　君我两个人，结交重相畏。
　　胸中俱能事，不以皮毛贵。
　　牛鬼与蛇神，常从腕底会。
　　君无我不进，我无君则退。
　　我言君自知，九原毋相昧。

看了他这首诗，可以知道他们两人的交谊了。十一月十一日，他的副室胡宝珠，又生了个男孩，取名良巳，号子泷，小名迟迟，这是他的第五子。

他的第三子良琨，这几年跟他学画，画得很有功力，在南纸铺里挂上了笔单，卖画收入的润资，每月也很可观。他有诗云：

　　吾儿能不贱家鸡，北地声名父子齐。
　　已胜郑虔无子弟，诗名莫比乃翁低。

自注云："如儿同居燕京七年，知画者无不知儿名，以诗警之。"又题画诗前小引云："如儿画红蜻蜓，余补碧荷，戏题，任意所言，非有王家誉子癖也。"诗云：

　　款款轻云风日和，写生狗子笔无讹。

胭脂自入诸君眼,化作蜻蜓下碧荷。

他的三儿媳张紫环,是张仲飏的女儿,能画梅花,也已出了点名声。他题她的画,也有一诗道:

世人欲笑汝顽痴,炊爨余闲笔一支。
何必一家都好事,苦辛惟有百梅知。

他的三子良琨夫妇俩,凭着一支笔,靠着卖画,足可自立谋生。他因高岔拉房屋不够宽敞,托人在宣武门内象坊桥找到几间房子,命良琨夫妇分居另度。在他六十二岁那年(一九二四年甲子)八月初,他给良琨一百元迁移费,良琨就搬了过去。他的门人瑞光和尚进了城,在广安门内莲花寺住持,他画了一幅《短檠》图送去,题诗道:

经午懒不出门行,布袜无尘足垢轻。
犹有前因未消灭,莲花寺里佛前灯。

有一次,瑞光到他家说:"前清同光间赵㧑叔、德砚香诸君,画笔不同凡俗,人称西城八怪。"他说:"这样看来,我和你,也许能算西城两怪,可惜凑不上许多人。"瑞光想了想,接着说:"冯臼厂也是住在西城,加上了臼厂,就成了三怪了。"冯臼厂知道了,请他画了一幅《西城三怪图》,他题诗道:

闭户孤藏老病身，那堪身外更逢君。

扪心那有稀奇想，窃恐悲庵暗笑人。

在当时，提起了西城三怪，知道的人是很多的。

第二年（一九二五年乙丑）正月，他的湘潭同乡宾恺南到了北京，他在家里设筵招待，邀了几个旅京的同乡作陪。宾恺南是光绪癸卯科的解元，名玉瓒，近年喜欢研究佛学。席间，谈到了作画刻印，大家都说他比在家乡时，又稳稳地迈进了一步，传名后世，定可无疑的了。有一同乡对他说："你的画名，已是传遍国外，这是前无古人，了不起的光荣。日本是你发祥之地，离我们中国又近，一苇可航，来往极为便利，你何不亲自去游历一趟，顺便卖画刻印，保管名利双收，饱载而归。"他听了，却笑笑说："我定居北京，快达九个年头啦！近年在国内卖画所得，足够我过活，不比初到京时冷清清地无人问津的情形了。我现在饿了，有米可吃，冷了，有煤可烧，人生贵知足，糊上嘴，冻不着，就得了，何必要那么多钱，反而自受其累呢！"宾恺南在旁听了半天，插言道："濒生刚才说的几句话，大有禅理，很可以学佛了。"接着，就跟他谈了许多禅理，说是学佛的门径。宾恺南住在西四牌楼广济寺，他去回访，恺南又送了他好几种佛经，劝他学佛。他原是不信佛的，尝有《某生二月十九日祷于观世音菩萨》诗，句云："大士由来不可知，荒唐传说诞生期。"宾恺南的话，他不过姑妄听之而已。

二月底，他生了一场大病，七昼夜人事不知，只剩下一口游气，在鼻子里微微地进出。等到苏醒过来，同瘫痪似的，满身无力,躺在床上,足足养息了一个多月,才能起坐。他对人说:"昏迷才醒的时候,觉得去死不远,自己忽发痴想,六十三岁的火坑,是不是就算跳了过去啊?"他这场病,确是病得相当厉害,只因他向来非常达观,对于生死关头,看得稀松平常,所以病亟时自己也并不着急。有人说他涵养功夫很深,足为日后长寿之征。那年,梅兰芳正式跟他学画草虫,学了不久,画得已非常生动。不过梅兰芳的家里,他却并不常去,因为梅兰芳交游广阔,家里常有宴会。那时的风尚,宴会多在晚上,他是要早睡的,也就不能奉陪了。梅兰芳的书室"缀玉轩"里,经常备有册页、佳墨和精致颜料等,预备客人们随手挥毫,留作纪念的。他作画向极慎重,有了腹稿,总要斟酌再三,才能动笔,所谓"急就章",他是办不到的,所以在梅兰芳那里,客人们随手挥毫,他也只有敬谢不敏而已。至于他的草虫,据别人说,是从长沙一位姓沈的老画师处学来的。这位老画师画草虫是特有的专长,生平绝艺,只传女儿,不传旁人。他结识了老画师的女儿,才得到了老画师画草虫的底本,他的草虫,后来就画出了名。这大概是光绪二十五年(一八九九年己亥)的事。他在六十岁时(一九二二年壬戌),从家乡回京,带来了早年画的草虫稿本,人家就纷纷请他画草虫了。他的《壬戌杂记》里有一篇短文说:"余十八年前为虫写照,得七八只。今年带来京师,请樊樊山先生题记,由此人皆见之,所求者,无不求画此数虫。因自嘲云:折扇三千纸一屋,求者苦余虫一只。后人笑我肝肠苦,除却写生一笔无。"他画的草虫,确是有笔有墨在写生,不是一味地专在纤巧工致方面用功夫,像"描花样"似的没有生气。

天趣匠心：齐白石自述

湖南衡山人方舟，字白雾，一字伯雾，一九二一年（民国十年）来京，原是艺术专门学校的高材生，画花鸟已能渐露头角。方舟思想进步，那时正在秘密地做地下的革命工作。他对于这样一位有志的青年同乡，很是器重，时常又鼓励又爱护地关心照顾。方舟也钦佩他的德高艺精，常到他家去请教。那时正是北洋军阀张牙舞爪、飞扬跋扈的时候，他怕方舟暴露了形迹，或将发生意外，劝说他随时随地，必须特加小心，特在方舟画的小雀画幅上题诗道：

小雀！小雀！
有翅有脚，可飞可跃。
有水可饮，有虫可啄。
何得汝渴，何得汝饥。
大江浩荡山崔巍，四面网罗勿乱飞。

诗后附有跋文云："乙丑秋，题画小雀画幅诗，书补此幅之空。伯雾画，白石山翁题。"又题方舟画的另一幅花鸟图，诗云：

几曾闲眺出宣城，城外人家集鸟群。
世有雕笼逊泉石，羽毛堪取慎飞鸣。

诗后亦有跋文云："宣武门外，有买卖鸟雀为业者，谓为鸟厂。"下加款识云："齐白石题方白雾画。"他爱护青年的深情厚意，在这字里行间，可以看得出来。方舟临过他一幅《鼠偷灯油

图》,他在画上题道:

夜夜倾灯我欲愁,寒门能有几钱油。
从今冒黑扪床睡,沉睡犹防啮指头。

诗后也有一段小跋,写的是:"甲子自题画幅诗,乙丑冬十月,伯雾持此求题,即书旧句。白石。"他的诗意,仍未忘掉幼时家贫,灯盏缺油的情事,而讽刺鼠窃之辈,是有弦外之音的。"啮指头"更有须加警惕的远见,都是对于方舟,不厌其烦地谆谆告诫。方舟的画,他题的很多,足见他奖掖青年,确是乐此不疲。

空泣思亲血

齐白石六十四岁那年（一九二六年丙寅）的春初，回南探亲，到了长沙，恰值湘潭附近战事正很激烈，道路已阻塞不通。他在长沙耽了几天，无法前进，只好折回北京，已是二月底了。他因此次南下，离家乡只有百里，不能一见父母，心头十分惆怅，写了一首题为《渔翁》的诗，以寄感慨。诗道：

江滔滔，山巍巍，故乡虽好不易归。
风斜斜，雨霏霏，渔翁又欲之何处？
桃源在，人民非。

到了三月十五日，他接到长子良元的信，说他母亲病得相当严重，恐怕不易见好，要他汇钱回去，预备后事。这封信，在路上耽搁了不少日子，才到北京，他有《得家书挥泪记书到之迟》的一首诗：

夕阳乌乌正归林，南望乡云泪满襟。
家报乍传慈母病，可猜疑处更伤心。

那时湘鄂一带的战火,愈见弥漫,乡间的盗匪,乘着南北大战的时机,闹得更是厉害,形势更加吃紧。他既不能插翅飞去,没有办法,只能先汇了点钱回去。他定居北京以来,转瞬已是十年,这十年之间,天天作画治印,从没间断过。此番汇款之后,心上总是惦记着母亲的病,又没再接良元的信,连忧带急,已没有心绪伏案构思,把任何事情,都停顿下了。隔了一个多月,四月十九日那天,他才续接良元的来信,得知他母亲于三月初得了病,延至二十三日故去,享年八十二岁。他母亲弥留时,再三地问他回来了没有,还说:"不能再等他了!"他看到这里,伤心到了极点,眼泪止不住地直淌下来。既是无法奔丧,只得在京寓成服。他做了一篇《齐璜母亲周太君身世》的哀启式文章,末后有几句说:"愿兵乱稍息,纯芝匍匐还乡,买山下穴,扶榇安葬。"他原是至性过人,遭此不幸,有家归未归,他这颗忧忿纷乱的心,叫他怎么能平静下去呢?

他遭了母丧,正在伤心之时,不料又遭逢了大故。七夕那天,他又接到长子良元来信,说他父亲于六月初,得了寒火重症,隔了几天,病情有了转机,已能略进饭食,以为养息些时,可以复原,忽然病又反复,其势极为凶险,东西难于下咽,看去危在旦夕。他得信后,心想父亲已是八十八岁的人,母亲又已故去,家里虽有他的妻子陈春君照料,自己总想回家去看看,才觉放心。无奈湘鄂边境,北洋军阀,正在做困兽之斗,无论如何是通不过去的,想往广东绕道再进湖南,听得广东方面,大举北伐,沿途兵车十分拥挤,也是不易通行。他株守北京,干巴巴地着急，想不出一点办法来。直到八月初三夜间，良元又寄来快信，他猜想消息不一定是好的，心里头扑腾扑腾地跳个不停，急忙拆信一看，他父亲已于七月初五日申时逝世。他哭了半天，也就在京成服。在这一年之内，他连遭父母两丧，真有点万念俱灰，作了一首诗道：

十载思儿日倚门，岂知百里即黄泉。
今朝空泣思亲血，龙背横骑向紫云。

诗后附注云："紫云山下脉一小山，蜿蜒横于紫云山前名曰细龙背上，吾母横葬于龙背，墓向紫云山。"他亲到樊樊山那里，面求为他父母各写墓碑一纸，又各作象赞一篇，按照樊樊山的卖文润格，送去一百二十元的笔资。那年冬天，他在辟才胡同西口内迤北，跨车胡同十五号，买了一所住房，离高岔拉很近，相距不过百来步的路，就在年底，搬了进去。

《 第二辑 齐白石的一生 》

讲坛生涯

一九二七年,齐白石六十五岁。他所器重的一位同乡青年方舟,于四月二十六日被军阀所杀害,年仅三十一岁。他得知消息,郁郁不乐了好几天。他题方舟的遗画,有云:"此小帧,方伯雾所画。其亲属请余补款,且言曰,克罗多先生曾见过,最称许之。余知克罗多好大写,喜之无疑矣,因题记而归还。"他题方舟的另一幅遗画道:"方伯雾,非余门人也,然所作画,尝呈余论定。自去年五六月间,绝迹不见,余以为将自大闻,伯雾没世,余始知不作画年余矣。丁卯秋八月,伯雾亲属请余题,余记之。"方舟在艺专学习的时候,他尚未到艺专去任教,这两年方舟虽常到他那里,向他请益,但没拜门,所以他们二人,确没有师生关系。方舟的遗画,第二年有人给印了出来,他在卷前,题了一首诗道:

如尘心细见毫锋,苦力求工便得工。
寄语九泉须自惜,不应忘却寄雕虫。

他认为方舟的画是有前途的,叹息这样一位有为的青年,死得太早，语重心长，情见乎词。

那年秋天，国立北京艺术专科学校校长林风眠，请他去教中国画，他自问是个乡巴佬出身，从小读书很少，到学校里去当教员，恐怕不容易搞好。起初，他竭力推辞，不敢答允。林风眠和许多朋友，再三劝驾，说他不妨先去试试，他无可奈何地允着去了，心里还不免多少有些别扭，担心自己教得不好，弄出笑话来。想不到上了几堂课后教的成绩很不错，校长和同事们，都很推重他。有一个法国籍的教师，名叫克罗多，是教西洋画的，对于中国画，很喜欢研究，和他更是谈得来，曾经对他说过，自从航海东来，接触到的画家，不计其数，无论中国、日本、印度、南洋，画的令人满意的，他算是头一个。这位外国教师非常恭维他，学生们对他也是十分钦佩，上课时专心听他讲，看他画，他就很高兴地教下去了。他也常说："得与克罗多先生谈，始知中西绘画，原只一理。"他对于西洋画，也懂得了些内中精义，从不存着门户之见，盲目地去反对的。

他所画的东西，以日常能见到的为多。认为凡是眼睛里从没有见到过的，总是虚无缥缈，画得虽好，不切实际。他曾说："凡大家作画，要胸中先有所见之物，然后下笔有神。故与可以烛光取竹影，大涤子居清湘，方可空绝千古。"又说："为万虫写照，为百鸟传神，只有鳞虫中之龙未曾画过，不能大胆为也。"他还有一首诗，写在画的葫芦画幅上面。道：

涂黄抹绿再三看，岁岁寻常汗满颜。
几欲变更终缩手，舍真作怪此生难。

他以为不画常见的而去画不常见的,那就是舍真作怪了。舍去了真的,而去作怪,他是一辈子不愿去干的。但他画实物,也不主一味地死求形似。刻意求似,一定是索然无生趣,能在不求似中得似,才能显出神韵。他说:"作画妙在似与不似之间,太似为媚俗,不似为欺世。"又说:"作画贵写其生,能得形神俱似,即为好矣。"他题画虾诗,有句说:"写生我懒求形似,不厌声名到老低。"因为他不求死板板的形似,所取的意境较高,就不为俗人所喜,他也不愿强合人意,自题画佛手柑诗说:"我亦人间双妙手,搔人痒处最为难。"另有题画墨牡丹的六言诗,末两句说:"至死无闻人世,只因不卖胭脂。"他是决不肯随波逐流,而且也不愿和人争名。他作画向来反对宗派拘束,常说:"吾画不为宗派拘束,无心沽名,自娱而已。"他的画,总要写出真情实景,不是光拿宗派来骗人的。他最反对死临死摹,尝在诗后附注道:"古之画家,有能有识者,敢删去前人窠臼,自成家法,方不为古大雅所羞。今之时流,开口以宋元自命,窃盗前人为己有,以愚世人,笔情死刻,尤不足耻也。"又说:"匠家作画,专心前人伪本,开口便言宋元,所画非所目见,形似未真,何况传神?为吾辈以为大惭。"又说:"凡画木本,须留心树木之枝干,若专摹古今画中之树木,一染画家习气,至老不能删除也。余无画家习气之病。"他题山水画诗云:

　　山外楼室台外峰,匠家千古此雷同。
　　卅年删尽雷同法,赢得同侪骂此翁。

清初"四王"一派的山水画,他是极端不赞成的,尝有题记说:

"余画山水二十余年，不喜平庸。前朝以青藤、大涤子外，虽有好事者论王姓为画圣，余以为匠家作。"大涤子的作品，他却是很崇拜的，有诗说：

绝后空前释阿长，一生得力隐清湘。
胸中山水奇天下，删去临摹手一双。

又云：

皮毛袭取即工夫，习气文人未易除。
不用人间偷窃法，大江南北只今无。

他认为死临死摹，不过袭取前人的皮毛，实际是偷窃而已。要是没有创造，哪能显露出自己的个性，所以他题山水画的诗，又曾说过：

理纸拈毫愧满颜，虚名流播遍人间。
谁知未与儿童异，拾取黄泥便画山。

他时常对学生们细讲这种道理，总说各人有个人的个性，不要忘掉了自己。他题学生的画册，曾说：

深耻临摹夸世人，闲花野草写来真。
能将有法为无法，方许龙眠作替人。

这句"有法为无法"的话,确是千古不易之论。"有法"是先求形似,"无法"是跳出形似的圈子,从不似中求似,那就笔致超脱,不落前人的窠臼了。他也常劝学生们不要一心地学他,说道:"吴缶庐尝与吾之友人语曰:小技拾人者则易,创造者难,欲自立成家,至少苦辛半世,拾者至多半年可得皮毛也。"又云:"学我者生,似我者死。"他还题过学生的画幅,诗道:

布局心既小,下笔胆又大。
世人如要骂,吾贤休害怕。

他鼓励学生要有创造性。

那时,北洋军阀正当没落时期,北京政府的一般大小官僚,暮气沉沉,比着前清末年,更是变本加厉。这些懒虫们,每天到了午后,才能起床,匆匆地到署,也不办理什么公务,随随便便地闲聊一会儿,名目叫作"上衙门",因为下午才去,所以又叫"晚衙门"。早衙门是没有人到的。这样的上衙门,也耽不了多大工夫,就纷纷散了。晚间,才是懒虫们活跃的时候,酒食征逐之外,继以嫖赌,不到天明不归,最早亦须过了午夜,方能兴尽。这批懒虫们,几乎个个都是如此,白天不办正事,早晨专睡懒觉,简直成了普通的风气,他哪里能看得上眼,特地画了两幅鸡,题诗道:

一生消得几清晨,朝气还钟早起人。
天下鸡声君听否,长鸣过午快黄昏。

又云:

273

> 人正眠时不必啼，锦衾罗帐正双栖。
>
> 佳禽正好三缄口，啼醒诸君日又西。

这样的腐败习气，当然不会持久不败，一九二八年的初夏，北洋军阀垮台后，北京政府也就倒了下去。这般懒虫似的官僚，也就跟着树倒猴儿散了。因为"国都"定在南京，北京改称北平。艺术专门学校改称艺术学院，由徐悲鸿担任院长，他仍蝉联执教，名义却改称为教授。他常常开玩笑似的对人说："从前铁匠张仲飏，当过湖南高等学堂的教务长，现在我这个木匠出身的，也当上了大学教授，这都是我们手艺人出身的一种佳话。"九月初一日，他副室胡宝珠生了个女孩，取名良欢，乳名小乖。他长子良元，从家乡来到北京，探问他起居，报告了许多家乡方面的消息，他五弟纯隽，在这次兵乱中死去，年五十岁。他听了很觉凄然，画了一幅画，题诗道：

> 惊闻故乡惨，客里倍伤神。
> 树影歪兼倒，人踪减复存。
> 西风添落叶，暮雾失前村。
> 远道怜儿辈，还来慰老亲。

作客在外，又是老年暮景，怀乡之念，当然情所难禁，何况骨肉凋零，更不得不加倍伤神的了。他的《借山吟馆诗草》，是那年秋天印成的。

张园留像

齐白石六十八岁时（一九三〇年庚午），他的二弟纯松，在家乡死了，比他小四岁，死时年六十四岁。他同胞兄弟六人，只存三弟纯藻、四弟纯培两人，连他剩了半数。老年兄弟，友于之情，自必更深。他于纯松之死，心里也就伤感得很。他知道我是桐城吴北江（闿生）夫子的学生，画了一幅《江堂侍学图》送给我，画上面题了两首诗，其一云：

雪深三尺立吴门，侍学江堂今写真。
继起桐城好家法，精神直为国追魂。

原注："湘绮师云，诗文为中华之魂魄。余句云，文章废却国无魂。"其二云：

君家名父早知闻，湘绮门墙旧梦痕。
华发三千同学辈，几人有子作文人。

他奖掖后进的热诚，真是情见乎词。他又很重视世谊，和先父的关系，也是念念不忘。足见他的为人，敦厚诚挚，十分令人感动的。

次年（一九三一年辛未）正月二十六日，樊樊山逝世于北平，他得讯后，亲自去吊唁。樊樊山是他谈诗的知己，他在西安认识以后，文字往来，相得甚欢，一旦死别，悲悼之怀，也是难于形容。曾有诗道：

御风乍到大乘坳，坐上少文诗兴豪。
鸡唱月斜人战栗，一丛庭竹冷萧萧。

似余孤僻独垂青，童仆都能辨足音。
怕读赠言三百字，教人一字一伤心。

诗前小引云："读樊山老人诗，甚感佩，是夜梦见樊君，醒后得二绝句哭之。"他还亲自刻了一方石章："老年涕泪哭樊山。"他的副室胡宝珠于三月十一日又生了个女孩，取名良止，乳名小小乖。她的姊姊良欢，原来乳名叫作小乖，添了良止，就称作大小乖。

那年夏天，他在我家张园，住了些日子。我家张园，在左安门内新西里三号，原是明崇祯初年袁崇焕的故居，有听雨楼古迹，袁崇焕亲笔所写"听雨"两字的石刻，至今移存在袁的墓堂之内。这样一座名人的故宅，清朝二百多年之间，竟没有人注意及此，在清末，已废为民居，墙垣东倒西歪，房屋七零八落，萧条的景象，简直不堪瞩目。先君篁溪公，民国初年发现了这块地方，为保存忠烈遗迹起见，出资购置，修治整理，种了不少花木，附近的人，称之为张园。这个地方，虽稍偏僻，但风景很是幽秀,虽在城市,大有山林的意趣。西边是天坛,密密丛丛的柏树,站在门前望去,一片苍翠欲滴,好像近在咫尺。逢到晴和的天气,还能远远地看见西山的山峰,此伏彼起,高耸云际。远山近林,真是一幅天开的画屏,令人百观不厌。到了雨过天晴的时候,落照残虹,在天空堆成很多景色,映得似绮如锦,美妙得难以尽言。附近围绕着小溪,还有好几个池塘,三面临水,宛在水的中央。春夏水涨,一碧无际。而且池塘内游鱼来去,清冽可数。溪边多是人家的园地,略略有些田塍,种上了庄稼,稻陌蔬圃,豆棚瓜架,三三两两,点缀成水乡风景,好像到了江南。先君在世时,屡次约他去玩,他也很喜欢那个地方,常说:"这样的景色,北方是很少见到的,何况在这万人如海的大都市里呢?"我同先君为了让他好好地在那里消夏,特把后跨院西屋三间,留给他住,还划了几丈空地,由他莳花种菜。他非常高兴,写了一张"借山居"横额挂在屋内。那时,我的两个弟弟:仲葛、仲麦,都不到二十岁,正值暑期放假,陪着他在附近闲步。扑到了蝴蝶,捉到了蜻蜓,都给他做了绘画的标本。清晨和傍晚,还一起观察草丛里虫豸跳跃,池塘里鱼虾游动,也都做了他笔下的资料。他当时画了十多幅草虫鱼虾,都是在那里实地取材的。他画了一幅《多虾图》,许许多多的草虾,丛集在一处,多而不乱,生动得很,简直同水里的活虾一样,看着有悠闲的意趣。他说这幅《多虾图》,是他生平画虾最得意的一幅。他画成之后,挂在借山居的墙壁上,画上附有题辞道:"星塘,余之生长处也。春水涨时,多大虾,余少时以棉花为饵戏钓之。迄今越六十年,故余喜画虾,未除儿时嬉气耳。今次溪仁弟于其尊人篁溪学长之张园内,分屋数楹,田数丈与余为借山居,余画虾张之素壁。"又在先父旧有的《张园春色图》上面题诗云：

　　四千余里远游人，何处能容身外身。
　　多谢篁溪贤父子，此间风月许平分。

张园他来过好多次，要算这次住得最感兴趣。先君逝世后，园址又渐见荒芜，我为保存袁崇焕古迹起见，于一九五八年，征得舍弟同意，把这所房地，捐献给政府，今归龙潭公园管理。

　　袁崇焕故居内，旧有一幅袁的遗像，画手的姓名，虽已湮没无考，但画笔却是很好，他曾临摹了一幅。在故居的北边，相距不远的地方，有一座袁督师庙，也是先君为了纪念袁崇焕，出资修建的，相传庙址是袁崇焕当年驻军之所。东面是池塘，池边有篁溪钓台，是先君守庙时游息的地方，他和先君在那里一起钓过鱼，还同他的弟子瑞光和尚合作画过一幅《篁溪归钓图》，题诗云：

　　竹绕渔村映晚潮，西风黄叶渐萧条。
　　篁溪日暮持竿去，芦荻闲洲路未遥。

庙的邻近，原有法塔寺，寺已废圮，塔还屹峙在大道的旁边。塔的北面为太阳宫，内祀太阳星君，早先每逢三月十九日太阳生日，家家用糕祭太阳，名曰"太阳糕"。实则三月十九日是明朝崇祯帝殉国的日子，明朝的遗老，在清朝初年，悼念故国旧君，托名太阳，太阳是暗切明朝的"明"字。这个祭太阳的故事，与清朝兴亡相终始，一直沿袭了二百多年，到民国初年，才无形罢祀，最近连太阳糕都很少有人知道的了。袁崇焕的坟墓，在太阳宫的东北,每年春秋两祭,我们广东同乡,照例扫墓,先君是每届必到,也曾邀他去参拜过的。附近有万柳堂、夕照寺、卧佛寺等名胜,他同先君和我,都曾去游览过。夕照寺内墙壁上,有陈崧画的松树,笔法苍秀高古,他每去总要留连很久。卧佛寺,相传《红楼梦》著者曹雪芹在家道中落之后,一度在那里住过,大概在迁居京西香山的前几年。他慨叹曹雪芹的身世,曾经根据我作的诗,画了一幅《红楼梦断图》。我的诗是:

  都护坟园草半漫,红楼梦断寺门寒。
  千秋绝艳冰霜笔,留与人间带泪看。

  废刹只余殿角鸱,百年剥落叩残碑。
  金身冷卧词人渺,倦鸟归栖耐冻枝。

  半生未展入时眉,隔世今偿歧路悲。
  地下吟魂应一笑,有人为赋阐幽诗。

  少耽诗酒花中醉,晚寄荒村一饭难。
  隽语百年消歇尽,才名一日九洲刊。

  荒园颓壁市南街,废址难寻玉篆牌。
  往事一场金粉梦,黄泉忆否断瑶钗。

这幅图他画得很是经意。他在图上,也题了一首诗:

> 风枝露叶向疏栏,梦断红楼月半残。
> 烽火称奇居冷巷,寺门萧瑟短檠寒。

诗前有小引云:"辛未仲夏,与次溪仁弟同访曹雪芹故居于京师广渠门内卧佛寺,次溪有句,余取其意,为绘《红楼梦断图》兼题一绝。"

我的诗并不好,承他大为称许,可惜他送给我的这幅图,我后来不慎丢失了。他的第五子良已默想他的笔意,给我补画了一幅,把他原题的诗和跋语,都照录在上面。良已家学渊源,真不愧为名父之后。他给舍弟仲葛画的《葛园耕隐图》,题了两首诗:

> 黄犊无栏系外头,许由高逸是同俦。
> 因君仍想扶犁去,那得余年健似牛。

> 耕野帝王象万古,出师丞相表千秋。
> 须知洗耳江滨水,不肯牵牛饮下流。

《张园春色图》和《多虾图》,今存中国历史博物馆;《葛园耕隐图》今存广东省博物馆。他在张园时,画了不少画,还把他的照相留在借山居墙壁上,题了一首《示后裔》的诗:

> 衡湘空费卜平安,生既难还死亦难。
> 后裔倘贤寻归迹,张园留像葬西山。

他对我说,这诗可以算作他的预嘱。

东望炊烟疑战云

那年九月十八日，日本军在沈阳无故寻衅，大规模发动侵略。齐白石在第二天早晨，看了报载，心里非常气愤。很多人因为华北处在国防最前线，平津形势岌岌可危，劝他早作准备，避地南行，图保安全。他却答道："东北军的领袖，现驻北平，倘不率领部队，打出关外，收复失土，专以不抵抗为苟安之计，只恐亡国之祸，迫在眉睫了。古人常说，吾能往，寇亦能往，大好河山，万方一概，哪里算是乐土呢？七十之年，草间偷活，还有什么可留恋的呢！"他那时看了报载的东北消息，一天坏似一天，终日长吁短叹，情绪很是激动。重阳那天，他同黎松安登上宣武门城楼，东望炊烟四起，好像遍地是烽火，两人各有满腹感慨，只是谁都说不出来。宣武门的瓮城，正在拆除，他们在城楼游览了一会儿，算是应了重阳登高的节景。有人说他兴致还好，否则就不会有闲情去登高，他苦笑着答道："古人登高，原是为的避灾，国难当头，大灾在前，我们盼望早日转危为安，牵缀上登高，倒也并不是毫无意义。"当时他作了两首诗：

百尺城门卖断砖,西河垂柳绕荒烟。
莫愁天倒无撑著,犹峙西山在眼前。

东望炊烟疑战云,西南黯澹欲黄昏。
愁人城上余衰草,犹有虫声唧唧闻。

他第一首诗的"百尺城门卖断砖"是说那时的北平当局,利用拆除瓮城,大卖城砖,得利自肥。末两句所说"莫愁天倒无撑著,犹峙西山在眼前",是因为有些头脑不很清楚的人,妄想倚赖国联调查团的力量,抑制日本军阀的侵略,这是与虎谋皮,决不是靠得住的。他第二首诗的"西南黯澹欲黄昏",是指的南京政府已到了日暮途穷的地步。这两首诗,针对那时朝野的心理,作了有力的讽刺。他预备身后所用的寿材,已从湖南家乡运到了北平。他趁宣武门拆城,出卖城砖的机会,买了许多拆城留下来的旧石灰,运回家来,雇人捶成细末,说是在他死后,装进棺材里用的。他是把北平当作第二家乡,用这石灰,表示死也不忘北平的意思。他又把石灰放存了一些,据他说,是止牙痛用的。

那年,他得了第一个曾孙,是他长子良元的次子所生,取名耕夫,他已是四代同堂的了。他自担任艺术学院教授,又兼教京华美术专门学校课程,除了艺院和京华美专两校的学生以外,以个人名义拜他为师的,也很不少。他的方外门生瑞光和尚,在他门弟子中,是个杰出人才,他也认为是他的得意高足。十几年前,也是逢着重阳节,北京的许多名流,在德胜门内积水潭汇通祠登高雅集,瑞光也被邀参加,当场画了一幅《寒碧登高图》,

诸名流都有题咏，瑞光的画名，也就远近皆知了。京华美术专门学校校长邱石冥，是他的学生，他推荐瑞光去任教，邱石冥表示十分欢迎。只因京华美专是私立学校，权力操在校董会手里，有一个姓周的校董，原是一个北洋军阀遗留下的腐败官僚，不知为了什么原因，竭力反对，邱石冥不能做主，只得作罢。他对于这件事，心里头很不愉快。

同时，还有两人，都是英俊少年，拜他为师。一是赵羡渔，名铭箴，山西太谷人，是个能诗文刚出校门的大学生，书底子很不错，正在整理仪征刘申叔的遗著。他赠诗给羡渔，说：

三绝知名一见迟，相逢下拜却非痴。

感君愿绣平原像，明日成都自卖丝。

一是方问溪，名俊章，安徽合肥人，祖父方星樵，名秉忠，和他本是相熟的朋友，是个很著名的昆曲家。问溪家学渊源，也是个戏曲家兼音乐家。京剧名伶杨隆寿之子长喜，是问溪的姑丈，梅兰芳的母亲，是杨长喜的胞妹，问溪和兰芳是同辈的姻亲，可算是梨园世家。羡渔、问溪两人，和我也素识，那时我正替他编订诗稿，又给他记录自述的传记，常到他家去，因此和羡渔、问溪二人时时见面。可惜方问溪拜入他门墙，只有十来年就死了，墓在陶然亭旁边，后来他还同我去凭吊过。

门虽设而常关

齐白石早年写过一首诗：

青藤雪个远凡胎，老缶衰年别有才。
我欲九泉为走狗，三家门下转轮来。

青藤是徐渭，雪个是朱耷，即八大山人，老缶是吴昌硕。他对于这三人的作品，钦佩得真是五体投地。他又有题记云："青藤、雪个、大涤子之画，能纵横涂抹，余心极服之，恨不生前三百年，或求为诸君磨墨理纸，诸君不纳，余于门之外，饿而不去，亦快事也。"大涤子，即石涛和尚，释名道济。他又有《题大涤子画像》诗云：

下笔谁教泣鬼神，二千余载只斯僧。
焚香愿下师生拜，昨夜挥毫梦见君。

他对于大涤子，也是十分崇拜的。他的得意门生瑞光和尚，一生画的山水，专摹大涤子，平日论画，和他志同道合。拜他为师后，常说，学了齐老师的笔法，才能画出大涤子的精意。他题瑞光画的《大涤子作画图》诗，也说：

有礼狂涂亦上乘，瑞光能事欲无能。
画人恐被人为画，君是他年可画僧。

又题瑞光画的山水云：

画水钩山用意同，老僧自道学萍翁。
他年如有人知识，不用求工即是工。

他们师生二人，总是这样互相推重，可算得艺术缘深了。他七十岁时（一九三二年壬申），刚过了春节，正月初五日，瑞光和尚园寂了，年五十五岁。他得讯后，觉得少了谈艺相契的人，可惜得很，到莲花寺里哭了一场，回来仍是郁郁不乐。

这几年，他卖画教书，刻印写字，收入很是可观，只是想起年已七旬，风烛残年，还有多少日子可活，何必再孜孜不倦地为衣食劳累，就自己画了一幅《息肩图》，题诗道：

眼看朋侪归去拳，那曾把去一文钱。
先生自笑年七十，挑尽铜山应息肩。

他画此图时，本想从此息肩，不再笔墨劳累，却因事与愿违，慕名请教的，仍是接踵不绝，他只得靠着双手，照常地工作下去。刻了几方印章——"老为儿曹作马牛""苦手""有衣饭之苦人"，聊以解嘲。当时，冒他名姓，造作假画的人很多，他也刻过两方石章，一为"有眼应识真伪"，一为"吾画遍行天下伪造居多"，又自刻了一个指纹印章，再刻了钢印的暗记，可是假画愈出愈多，依旧不能杜绝。他有诗自慨道："加题左右支吾字，自恐他年认不真。"因为外边伪造他画的很多，使得许多人不敢收藏他的画。他尝在册页上题道："白石之画，从来被无赖子作伪，因使天下人士不敢收藏。"又有买画的人，惟恐买到的是假画，常去请他鉴别真假，有的还请他加写题记，他真有点不胜其烦，感慨地说："从我的屋子里拿出去的画，才不会有假的。"他给人家题过一本册页说："予之画，从借山馆铁栅门所去者无伪作。世人无眼界，认为伪作，何也？"他对于伪作，实是痛恨之极。朋友中也有叫他白画，使他厌烦的，他写过一诗：

去年相见因求画，今日相求又画鱼。
致意故人李居士，题诗便是绝交书。

他向来是有啥说啥，不做无谓周旋的。

自从辽沈沦陷，锦州又告失守，战火迫近榆关、平津一带，谣诼四起，富有之家，纷纷南迁。北平城内，人心浮动，很有朝不保夕之势。敌方的军事人员和特务分子，时常川流不息地来到北平，那时的政府当局，燕处危幕，视若无睹。他的画，在日本国内，本已很有权威，他的大名，更为某些敌方人士所耳熟能详。这些人来到北京，往他家慕名求见的很不少。有的设宴相邀，有的致送礼物，目的无非想和他拉上交情，随时要他作画刻印，白揩他的油。还有要求和他一起照相，更是想入非非，别有用意。他的画，本来外间假冒的很多，听说有一个敌方特务，想尽方法，骗着他合照了一回相，在北平用很低廉的价钱，搜集了冒充他的许多假画，回国以后，大肆宣传，说是和他交往得怎样亲密，把所有收来的假画，得了高价，全部卖了出去，居然发了一笔不小的财。这种卑鄙无耻的勾当，世界上真是无奇不有。他看着敌人的横行霸道，本已忿忿不平，知道有很多人想利用他，当然不会甘心去周旋。他常对人说："我虽是一个没有能力的人，多少总还有一点爱国心，假使愿意去听从敌方人员的使唤，那就对不起我自己这七十岁的年纪了。"他刻了一方"老岂作锣下猕猴"的印章，表示他的意旨。他还在无办法中想出一个办法：不分昼夜，把大门紧紧地关上，门里边还加上了一把大锁。不论白天黑夜，总是把门锁着。有人去访他，在门口拍他的门环，先由女仆问明了来人的姓名，进去告知，他亲自出来，在门缝中看清是谁，愿意接见的，才亲自开锁请进，不愿见的，就由女仆回说"主人不在家"，不去开门，丝毫不能通融。他说："这是不拒而拒的妙法，在这般人没有见着我之时，先给他们一个闭门羹，否则见了面，不便下逐客令，那就脱不掉许多麻烦了。"那时，他家既没有卫生设备，又没安装自来水，每天上门送水和掏厕所的（是北平居民住户日常生活的旧习惯）来了也须经过他亲自开锁，才得进去。他晚年雇用一位前清王府里遣散出来的太监做门房，门禁依旧是很严。

287

他锁门拒客，实在有他不得已的苦衷，但也引起很多人的不满。有人说他性情乖僻，不近人情，哪里知道他是深谋远虑的呢。为了此事，起先我也和他发生过误会。那时，我每次去见他，往往在门口，立候好久，要让他在门缝中看明白了，才叫我进去。有一次，我去叫门，他的女仆，说他不在家，他的小儿子跑出来又说他在家，我认为他存心回避，心里很不高兴，写信去质问他，口气很不谦虚。他回了我一封信，竭力解释说："吾贤昨日之来，是否因吾有电话请来者？若是得吾电话而来，是吾约来，何得不见。即未得吾电话，吾贤之来，必有诗文事件相商，吾亦不致拒绝也。从来忘年交未必拘于形迹，嬉笑怒骂，皆有同情，是谓交也。一访不遇，疑为不纳，吾贤非也。一函不复，猜作绝交，吾贤尤非。虽往还有年，尚不见谅老年人之心，猜疑之心长存，直谅之心不足，吾贤三思。要知吾之无望之小儿，信口答话，与应门之村妇，两不相符，不足怪也。是非何有也。"这原是我当初少年气盛，小题大做，回想起来，实在是很不应该。后来他见到了我，很诚恳地对我说："你又不是外人，下次来时，只要听到门内吾的脚步声音，你隔了大门，高声报名，我知道是你来了，就可开门请进，免得再伏在门缝上，悄悄窥探了。"说完，他和我都笑了起来。以后我去访他，通了姓名，他就开锁，让我进去，不比先前的啰嗦。可知他的以锁拒客，是因人而施，不是普遍的一概而论。

是不为非不能也

齐白石不多作山水画,因为他画山水,布局立意,总是反复构思,不愿落入前人窠臼。尝说:"山水要无人人所想得到处,故章法位置,总要灵气往来,非前清名人苦心造作。"又云:"山水笔要巧拙互用,巧则灵变,拙则浑古,合乎天。天之造物,自无轻佻浑浊之病。"他自题山水画幅诗:

乱涂几株树,远望得神理。
漫道无人知,老夫且自喜。

又有诗道:

松下远山圆,秋藤天上悬。
世人休骂我,我是画中颠。

他题友人画的山水,也有诗说:

> 老口三缄笑忽开，平铺直布即凡才。
> 庐山亦是寻常态，意造从心百怪来。

他是要"意造从心"，而不愿"平铺直布"，这种意境，是很高超的，可是懂得的人并不太多，而反对的人却很不少。他在题记中尝云："时流不誉余画，余亦不许时人，因山水难画过前人，何必为。时人以为余不能画山水，余喜之。"又云："余画山水，时流诽之，使余几绝笔。"又云："余画山水，绝无人称许，中年仅画借山图数十纸而已，老年绝笔。"又刻了一方印章："流俗之所轻也"。因为这种缘故，又因老年懒于多费神思，曾在润格中订明不再为人画山水，在这二十年中，画了不过寥寥几幅。尝对人说："世人只知我画花鸟草虫，不知我早年常画山水。我构思一图，力求超俗，不轻下笔，然而常常挨人的骂。五十岁后，就不愿再画了。"又在友人的画幅上题词道："予五十岁后不画山水，人以为不善。予生平作画耻摹仿，自谓山水有真别趣。居燕京十余年，因求画及篆刻者众，乃专应花卉，山水不画，是不为，非不能也。"他虽这样表示，但朋友们专诚去请他画山水，他高兴起来，有时也破例为之。当时我为他编印诗稿，代求名家题词，他答应各作一图为报，特意画了几幅。他为我的老师吴北江（闿生）画了《莲池书院图》，为杨云史（圻）画了《江山万里楼图》，为宗子威（威）画了《辽东吟馆谈诗图》，为赵幼梅（元礼）画了《明灯夜雨楼图》，为李释堪（宣倜）画了《握兰簃填词图》，都是由我介绍，以文诗换得的。《莲池书院图》是因为吴北江的尊人挚甫（汝纶），清末掌教保定莲池书院,所以画了此图,把莲池景物,画得恰到好处。他在画上题记云:"吾曾游保阳,至莲花池观莲花,池上有院宇,闻为挚甫老先生曾掌教,大开北方文气之书院也。去年秋,北江先生赠我以文,吾故画此图报之,以补挚甫老先生当时未有也。"吴北江回信给他说:"先君主讲莲池,十有余年,北方文化,由此而开。阎生髫龄随侍,钓游于此,至今一草一木,咸萦梦寐,恨不通绘事,莫能图写,以寄吾思。何意屈劳橼笔,成此名篇,不独莲花藤蔓,千古常新,而先君教泽,俨然犹可想见,且得海内第一流大师润色描摹,良足永垂不朽,阎生必当什袭藏示子孙,永为法矩。"他把吴北江的这封信,给我保存,留为纪念。《江山万里楼图》,画的是山峦起伏,水波无尽,危楼屹峙其中,气势极为雄伟。他题诗两绝,其一云:

锦鳞直接长天碧,点点螺鬟远黛昏。
咫尺江山论万里,开窗都属此楼吞。

其二云:

莫将成败论雄雌,一代才人佐出师。
诸葛计谋垂万古,隆中能有几诗词。

《明灯夜雨楼图》,却是另一作风,画的是秋树迷蒙,小楼隐约,楼窗作淡红色,明灯夜雨,一望可知。此图他三易稿始成,我得了他的弃稿,赵幼梅给我题了一首诗,中有几句说:

> 齐叟今之老画师，为我作画殊恢奇。
> 画成自谓不得意，竟欲拉杂摧烧之。
> 次溪爱画如性命，亟与藏弃勤获持。
> 画幅虽残神韵足，元气纸上犹淋漓。

其实这幅弃稿，画得也是很好，他还认为不满意，足见他是一笔不苟。《辽东吟馆谈诗图》和《握兰簃填词图》，点景布局，也都别出机杼，他也各有题诗。他还对我说，这几幅图，都是他精心结构而成，是他生平得意之笔。看起来，他的话是不会错的。先父看我时常代人介绍，虽说以文会友，无伤大雅，但恐作画劳累，老年人不甚相宜，因此写信给他，劝他少应酬，多休息。他复信说："承怜爱，不欲次溪世兄代人求画，甚感。璜平生所不愿为者，惟画图。十六年中，仅为雪庵和尚画《不二草堂图》，非无求者，实未应也。寄萍旧京十有六年，曾为几人画图哉！吾之润格，已载有不画图数语，古人有图者，不过数人。独次溪世兄邀求之，吾见其年少多才，偶而应之。其后世兄代璜求人题跋拙诗草，凡题者亦代许以画图为报，即此债主有四，未知何时可报答耳。"先父爱人以德，他却逾格垂青，现在想起来，真使我既感激，又惭愧了。

他的不画山水，有他独特见解，他说："画山水，胸中必须要有丘壑，非多经历名山大川，画出来一定很庸俗，其难远出草虫花卉之上。"又说："我画的《借山图》百幅，是六十岁以前，漫游南北诸省，亲眼看见的景物，不同于现在人所常说的文沈怎么样，四王怎么样，甚至说荆关怎么样。从前人有句老话，闭户造车，现在人却关了门造起山水来了。"他的画，原是有他的创造力，不是描头抹角，学这学那的。很多人却说他不守绳墨，堕入了魔道。他任凭别人讥讽谩骂，依旧吾行吾素，一概置之不理。这就显得他个性的强，立志的坚了。那年冬天，华北情势，益见吃紧，谣言传得更盛。他的门人纪友梅在东交民巷租得房屋，邀他去同住。他临去东交民巷之先，写了两首诗寄给我，题为"苦独诗示次溪"，其一云：

多病多忧涕泪横，危时患难想兵精。
诸君收泣筹戈戟，大事难为负络缨。
遗祸战争兹片土，坐视成败古长城。
榆关咫尺千余里，痛哭人民满旧京。

其二云：

偷活偷安老不然，鱼虾误我负龙泉。
还家短计愁春雨，得米晨炊乱晚烟。
世可埋忧无净土，身能成佛隔西天。
中虚知命为吾道，苦独还期二十年。

诗后附注云："料理迁居，忘其无米，使儿辈上市购归，日已夕矣，方食早餐。知命者谓吾命无子，不知何以言之矣。再活二十年，谓吾当活至九十余岁。"律诗是他晚年不常作的，那次却作得激昂慷慨，确是两首好诗。同时又作了两首绝句：

湘乱求安作北游，稳携笔砚过芦沟。
也尝草荠吞声味，不独家山有此愁。

不教一物累阿吾，嗜好终难尽扫除。
一担移家人见笑，藤箱角破露残书。

他在东交民巷住了几天，听得时局略见缓和，才又回了家。他住在东交民巷的时候，用了"苦独"诗的原意，改写了两首诗，末两句说："太平时日思重见，虚卜灵龟二十年。"他是何等殷切地盼望太平日子的到来啊！

≪ 第二辑 齐白石的一生 ◂

刻诗拓印

一九三三年,齐白石七十一岁。我替他编印的诗稿,那年出版,就是现在行世的仿宋铅字八卷本《白石诗草》。他在一九二八年印出的《借山吟馆诗草》,是把手写的原稿,用石版影印的,从光绪壬寅(一九〇二年)到民国甲寅(一九一四年),十二年间所作,收诗很少。这次的《白石诗草》,是壬寅以前和甲寅以后做的,曾经樊樊山选定,又经王仲言重选,收的诗比较多。当我发动替他编印的时候,他还十分谦虚地给我信说:"拙诗草事,何人肯愿出钱争购,即有世兄张罗,世兄不能担竿遍呼卖于长安市上也。乞勿用预约启,令人窃笑,千万千万!此件将来世兄代为赠人可矣。吾之拙句,赠人犹愧不堪。"诗稿既付印,他又自己题了五首绝句,印在前面,其第四首说:

画名惭愧扬天下,吟咏何必并世知。
多谢次溪为好事,满城风雨乞题词。

原注:"此集初心未敢求人题跋,张子次溪替人遍乞诗词,余老

年因得樊山翁社中诗友数人为友。"诗稿印出后，他送给我很多本，内有一本，他题了几行字，说："此诗集，征题词，择刊工，次溪弟费尽心力始成，赠此一本，题数语以纪其事也。"他在光绪十五年己丑（一八八九年）二十七岁时，才开始从师学诗，因他天资过人，出手便有佳句。在家乡拜了王湘绮为师，到西安又认识了樊樊山，诗遂大见进步。到前清末年，他的诗名，已是传布很广，虽是见仁见智，毁誉不一，而他却以能诗自负，并且还自称诗比画好。他有《戏题斋壁示儿孙》的诗道：

窗纸三年暗似漆，门前深雪不曾知。
扫除一室空无物，只许儿孙听读诗。

他给我的信曾说："诗者，乃余画之余事也。因余亦有三余：画者工之余；诗者睡之余，绝句诗，可枕上作也；寿者劫之余，一笑。"他题别人的诗稿，有句说："笔端怒骂逐风来，诗不关书有别才。"他认为诗是全凭天才，不是掉书袋能作得好的。他题"画蟋蟀"的诗道：

秋光欲去老夫痴，割取西风上茧丝。
唧唧寒蛩吟思苦，工夫深处老夫知。

又《答和友人》的诗说：

食叶蚕肥丝自足，采花蜂苦蜜方甜。

书生余习终难舍，人笑愚翁老更颠。

这是他自说作诗的甘苦。他在中年，喜的是陆放翁诗，他在《借山吟馆诗草》的自序中说："余年四十至五十，多感伤，故喜放翁诗，所作之诗，感伤而已，虽嬉笑怒骂，幸未伤风雅。"他写的诗中，有句说："老把放翁诗熟读，不教肠里独闲愁。"可见他直到老年，放翁诗仍是喜欢读的。他另有《老屋》诗：

少不能诗熟使穷，门前一树杏花风。
怕穷立脚诗人外，犹是长安卖画翁。

他的诗不工雕琢，声律也不细密，时常被人讥骂，所以作此自嘲。他在《白石诗草》的自序中说："集中所存，大半直抒胸臆，何暇下笔千言，苦心锤炼，翻书搜典，学作獭祭鱼也。"但他的诗，也不是率尔操觚，不加思索的，他有句云："只字得来也辛苦，断非权贵所能知。"这和樊樊山序他诗集所说的话，是一样的意思。自从这本《白石诗草》印行以后，他就不甚作诗，偶或兴到笔随，做些七言绝句之类，数量也并不太多，我曾抄录了些，原意是想替他补刊，保存至今。直到他逝世后，我略加整理，给它取名曰《白石诗剩》，交给我的朋友，预备编入他的全集之内。

他在北京的声名，刻印得名，在作画之先。和陈师曾初订交时，因为师曾说他刻的印章，"纵横有余，古朴不足"，他默会于心，仔细琢磨，专在古朴上用功夫，刚健疏拙之势，自成一路，所谓"老浙派"，和飞鸿堂汪姓的"老徽派"是不同的。自从得到了"二金蝶堂印谱"，乃专攻赵㧑叔的笔意，所谓"新浙派"，也和邓石如、吴让之等"新徽派"不一样。他刻印的基础，是由浙派而来，和徽派是并不接近的。后来见到《天发神谶碑》，刀法一变，又见了《三公山碑》，篆法也为之一变。最后喜秦权，纵横平直，一任自然，又一大变。定居北京后，见的东西多了，接触的人也多了，听了陈师曾的话，就自出心裁，精益求精。他根据许叔重的《说文解字》，参酌秦汉两代官私印玺，和汉魏六朝碑碣文字，运以幼年雕花木工锻炼出来的手法，再用绝顶聪明的脑筋磨炼出来的技巧，所以刻出来，有他独创的风格，独到的工力。

他在光绪三十年（一九〇四年）以前，摹丁、黄时所刻的印，曾经拓存，王湘绮给他作过一篇序文。可惜他这套最早的印拓，于民国六年（一九一七年）湘潭兵乱时，全部失去了。王湘绮的序文原稿，幸而他事先藏在墙壁之内，才得保存下来。十七年戊辰（一九二八年），他把丁巳（民国六年）后在北京所刻的，拓存四册，仍把王湘绮所撰的序文，刊在前面，这是他定居北京后第一次拓存的印谱。本年他在丁巳年后所刻的三千多方印中，选出了二百三十四方印，亲自用朱砂泥重行拓存。内有若干方，因为求刻的人急于取去，来不及多拓，只好制了锌版充数的，此次统都剔除，另选他最近所刻自用的印加入，凑足原数，仍用王湘绮原序列于卷首，这是他在北京第二次所拓的印谱。又因戊辰年第一次印谱出书后，外国人购去印拓二百方，他认为这二百方，自己无权再行复制，只得把庚午、辛未两年（一九三〇年、一九三一年）所刻的拓本，装成六册，一九三二年和一九三三年刻的，拓成四册，合计十册，这是他在北京第三次所拓的印谱。他在这一次的印拓上，写了一篇自记，说"以上皆七十衰翁以朱砂泥亲手拓存。四年精力，人生几何！饿莩长安，不易斗米。如能带去，各检一册，置之手侧，胜人入陵珠宝满棺。"这些印拓，他自己是非常珍视的。现在流传已不多，琉璃厂偶或能遇到，价值可相当的贵了。

那时，报纸登载的，一件接一件的都是令人很不愉快的消息：三月间，日军攻占了热河，五月间，塘沽协定成立，华北主权，丧失殆尽，平津一带，无形中已在敌人的掌握。就在这春夏之交，北平谣诼繁兴，大有一日不可安居之势，他正在彷徨无计的时候，他门人纪友梅又邀他到东交民巷寓所去避居。他住了二十来天，听得外边的风声，略见缓和一些，才又回家。

十月二日，即阴历八月十三日，我和我妻徐肇琼，假座西长安街广和饭庄举行婚礼，由他和我的老师吴北江两人证婚。广和饭庄的前身，是北半截胡同的广和居，有几样著名的菜肴，像潘鱼、江豆腐等，都是他喜欢吃的。那天他饮酒很多，略有醉意。他送我们亲笔写的一联一诗，联云："花月长圆见天德，男人无过识妻贤。"诗云：

昨夜星辰仙袂凉，有人月下与商量。

赤绳在手长如许，击汝良缘做一双。

诗前有小引云："癸酉八月十三日，次溪仁弟佳期，既请证婚，

299

又想联语,再赠以诗围联,老年人喜如人意,一一为之。"谑而不虐,很见风趣。我妻徐肇琼,字鬘云,早年学过几年画,和我结婚后,我介绍她去拜他为师。记得第一次是画的蝴蝶,我拿去请他批改,他题云:"次溪弟出示徐肇琼女弟所绘《百蝶图》,得二绝句。诗云:

喜见张敞画眉初,不愧吾穷女丈夫。
能把闲情寄虫草,鬘云精室读书余。

精神费尽太痴愚,何用浮名与众俱。
梦想此身化蝴蝶,任凭门客画蘧蘧。

又尝以画雀呈政,他略加润饰,题云:"雀目过于小,余为更好。未见余更者,未必能知七十老翁所为也。鬘云女弟一哂。"又题画扇云:"鬘云女弟子画此扇,在未为借山门客之先,其秀雅可见也。余为补二蜂,聊加一分意趣耳。"又题画册云:"夫婿能诗,贤妇能画,伉俪外,谓为诗画一家,吾贤将作松雪之流亚欤?"又云:"次溪弟性好风雅,凡诗之属,喜求人,亦喜代人求。尝求余作画,而迟迟未报,今得贤妇能画,此一事可不求人矣。鬘云女弟有此贤夫妇,亦可伏案用功也。"上一年,他给我画了一幅《双肇楼图》,来信说:"以布置少,能见广大,觉胜人万壑千丘也。贵楼题词甚多,不必写于图上,使拙图地广天空。若嫌空白太多,加书题句,其图有妨碍也。先生高明,想不责老懒吝于笔墨耳。"这幅图着墨无多,而雅茜绝伦,他自认是得意之

笔。本年十月我结婚后,他补题了两首诗,写在另纸,诗云:

> 读书要晓偷闲暇,雨后风前小憩天。
> 难得添香人识字,笑君应不羡神仙。

> 多事阿吾偶写真,元龙百尺近星辰。
> 目明不欲穷千里,且看西山一角云。

记得那年冬天,我们夫妇到他家去,他叫我也学画试试,我说不会,他大声说:"都是从不会中学会的,多学勤学,就学会了。"我看他态度很严肃,原是出于一番厚意,就在他桌上,用他的画笔,模仿着他的画稿,画了两只雏鸡。他在我画上,题了几行字道:"从来论画有云,画人莫画手,余谓画鸟难画足,今次溪弟开张第一回画雏鸡,独足可观,奇哉!"

冬十二月二十三日,他为了他祖母一百二十岁冥诞,在家延僧诵经,设祭纪念。他祖母于光绪二十七年辛丑十二月十九日逝世,转瞬之间,已过了三十二个周年了。他依照旧社会的老习惯,到了夜晚,焚化冥镪,写了一张文启,附在冥镪上面,一起焚掉。文启说:"祖母齐母马太君,今一百二十岁,冥中受用,外神不得强得。今长孙年七十一矣,避匪难,居燕京,有家不能归,将至死不能扫祖母之墓,伤心哉!"这虽是无聊的迷信举动,值不得称道,但对他这样一个在旧时代经历了漫长岁月的人来说,却可显出他天性之厚。

三百石印斋

齐白石从光绪二十二年（一八九六年丙申）三十四岁时，学刻印章，所刻的都是自己的姓名，用在诗画方面的。刻的虽不太多，收藏的印石，却有三百多方，品质都很不坏，他爱不释手，非常得意，就自名为"三百石印斋"。到民国十一年（一九二二年壬戌）他六十岁时，自刻自用的印章积得很多，其中有一部分，更是很名贵的佳石。这些印石留存在家乡，没曾带到身边，在民国十六、十七两年的战火中散失，他认为是生平最大的恨事。民国十六年以后，他在北平陆续收购的印石，又积满了三百方，但印石的品质，却没有先前的好。有一位喜欢研究篆刻的人，名叫罗祥止，跟他学习刻印的技法，并求他当场奏刀。他取出所藏的印石，一边刻，一边讲，刻得干脆利落，讲得条理清楚。他说："从前我同陈师曾论印，谈得最投契，我们两人的见解完全相同。一句话概括，初学刻印，应该先讲篆法，次讲章法，再次讲刀法。篆法是刻印的根本，根本不明，章法刀法就不能精确，即使刻得能够稍合规矩，品格仍是算不得高的。研究篆法，可以先看《汉印分韵》《缪篆分韵》《说文》《说文古籀补》等书。但要记住，一方印章，大篆小篆不能参混互用。章法就是结构，字数的安排，要调和得体。最后讲到刀法，凡笔道曲的，都得用曲笔，方的都得方，圆的都得圆。方圆笔在一印中，初学不宜兼用。汉印中偶有方圆并用，或似方非方，似圆非圆的，应到相当精熟时，才能运用。汉印年代久远，很多不太完整，吾辈刻印，有时走刀破损，原可任其自然，但初学不可故意造作，反贻画虎不成之诮。而最重要的，万不可死守古人成法。虽说刻印总须恪守规矩，然有心得，即宜自己创造，即使采用古人成法，也应取长弃短。我常说，秦汉人刻印，能够天趣胜人，就在于不蠢，胆敢独造，故能超越千古。我刻印，也不愿被古人成法所拘束，时俗以为无所本，我却觉得时人蠢得可怜。他们何不想想，秦汉人是人，我辈也是人，我辈有了独到的地方，秦汉人假使生在今日，见了一定也要佩服的。时人不辨秦汉铜印的真假，一味地死摹，甘心自蠢，那就让他们去蠢吧！"罗祥止听了他这一大套理论，又看了他手不停地奏刀，感叹道：听他的话，似同听到霹雳；看他挥刀，尤其好像呼呼有风声。佩服得了不得，当下就拜入他的门墙，列为弟子。罗祥止后来刻印，就完全走他指示的途径。他题罗祥止的印草说："世有誉予者，必誉祥止，有骂予者，亦必骂之。予谓欲青出于蓝，只有放恣一道。"他总是这样教导他的弟子的。

一九三四年，他七十二岁。又有一个四川籍的友人，跟罗祥止一样，屡次请他当面刻印给看，他把指示罗祥止技法的话，照样地指示了一遍。这位友人，从此刻印也就私淑他了。他写了一首《自嘲》诗道：

造物经营太苦辛，被人拾去不须论。

一笑长安能事辈，不为私淑即门生。

诗后附注道："旧京篆刻，得时名者，非吾门生，即吾私淑，不学吾者不成技。"他指示罗祥止和这位四川籍友人，当面奏刀，在此不满一年的时间内，把所藏的许多印石，都已全部刻完。连前所刻，又已超过三百之数，就再拓存了几份，分留给他的子孙。他还嘱咐子孙说："昔人有平泉庄，一木一石，子孙不得与人。亦必知先人三百石印斋之石印，愿子孙不得以一石与人！"这三百多方印章，确是他认为生平刻印中最得意的作品。

他刻印，同他写字一样。他写字，下笔向不重描；刻印，一刀下去，也决不回刀。他的刻法，纵横各一刀，只有两个方向，和一般人所刻，去一刀，回一刀，纵横来回各一刀，要有四个方向的大不相同。他刻白文时，随着字的笔势，顺刻下去，并不需要先在石上描好字形，才去下刀。他下刀时，刀的对面，不去过问。刀向前行，石屑散落，对面形式为平整，或为凹凸，完全听其自然。所以他的刻印，显得有力，还觉得古朴有神韵，与写字有笔力，有姿势，是一样的道理。他说："常见他人刻石，往往四面下刀，甚至不分方向，刀锋在石块上来回盘旋，费了很多时间。就算学得这一家那一家的，但只学到了形似，把神韵都弄没了，貌合神离，仅能欺骗外行。这何尝是刻印，只能说是蚀削而已。我少时即刻意古人篆法，然后追求刻字的解义，不为摹、作、剥三字所害，虚掷精神。因为世间事贵痛快，何况篆刻是风雅事，岂是拖泥带水，做得好的呢？"他题门生的印存，作过两首诗，一云：

做摹蚀削可愁人，与世相违我辈能。
快剑断蛟成死物，昆刀截玉露泥痕。

二云：

维阳伪造与人殊，鼓鼎盘壶印玺俱。
笑杀冶工三万辈，汉秦以下士人愚。

自注："维阳铸工，笑中外收藏秦汉铸印者太愚。"他所说的摹、作、削，摹是死学古人成法，作是故意做作，削是蚀削。他的刻印，恭维他的，说是腕力盛，气象雄，同明代李日华批评元人文章时所说的："雄快震动，有渴骥怒猊之势。"也有一部分人反对他的，说他剑拔弩张，失之犷悍。他对于别人的毁誉，向不注意，常常自己说："懂得此道的人，自能看出好歹。"他又说过："刻印能天趣浑成，别开蹊径，不失古代名碑的遗模。眼中所见，只有赵㧑叔一人。"只因赵㧑叔刻的朱文近娟秀，和白文的篆法不一样，他就并不完全取法㧑叔，更进一步自创一种作风，在娟秀中别具刚健超纵之气，这是他一生刻印的心得。

他在民国八年（一九一九年），画过一幅花鸟，是初到北京时所画，送给朋友的。我无意间在宣武门内海市界古玩店内见到，不知这幅画是什么时候流出来的，当即买了来，拿去给他看，并请他题字纪念。他见着，却大有感慨，提笔就题了几句，说是："甲戌，次溪世侄于沂文斋得之，求余题记。己未至今，忽忽十又六年矣。手迹犹新，鬓毛非旧，再十六年，余骨何在，谁可知也。次溪爱余手迹，能爱余骨否？"同时，我又买到一幅他三十岁时所画的《射雁图》，他也在画上题词道："此幅乃余少年所作也。印记虽是老萍字样，年三十岁时即喜称翁老等字。忽忽四十余年，笔墨之变，迥殊天壤也。"又题云："次溪偶见余往作，即不惜金钱，必欲得之，吾贤之爱诗画可知矣。即书数语记之。"他这两幅旧作，和他晚年的作风，大不相同，尤其是《射雁图》，工细得很，但潇洒富于天趣，则和晚年作品是一贯相通的。

那年四月二十一日，他的副室胡宝珠又生了个男孩，取名良年，号寿翁，乳名小翁子，这是他的第六子。

《第二辑 齐白石的一生》

画到慈乌汗满颜

民国二十四年乙亥（一九三五年）四月一日，即阴历二月二十八日，齐白石偕同他的副室胡宝珠南行。三日午刻，到达湘潭茹家冲家里。他自壬戌年（一九二二年）送他妻子陈春君回乡，在家耽了几天，丙寅（一九二六年）到了长沙，兵乱路阻，匆匆转道北返，已有十三个年头未曾回到家乡了。他的妻子陈春君虽还健好，但瘦弱得很，七十四岁的人，显得老态龙钟。他长子良元，时年四十七岁，三子良琨，时年三十四岁，兄弟俩带头，率领着一家大大小小，把家务整理得井井有条。这几年，房子没有损坏，还添盖了几间；种的果木花卉，都照旧存在；山上树木，也觉较前茂盛。他看了，很是放心。他的孙辈，外孙辈和外甥等和他多年不见，有的已长大成人，二十开外的年纪了，此番见着，彼此都不相识。小的都是在他离乡后出生的，见面就更不认识了。他刻了几方印章——"客久子孙疏""归计何迟""容颜改尽但余愁"，表示他此次回家的感慨。他在茹家冲家里，住了三天，就同他的副室胡宝珠动身北上。因恐老年人话别不免伤感，故他别家时，不忍和陈春君相见。几个至好亲友，事先到他家中，坐待相送，他也不使亲友们知道，悄悄地离家走了。这一次回家，他的主要事情是祭扫先人的坟墓。十四日回到了北平，在日记上写道："乌乌私情，未供一饱；哀哀父母，欲养不存。"又作了一首题画乌的诗道：

不独长松忆故山，星塘春水正潺潺。
姬人磨墨浓如漆，画到慈乌汗满颜。

诗后有注道："家山百劫，庐墓久违，画此并题，愧不如乌。"还刻了一方"悔乌堂"的石章。他老年客居在外，游子天涯之思，自所难免，而追怀先人，他更是耿耿在念的。

从那年起，他右半身从臂膀到腿部，时时觉得酸痛，还夹杂着一阵阵的头晕，幸得名医施今墨诊治，才见好转。他因为连年时局不靖，为了防备宵小觊觎，对于门户，特别加以小心。他住的跨车胡同宅子，原是一所中型的北京式房屋，东面是胡同，他住在里院北屋。廊子前面置有铁制栅栏，晚上临睡时拉开，加上了锁，他认为严密安全，可以万无一失。当时我觉得他的办法很不妥当，万一火烛失慎，危险万分，但又不便明言，只得婉词劝他说："城里还不致有大盗打劫，若要防备小偷，门户坚固些，即可对付，铁栅栏似乎多此一举，天天拉着，不但麻烦，而搁在眼前，也不雅观。"他却答道："古人说，宁可未雨绸缪，不要临渴掘井，什么事总得小心点为好。"到七月间，有一天，我忽然接到他一封信，说："前日早起，开铁栅栏，忘记铁门之铁撑，阻其足，其身一倒，邻家闻有伐木倒地声，几乎年将八十之老命死矣。今日始作此数字,其足已成残废也。"我接信大骇,急忙去看他。方知七月四日那天,即阴历六月初四日,上午寅刻,他在屋内,听得院子里犬吠之声,聒耳可厌,亲自出来驱逐。匆匆忙忙地走到廊子前面,脚骨误碰在铁栅栏的斜撑上面,一跤栽了下去。他的副室胡宝珠听到他呼痛的声音,赶紧跑来,叫他儿子,一同把他抬上了床。请来正骨大夫,详细诊治,推拿敷药,疼痛稍减。但腿骨的筋,长出一寸有零,腿骨脱了骱,公母骨错开了不相交,几乎成了残疾。我劝他安心静养,暂时不要动弹。他还很风趣地说:"我幼时,见狗子猫儿则笑,见生客则哭。想不到老年却吃了狗子的苦啦!"他还说,在他跌倒的地方,原有铁凳一只,幸而在前几天,给他的副室胡宝珠搬往别处去了,否则这一跤栽下去,不知重伤到什么程度,说不定还有生命危险。这次他受的伤,足足养息了三个多月,才渐渐地完全好了。他在养伤期间,还曾给我来信,说:"余与宗子威兄久不通音问。前二年,伊在岳麓山寄到古诗一首,余因年来不苦思索,故未和答。余此时无事,加以一跌,左腿已成残废,思与故人函谈,伊此时尚在岳麓否?请详细告我。"附有一诗,题为《子威归隐衡山,余梦与次溪同访子威于岳麓中》,诗云:

昨宵飞梦到长沙,岳麓山高夕照斜。
浊世诗人寻不遇,坐看红叶久停车。

他说那时腿脚不便,不能起坐作画,诗是枕上所作,信也是伏枕写的。

指着死鬼骂活人

一九三六年,齐白石七十四岁。阴历二月底,他趁风和日暖的好天气,邀我和汪慎生同作郊游。汪慎生名溶,安徽歙县人,也是一位著名的画家,画的花鸟和山水,功底都很深厚。他跟汪慎生交情很不错,二人合作画过好几次,虽非同一笔调,都是彼此互相推重。那天,我们同到右安门外花之寺,去吊罗两峰遗迹。据他说,罗两峰的诗和画,都是他生平很佩服的。十五年前,他初到北京时,陈师曾、罗瘿公等约他同游,当时他因为有别的事,没去参加。罗两峰自称前生是花之寺的方丈,别号又叫作"花之寺僧",所以这个花之寺,齐白石很想去看看。谁知到了那里,荒凉萧瑟,无可寓目,罗两峰的遗迹,一点也找寻不到。原来所谓"花之寺",并无这个庙宇。那里有座"三官庙",从前庙门左右,花木很多,庙前径路曲折,像个"之"字形。罗两峰做过一梦,说是前生在花之寺做过和尚,罗两峰的朋友曾宾谷,出于一时的好奇心,看上了这所"三官庙"的地形,写了一张"花之寺"的榜额,挂在庙内,就应了罗两峰的梦景。这无非是文人好事,游戏之作而已。我对他说:"两峰旅居北京时,携其次子允缵,住在琉璃厂观音阁,晚景落拓得很。听说想回扬州,盘缠都张罗不到,曾宾谷在两淮盐法道任上,寄了钱给允缵,才能回到家乡。"他听着,很有感触,说:"两峰是金冬心的高足,冬心客死汉口,也是穷得一文不名。两峰竭尽心力,把老师的遗骸,运回杭州原籍安葬,又搜罗冬心遗作,录刊成集,贫士能有这样风义,真是令人肃然起敬。"当下我们又同往琉璃厂,访问观音阁。连去了几家书铺和古玩店,罗两峰的遗闻轶事,知道的人已是很少,他不胜怅惘,叹息而归。

我曾经问他:"罗两峰画的《鬼趣图》,你看怎样?"他说:"扬州八怪都有独特的作风,标新立异,有移转时代风气的势力。这种精神值得后人取法,决不如今之时流,开口以宋元自命,笔情死刻,以愚世人的可比。讲到鬼,世界上谁看见了鬼呢?两峰的《鬼趣图》,无非是指着死鬼骂活人,有他的用意的。笔墨机趣天然,不光是新奇可喜而已。"接着他又笑着说:"我生平画了不少的不倒翁,形式姿态,各不一样,意义和两峰的《鬼趣图》有点相像,也是指着死鬼骂活人,却比《鬼趣图》有趣得多。不倒翁随处有卖的,人人都见过,也许小时候大家都玩过。而且世界上类似不倒翁的人,到处都能见到,把它们相貌画出来,岂不比《鬼趣图》更有意思吗?"说着,他背了几首题不倒翁的诗:

秋扇摇摇两面白,官袍楚楚通身黑。

笑君不肯打倒来,自信胸中无点墨。

乌纱白扇俨然官，不倒原来泥半团。
将汝忽然来打破，通身何处有心肝。

能供儿戏此翁乖，打倒休扶快起来。
头上齐眉纱帽黑，虽无肝胆有官阶。

他画的不倒翁，确是大有深意。题的诗，更是对旧社会的贪官污吏强有力的讽刺。他采用戏台上鼻涂白粉的小丑形象，手里拿着折扇，摇摇摆摆，丑态可掬。最妙的是一副眼神，真可以说是栩栩欲活。他对我说："人物的神情形态，全在一对眼睛上。倘把眼睛画得呆滞，那就一点生趣都没有了。不用说作画，就是看戏吧！丑角上台，目光迟钝，呆咻咻地站着，请问这出戏，还有什么可看的呢？戏是活的，尚且如此，何况画是死的哩！把死的画成活的样子，才有意思。"我说："你画的固然好极，题的诗也妙不可言，你把世上的臭官僚，骂得入木三分了。"他说："前几年我还画过一幅《发财图》，也是很有趣的。"他从框里取出那幅《发财图》来。原来画的是一把算盘，上面题了许多字道："丁卯（一九二七年）五月之初，有客至，自言求余画发财图。余曰，发财门路太多，如何是好？曰，烦君姑妄言者。余曰，欲画赵元帅否？曰，非也。余又曰，欲画印玺衣冠之类耶？曰，非也。余又曰，刀枪绳索之类耶？曰，非也，算盘何如？余曰，善哉！欲人钱财，而不施危险，乃仁具耳。余即一挥而就，并记之。时客去后，余再画此幅，藏之箧底。三百石印富翁又题原记。"三百石印富翁是他的别号，写在《发财图》上，更显得是一种讽刺。他笑着说:"这是借题发挥。"的确,这样的借题发挥,可说是神乎其技了。

那年三月二十九日,是阴历三月初七日,清明节的前七天,他应邀来到我家张园,参拜前明袁督师崇焕遗像。那天到的人很多,有陈散原、杨云史、吴北江等诸位。园内补种花木,还剩了两棵矮松,靠在墙边,未曾下土。散原老人一时兴至,亲手在院内把它种了。他在旁看得很有味,笑着说:"诗人种松,倒是很好的图景。"我的老师吴北江就请他即景绘图。这幅图他画成后,还在图后题了四阕《深院月》的小词:

凭吊处,泪汍澜,剑影征袍逝不还。
野水凄凄悲落日,一枝北指吊煤山。

三面水,绕荻湾,历劫双松花翠烟。
听雨楼倾荒草蔓,一丛野菊曙光寒。

池上月,逼人寒,龙臂曾闻击锦鞍。
从古孤忠恒死国,掩身难得一朱棺。
(原注:袁督师冤死,义仆佘某负尸埋葬于广渠门内广东义园中。)

坛畔树,听鸣蝉,断续声声总带酸。
玉帐牙旗都已渺,白虹紫电夜深看。
(原注:故宅北有袁督师庙,即昔之誓师坛遗址。

篁溪学长藏督师遗物甚多。）

图交杨云史带去题辞，久未送还。云史逝世后，此图遂无着落，现在想来，实很可惜。当天种树以后，在吃饭之时，他谈起身后的计划，说："我本打算在京西香山附近，寻找一块风景比较好的地方，预备个生圹。几年前，托过我的同乡汪颂年（诒书）写了一块'处士齐白石之墓'七个大字的碑记。墓碑虽已写好，墓地还没找到，拟趁今日机会，恳求诸位大作家，俯赐题辞，留待他日，俾光泉壤。"当时诸位都允承了，隔不多天，把诗词都寄了去，他非常地高兴。

蜀　游

齐白石有一个在四川的朋友，姓王，原是个军人，跟他素不相识，平日托了旅居北平的川籍同乡，常来请他刻印，日子长了，彼此通过几次信，成了千里神交。上年来信，邀他到四川去游览，说卖画可得厚资。并说："预购一鬟，以给抻纸磨墨之役。"他回信以年老辞，寄去二百元钱，嘱速遣嫁，写了两首诗道：

衣裳作嫁为君缝，青鸟殷勤蜀道通。
向后从夫休忘记，罗敷曾许借山翁。

桃根一诺即为恩，旧恨新愁总断魂。
又把红绳甘割断，永丰园里属何人。

后来姓王的又来信说，抻纸磨墨人已遣嫁，仍盼望他去玩玩。他虽答允了去，却始终没曾践诺，曾有诗道：

百回尺素倦红鳞，一诺应酬知己恩。

昨夜梦中偏识道，布衣长揖见将军。

那年春初，姓王的又来信相邀，意思很诚恳。接着又来电报，欢迎他去。他的副室胡宝珠，原是出生在四川的，离开家乡久了，很想回娘家去看看。他想：此番入川，目的固然是为游山观水，趁此机会，也可让胡宝珠走走娘家，一举两便，也就欣然首途了。阳历四月二十七日，即阴历闰三月初七日，他同副室胡宝珠，带着两个最小的孩子，一个是小女儿良止，一个是小儿子良年，离平南下。二十九日夜戌刻，从汉口搭乘太古公司的"万通"轮船，开往川江。五月一日黄昏，过沙市。沙市形势，却有点像湘潭，沿着长江，有山嘴拦挡，江岸成弓形，泊船倒很便利。四日未刻，过万县，船泊武陵。他在船中，心脏忽然感觉很不舒适，直到夜半，才得平复。当时他的副室胡宝珠很是着急，见他好了，心才放下。他作了一首《慰宝珠》的诗：

笑喜患难总相从，万里孤舟一老翁。
病后清癯怯风露，夜船窗隙纸亲封。

五日巳刻，过忠州；未刻，过酆都；酉刻，抵嘉州。宝珠的娘家，在酆都县属的转斗桥胡家村。从酆都这条路去，路程很远，从嘉州前往，反较近便，所以船到嘉州，他们登岸。宝珠从小就出的门，家乡情况，已是模糊，记不很清。沿路问讯，好不容易才问到了胡家村。找着娘家，欢聚了三天。宝珠去祭扫母茔，他陪着同去，算是尽了一点心意。他有四首纪事的绝句诗：

看山访友买扁舟，载得宝君万里游。
闻到宝珠生此地，愁人风雨过鄞都。

为君骨肉暂收帆，三日乡村问社坛。
难得老夫情意合，携樽同上草堆寒。

从来生女胜生男，卅载何须泪不干。
好写墓碑胡母字，千秋名迹借方三。

始知山水有姻缘，八十年人路九千。
不是衰翁能胆大，峨嵋春色为谁妍。

他们从胡家村动身，仍到嘉州坐船西行，十一日到重庆。十五日坐汽车，过乌江，宿内江。十六日申刻，到成都；住南门文庙后街。认识了方旭，号叫鹤叟。那时金松岑（天翮）、陈石遗（衍）等诸位都在成都，和他神交多年，见了面，倍加亲热。前三年，癸酉（一九三三年）的春天，他来到我家，看见金松岑从苏州寄给我的信，信内附有一篇传记的文章，是我的朋友托我转恳金丈作的。他读完了这篇文章，佩服得了不得，说："这是必传之作。"我就给他们介绍，他画了一幅《红鹤山庄图》，托我转寄给金丈，作为订交纪念，并恳请金丈给他作一篇传记，意思是以画易文。金丈复信允承，但须知道他生平事略，要他寄点资料去，才能动笔。他就自述他一生经历，叫我笔录下来，随时寄给金丈，备作传记取材之需。此番他们在成都见面，他向金丈提及撰作传记之事，金丈又当面允诺，叫他回北平后，和我商量，多寄点资料去，说是记他的事迹，愈详细愈好。金丈也有信给我，谈及此事。后因时局多故，我为了生活，离平南行，偶或北来省视，因为行色匆匆，不能多久耽搁，此事遂告停顿。等我重返北平，而金丈却已逝世，金丈生前答允给他作的传记，竟成泡影，他感觉得很失望，我也不免有点遗憾。

他在国立艺院和私立京华美专教过的学生，在成都的，知道他到了，都来招待他，有的请他吃饭，有的陪着他去游览。安徽人开的胡开文笔墨庄，有一个专在外边接洽生意的店员，行话叫他"跑外伙计"，名叫陈怀乡，跟着他的学生，也称他作老师。当时四川的许多艺术家，都想来见见他，有的还拜入他门墙称弟子。报馆记者们也接踵地访问他，请他题字纪念，他作了一首诗：

金戈铁甲入编章，鸟语虫鸣到耳旁。
天下有声闻即说，怜君却是为人忙。

七月二十七日那天，他牙痛甚剧。他七十岁从仅存的当口两个门牙，左边的一个，早已自落，右边的一个，摇摇欲坠，亦有多时。因为想起他幼龄初长牙时，他祖父祖母和他父亲母亲，喜之不胜地说："阿芝长牙了！"当初祖父母和父母这样的喜见其生，他到了老年，也就不忍轻易地拔去，忍着疼痛，一直至今。当时他这个作痛的病牙，痛得益发厉害，非但横斜动摇，进食大不方便，即在不吃东西的时候，也是痛得难受，迫不得已，只得就医拔除，他感念幼年，不禁泪流。

他早年到过广西，阳朔的山水，他是久久不能忘怀。这次来到四川，觉得蜀中山水，似乎更胜一筹。他游遍了青城、峨嵋等山，辞别诸友，预备东返。有诗说：

> 一雁足轻书断，半天霞并云飞。
> 西去蓉城客里，临风北望思归。

门生们都来相送，希望他下次再来，多留些时期。他说："俗谚有'老不入川'这句话，我的年纪已七十好几了，预料此番出川，终我之生，未必会再来的了。"门生们听着，都有些依依不舍。他赋诗留别，说：

> 不生羽翼与身仇，相见时难别更愁。
> 蜀道九千年八十，知君不劝再来游。

八月二十五日离成都，二十六日未刻，到重庆。二十八日坐川轮东下，二十九日宿万县，三十日宿宜昌，三十一日到汉口。川江滩多水急，三峡附近，号称奇险，东行船名为"下水"，比西去的上水船，快得很多。他在汉口，住在朋友家，因腹泻休息了几天。九月四日，乘平汉车北行，五日到北平。回家，有人见他这次川游，没有作什么画、作多少诗，误会他心里有了不快之事。他却对人说："我们去时是四个人，回来也是四个人，心里有什么不快呢？不过四川的天气，时常浓雾蔽天，看山是扫兴的。"他又背了一首《过巫峡》的诗，是他在川轮中作的，诗道：

> 怒涛相击作春雷，江雾连天扫不开。
> 欲乞赤乌收拾尽，老夫原为看山来。

▍天趣匠心：齐白石自述 »

瞒天过海法

民国二十六年丁丑（一九三七年），齐白石自称七十七岁，实年七十五岁。他把自己的年纪，从那年起，忽然增加了两岁，是有一段趣事的。许多人不知道这段趣事，常常把他的岁数弄错了。有人根据他逝世时的年纪，推算上去，把他出生之年提前了两年；有人根据他的生年，又觉得他逝世时的年纪，不相符合。原来，早先他在长沙时候，认识了一个星命术士，名叫舒之鎏，号贻上，给他算过八字，说是："在丁丑年，脱丙运，交辰运。辰运是丁丑年三月十二日交，壬午三月十二日脱。丁丑下半年即算辰运，辰与八字中之戌相冲，冲开富贵宝藏，小康自有可期，惟丑、辰、戌相刑，美中不足。"又说："交运时，可先念佛三遍，然后默念辰与酉合若干遍，在立夏以前，随时均宜念之。"又说："十二日戌时，是交辰运之时，凡辰年生属龙和戌年生属狗之小孩，都应该暂时避开，丑年生属牛和未年生属羊的，也不可近身。本人可佩一金器，如金戒指之类都可以。"他听了舒之鎏的话，到了那时，念佛、带金器、避见属龙属狗属牛羊的人，都一一地照办了。他还在舒之鎏手批的"命书"封面上，题了九个大字道："十二日戌刻交运大吉"。又在"命书"的里页，写了几行字道："宜用瞒天过海法，今年七十五，可口称七十七，作为逃过七十五一关矣。"从一九三七年起，他就加了两岁，本年就算77岁了。他的所谓"瞒天过海法"，就是在年龄上虚加两岁，而"辰与戌冲"和"交运时"怎么怎么等一大篇无稽谰言，原是旧社会江湖术士骗人的把戏，他却信之不疑，这是时代环境所造成的。

二月二十七日，即阴历正月十七日，他的副室胡宝珠又生了一个女孩，取名良尾，生了没有几天，就得病死了。他五十岁以后，因为劳动了半辈子，省吃俭用，历年有了点积蓄，成了小康之家。到此时又经历了二十多个年头，名声大了，收入也多了，处境优裕，更是大非昔比。但他俭朴的素性，始终不曾改变，境况虽是好了，仍和从前贫寒时一样，吃的、穿的、用的，都是不求精美，只图温饱。七十岁以前，尚能咀嚼花生，常用盐水煮了来吃，还时常买些"半空儿"的，用来待客。七十岁以后，牙齿一天坏似一天，喜欢吃面食或稻米粥，荤腥更是不常用，专吃些蔬菜。虽因年事已高，冬天身体怕冷，也不过鹅绒被、火炉子，是他必需之品，别的东西，并不需要。他一生简单朴素的生活，数十年如一日，处处不忘掉自己是在贫农家庭生长大的。他平日居家过日子，件件事情，都由他亲自经手。门户箱柜，都加上了锁，大小钥匙，一连串挂在自己的裤腰带上。家里人买点东西，无论用钱多少，必须临时向他去要，他认为需要买的，才亲手去开锁取钱，从来不叫别人代劳。前人所说"事必躬亲"，他真是当之无愧。他深深地体会到物力维艰，非但不肯随便浪费钱财，对于任何东西，也是十分爱惜，决不轻易毁弃。他作画所用的画笔，有时笔头掉落，或笔杆裂开，只要还能对付着用，他总是亲手用生漆涂上，阴干后坚牢如常，拿来再用，从不肯信手扔掉。他常对人说："所用的画笔，都经过自己修造过的，有的剩不了多少笔毫，能再加工修理的，总得要留着，何必白白地糟蹋了呢！"他作了一首笔铭：

　　破笔成冢，于世何补。
　　笔兮笔兮，吾将甘与汝同死。

可见他爱惜物，简直同爱惜自己的生命一样地重要。

《第二辑 齐白石的一生

乍经离乱岂无愁

那年七月七日，即阴历五月二十九日，正交小暑节，天气已是热得很。日本军继一九三〇年"九一八"偷袭沈阳的老方法，在北平广安门外卢沟桥地方，再一次发动了大规模的侵略战争。到七月二十八日，即阴历六月二十一日，当时的华北当局秉承南京方面国民党反动派的意旨，把平津拱手让人，军队转向内地，平津就相继沦陷了，真是可叹。齐白石以望八之年，一旦身临其境，使得他胆战心惊，坐立不宁。他人老志不老，一腔热血，好像沸腾似的，所受刺激，简直是无法形容。他下定决心，模仿清初傅青主的高风亮节，打算从此闭门家居，不与外界接触，就把艺术学院和京华美术专门学校两处的教课，都辞去不干了。

九月间，陈师曾的父亲散原先生在北平寓所逝世。陈师曾生前对他的厚谊，十多年来，他总是牢牢地记在心头，刻不能忘。散原先生平日对他也是青眼相加，到处扬誉，前辈风义，他也十分感念。所以他听到散原逝世之讯，作了一副挽联送了去，又亲自到灵前行礼。他自北平沦陷以后，从未出过大门，这次是他沦陷后的第一次出门。他作的挽联，上联是：

　　　　为大臣嗣，画家爷，一辈作诗人，消受清闲原有命；

下联是：

　　　　由南浦来，西山去，九天入仙境，乍经离乱岂无愁。

下联的末句意义深长，把一肚子说不出的苦处含蓄在内，很有点"既伤逝者，行自念也"的感慨。

　　宣统三年（一九一一年）清明节的后两天，他在长沙瞿子玖家里的超览楼看樱花海棠，王湘绮叫他画一幅《超览楼禊集图》，他答允了没有践诺。时间过得真快，到一九三八年的春天，一晃已将三十年了，瞿子玖的小儿子瞿兑之，请他补画此图。他想起当年的情景，就画了交去，说是尽了一件心事。

　　六月二十三日，即阴历五月二十六日，他副室胡宝珠又生了个男孩，这是他的第七子，宝珠生的第四子，取名良末，字纪牛，号耋根，他记道："字以纪牛者，牛，丑也，记丁丑年怀胎也。号以耋根者，八十为耋，吾年八十，尚留此根苗也。"十二月十四日，他又得了一个孙子，是他第四子良迟生的，取名秉声。良迟是他副室胡宝珠生的第一子，那年良迟十八岁，宝珠三十七岁。他见宝珠还不到四十岁，已经有了孙子，原很高兴。只因秉声生时，他的第六子良年，乳名叫作"小翁子"的，正在病中，不到十天，十二月二十三日死了，年才五岁，他很是伤心，作了一篇《小翁子葬志》。

他从民国十二年（一九二三年癸亥）六十一岁起，开始写《三百石印斋纪事》，原是日记性质，到此时中止，无意再续写下去。那时国难步步加深，上海、南京、汉口等地，都已先后陷落，他的家乡湖南，也已沦入敌手。他耳所闻，目所见的，很少顺适之事，心绪自是恶劣得很。

▎天趣匠心：齐白石自述 》》

心病复作停止见客

　　齐白石自民国二十一年（一九三二年壬申）以后，不愿和敌伪周旋，曾经锁上大门，拒绝请见。民国二十二年（一九三三年癸酉）秋天，他自序印章说："壬申、癸酉二年，世变至极，旧京侨民皆南窜。予虽不移，然窃恐市乱，有剥啄叩吾门者，不识其声，闭门拒之。"他所说的"市乱"，是在敌伪势力之下，不便直指其事，故意这样含混地说。到了民国二十六年（一九三七年丁丑）以后，北平已陷入敌手，敌人和汉奸，更是时时想跟他接近，他深居简出，很少与人往还，但是登门求见的人，仍是非常之多。敌伪大小头子，请他吃饭，送他礼物，有的还邀他去照相，或是请他去参加什么盛典，他总是谢绝，不出大门一步，也不轻易见生客。敌伪们威胁利诱，使出许多花招，结果都是枉费心机，丝毫没起作用。他气愤之余，为避免纠缠不休起见，特于民国二十八年（一九三九年己卯）他七十九岁时，在大门上贴出了一张纸条，亲笔写了十二个大字："白石老人心病复作，停止见客。"他说的"心病"，倒也不假，他本来是有点心脏病的，不过轻微得很，并不严重。所说"复作"，那时装点出来，无非借此为名，表示拒绝。他事后对人说过，"心病"两字，含义很深，并不专指心脏有病，自谓用得非常恰当。但因物价上涨，生活指数不断提高，他一家人的开支，无形中增加的不少，倘不靠着卖画刻印，生活就无法维持。为了一家老小糊口之计，不得不在纸条上"停止见客"的旁边，补写了两句："若关作画刻印，请由南纸店接办。"那时市面混乱，奸商们发了昧心财，逢到年节，都想弄点字画，挂在家里的客厅上，装装门面，他的生意，愈来愈多，简直忙不过来。到了年底，很想趁过年的时候，好好地多休息几天，就又贴出了一张声明："二十八年十二月初一日起，先来之凭单退，后来之凭单不接。"他在家里，本已不再亲自收件，这张声明，是专对南纸店而言的。

次年（一九四〇年），他八十岁。过了年，他为了生计，仍操旧业，不论南纸店介绍来的，或是送上门来的，所有笔单，只得一律照常接受。但恐敌伪方面的大小头子，借此机会，常来麻烦，在大门上，加贴了一张纸条，开首有几个大字写着："画不卖与官家，窃恐不祥。"后边又接着写道："中外官长，要买白石之画者，用代表人可矣，不必亲驾到门。从来官不入民家，官入民家，主人不利。谨此告知，恕不接见。"他所说的"官入民家，主人不利"的话，也是有双关意义的，和题不倒翁的诗，同是深刻的讽刺。他还声明："绝止减画价，绝止吃饭馆，绝止照相。"在绝止减画价的下面，加了小注："吾年八十矣！尺纸六圆，每圆加二角。"另又声明："卖画不论交情，君子有耻，请照润格出钱。"他是想用这种方法，拒绝跟敌伪们接近的。当时有许多无耻的人，充当敌人翻译，为虎作伥，无恶不作，时常到他那里，登门讹诈，有的要画，有的要钱，有的软骗，有的硬索，花样百出，累累不绝。他在墙上，又贴了大字告白："切莫代人介绍，心病复作，断难报答也。"又说："与外人翻译者，恕不酬谢。求诸君莫介绍，吾亦苦难报答也。"最有风趣的，贴的是："白石年老善饿，恕不接见。"据说，他大门上贴的字条，时常被人偷揭了去，揭掉了他又重写贴上，不知经过了多少次。这些大门上贴的和屋内贴的字条，日军投降后，都由他的看门人尹春如，揭下保存。这位尹春如，原是前清的太监，人很忠诚，和他相处得很好，他逝世以后，至今仍在他后人的家里。

悼亡后家务的处理

那年二月初,齐白石接到他长子良元从家乡寄来的快信,他的妻子陈春君于阴历正月十四日故去,寿七十八岁。陈春君自十三岁到齐家做童养媳,二十岁圆了房,早先过的是贫困日子,她吃辛受苦,从没有一句怨言。等到他晚年景况好了,她在家乡主持家政,使他作客在外,一点没有内顾之忧,这真可说是他的贤内助。他得知陈春君的死讯,也就难怪他悲痛刻骨,心摧欲碎了。他作了一副挽联:

怪赤绳老人,系人夫妻,何必使人离别;
问黑面阎王,主我生死,胡不管我团圆。

又作了一篇祭文,先叙述她一生的贤德,然后接着说:"吾居京华二十三年,得诗画篆刻名于天下,实吾妻所佐也。吾于贤妻相处六十八年,虽有恒河沙数之言,难书吾贫贱夫妻之事。今年庚辰二月之初,得家书,知吾妻正月十四日别吾去矣,伤心哉!"他因良元信上述及,春君垂危之时,口嘱儿孙辈,好好看待老人，善承色笑，勿使老人生气，故于祭文的最后，写道："惟去时叮嘱儿辈，慎侍衰翁，吾知贤妻之缺恨，夫婿天涯。"他和他的妻子陈春君，远隔千里，不能当面诀别，确是他们夫妻一生最后的遗恨。

第二年，一九四一年，他八十一岁。那时已有男子六人，女子六人，儿媳五人，孙曾男女共四十多人，见面不相识的很多。人家都以"三多"相祝，他却自称："活了八十岁，不能说不多寿，儿女孙曾一大群，不能说不多男，只是贤妻先逝，福薄得极。"他因副室胡宝珠，随侍他已有二十多年，平日勤俭柔顺，始终不倦，他的妻子陈春君逝世后，很多亲友，劝他"扶正"，他遂定于五月四日，举行"扶正"典礼，他首先郑重声明："胡氏宝珠立为继室！"到场的二十多位亲友，也都在"扶正"证书上签名盖印。亲友们都向他和胡宝珠道喜致贺。他了却心愿，胸中很觉舒畅。胡宝珠身体原不太健，那天，招待亲友，直到深夜，却无倦容，真是俗谚说的："人逢喜事精神爽。"

《第二辑 齐白石的一生》

一场虚惊

北平自沦陷以后,敌伪军警和特务暗探,到处横冲直撞,动辄以"不是良民"为借口,加上莫须有的罪名,用大汽车把人绑走,押到日本宪兵队,非刑拷打,送掉性命的,不计其数。那时的老百姓,把日本宪兵队称作"阎王殿",见了日本宪兵,就像遇着牛头马面,胆子小的人,真要不寒而栗。在他把胡宝珠"扶正"后没隔多天,有一个晚上,他家忽然去了几个日本宪兵,全副戎装,马靴声踢踏踢踏地直往里闯。他家看门人尹春如想要拦阻,哪里拦阻得住,这群宪兵,已闯进来,嘴里说着不很清楚又不通顺的中国话,说是:"要找齐老头儿。"他一看情景不好,避已来不及了,坐在正间的藤椅子上,一声不响,看是要干些什么。宪兵们围着他问话,他装作年老耳聋,坐着不动,故意在脸上堆起傻笑的样子。宪兵们走近他身,他仍只装没有看见,一点不露紧张害怕的神色。宪兵们待了一会儿,叽哩咕噜,说了许多他听不懂的话,无精打采地走了。事后,他对人说,当时他以为得罪了敌人,大祸飞上头来,心里确实不免扑腾扑腾的,继而转念一想,事到临头,怕它则甚!心就平静下去了。有人说:"这是日军特务，派来吓唬他的。"也有人说："是几个喝醉的酒鬼，存心来捣乱的。"他吃了这场虚惊，愤无可泄，把预备身后所用的棺木，停放在他住的正房北屋廊子的铁栅栏里面，表示他不是怕死的人。又在大门上贴上一张"白石已死"的字条，后来觉得这张字条，贴在门上，非但起不了作用，反而显示心虚胆怯，又把这张字条揭下来了，只嘱咐他的看门人尹春如，以后门户，更要加倍小心。

常听人说，他交朋友，是有季节性的，他交的是"四季朋友"。什么是四季朋友呢？说是：春天交的，夏天就不来往了，秋天交的，冬天也就断绝关系了。意思是：他的脾气古怪，喜怒无常，和朋友相处，往往不欢而散，很难长久，因此有了四季朋友的名称。那次日本宪兵到他家去的事情，就有人传说，是他人缘不佳，别人使的暗箭，存心跟他开玩笑的。实则这些话，都是毫无道理，是一般不了解他的人，随便瞎造出来的。以我所知，他交朋友，不但有恒心，而且很热诚，尤其非常谦虚。不过他是富有"正义感"的，不肯随波逐流，一味地做"滥好人"而已。跟他来往的人，他不知道那人的底细，也还罢了，假使给他发现了品格堕落的，或是行为恶劣的，像贪官污吏，土豪劣绅，以及奸商流氓之类，他是深恶痛绝，丝毫不肯迁就敷衍，即使认识之后，也要下定决心，与之疏远。按理，这种态度，原是十分正确，我们交朋友，还应当取法于他，岂能说他交的是四季朋友呢？至于说他人缘不佳，更是毫无根据，不足为凭。也许是因他不肯去接近敌伪，而被威胁和玩弄，这是另一问题，和人缘是没有关系的。

>> 第二辑 齐白石的一生 ◁

我和他来往了几十年,我是了解他的个性的。我从一九二〇年和他相识,到一九三〇年以后,关系才渐渐地密切。除了他自动送给我几张画和几方印章之外,我请他作画或刻印章,总是按照他润格所定的笔资,致送润金,从不短少分文。后来交谊深了,我知道他决不肯再收我的润金,也就不去麻烦他了。我替朋友代求他的作品,我也总劝朋友照他润格付给润金,不过请他画的或刻的,精心些而已。记得有一次,为了我的朋友请他刻印章的事,他给我来信说:"次溪弟,来舍值余出矣。三石及润金收到。润金每字本四元八角,弟之友人所托,每字只收四元可矣。余再赠刻旁边之上款,以报弟往来之心力耳。"我替他介绍作品,差不多都是这种情形。他晚年不画山水,润格上明白规定,但我替朋友去求他,他总是欣然执笔,不曾拒绝过,这一点,显得他很给我面子,我至今还觉得领他情的。因此,他托我办些事情,只要我力所能及,我也是惟力是视,从不推辞。他曾写过一封信给我,说:"贤者多劳,此之谓也。将来求费心力之事尤多,总之,以多刻多画报之,请预喜之!"可见他不是白使唤人的。那时,朋友中却也有少数想揩油的人,常到他那里去"泡蘑菇",不是画画,就是刻印章,并不照送润金,他就不很高兴,在画室里,也贴上了纸条,说:"心病复作,断难见客,乞谅之!璜揩白。"后来又怕至好朋友,发生误会,把这张纸条撕下了。他向来是不计人家毁誉的,但也不是不要朋友,所以大门上的纸条被人偷揭了仍须重贴,而画室里的却自动撕下,因为能够进他画室的人,多少都是和他有点交情的。

333

天趣匠心：齐白石自述

陶然亭觅圹

一九四二年，齐白石八十二岁。前六年，一九三六年丙子的冬天，赛金花病逝，我倡议为之营葬于陶然亭畔，并请他代写墓碑。隔不多天，他给我来信，说："赛金花之墓碑，已为书好，可来取去。且有一画为赠，作为奠资也，亦欲请转交去。闻灵飞（按灵飞是赛金花的别号）得葬陶然亭侧，乃弟等为办到，吾久欲营生圹，弟可为代办一穴否？如办到，则感甚！有友人说，死邻香冢，恐人笑骂。予曰，予愿只在此，惟恐办不到，说长论短，吾不闻也。"他在那年春天，本想在香山附近，觅置墓地，知道了赛金花的葬事，也想在陶然亭侧，营一生圹。我当初以为老年人临时有所感触，随便一说罢了，未必真有此意，所以接到他信，并未过于重视，不久我又离平南行，这事亦遂停顿。一九四一年底，我回平省亲，访他长谈，他又谈起旧事，说："陶然亭风景幽美，地点近便，复有香冢、鹦鹉冢等著名胜迹，后人凭吊，可以算得佳话。以前你替人成全过，我曾托你代办一穴，不知还能办得到否？"我看他此番对于这一事，似乎盼望得殷切，就去和陶然亭慈悲禅林的住持僧慈安商量，慈安慨然以亭

334

东地一段割赠。我把和慈安接洽的结果通知了他,他高兴极了。过了年,阴历正月十三日,他同了他的继室胡宝珠,带着他的第五子良已,由我陪往陶然亭,介绍和慈安相晤,谈得非常满意。当时相度形势,看这墓地,高敞向阳,苇塘围绕,和陶然亭及香冢,恰巧是个三角形,确是一块佳域,就定议了。他送给慈安一百块钱,画了一幅《达摩面壁图》,又写了"江亭"两字的横额,作为礼品。他又填了一阕《西江月》的词,题云:"重上陶然亭望西山。"词云:

四十年来重到,三千里外重游。发衰无可白盈头,朱桴碧栏如旧。城郭未非鹤语,菰蒲无际烟浮。西山犹在不须愁,何用泪沾衫袖。

这词上半阕的末二句,原作"灵飞坟墓足千秋,青草年年芳茂。"他与我时,把它改正过了。后来他又把下半阕的末句"何用泪沾衫袖"改为"自有太平时候",则是抗战胜利以后的事。词后附有跋文,说:"壬午春正月十又三日,余来陶然亭,住持僧慈安赠妥坟地事,次溪侄引荐人也,书于词后,以记其事。"我请徐石雪(宗浩)画了一幅《陶然亭白石觅圹图》,各家题辞甚多。后因陶然亭改建公园,所有坟墓,一律迁走,他的生圹,也就无形取消。

那天,我陪同他在陶然亭耽了整整一个下午。他说:"我自前清光绪二十九年三月三十日,同夏午诒、杨晳子等在陶然亭饯春以后,这四十年来,虽也来过几次,但最近却多年没来。此番旧地重游,好像见到了老朋友,倍加亲热的了。"他在陶然亭前后左右,都游览了一遍。我问他:"陶然亭的联语和诗句,传诵的很不少,你看,哪些是好的呢?"他说:"顺德卢福晋所撰的联语:

爽气抱城来,拄笏看山宜此地;
绿阴生画静,凭阑觅句几闲人。

枝江张春陔所撰联:

穿荻小车疑泛艇;山林高阁当登山。

仁和杭世骏诗:

溪风吹面麰晴澜,苇路萧萧鸭满滩。
六月陶然亭子上,葛衣先借早秋寒。

这两联一诗,我认为是最好的。"当时的陶然亭,四面都是苇塘,游人乘车而往,如泛小舟一样,附近人家,养的鸭子,苇塘边到处皆是。而陶然亭所在的锦秋墩,原是一个土阜,那时每届重阳节,是游人登高的地方。土阜虽不很高,凭栏远眺,天气晴和的日子,可以望见西山,他所欣赏的联语和诗,描写风景,确是非常恰当。香冢、鹦鹉冢,传说不一,迷离惝恍,无非好事的人,故弄玄虚,他也认为所传的并不可靠。在香冢、鹦鹉冢的偏

第二辑　齐白石的一生

西南坡上，一片荒榛丛棘，游人很少到过，半坡间有一个石碑，上题"诗人王沧洲之墓"，碑阴刻着邝摩渔的题词，词寄《减字木兰花》云：

西风渐紧，一哭新亭名士尽；满目凄凉，万里秋云拥女墙。追怀昔日，□□□□才子笔，来访王郎，鹦鹉无言蝶梦荒。

这个碑埋在荆棘丛中，从没被人看见，那天我无意间发现了，告知了他。他也欣然攀登，拨开枯枝败叶，细读一遍。只因久被风雨剥蚀，碑上题词，字已不全，过片有四个字，模糊不清，我和他二人看了好久，始终没曾看出究竟，只可阙疑。他对我说："这邝摩渔定是个广东人，你可以考查考查，但不知王沧洲是怎样的人？"又说："这阕减兰，填得不坏，可以录存，留备后人考证。我今天也得填一阕词，你看如何？"他的《西江月》词，就是由此引起的。

我陪同他到陶然亭相度生圹地址以后，隔了几天，我偶和他讲起：陈散原先生逝世时，我远客江南，未能前去一吊，听说灵柩寄存在长椿寺，很想亲去拜奠。他说："我同陈师曾的交谊，你是知道的，我如没有陈师曾的提携，我的画名，不会有今天。师曾的尊人散原先生在世时，记得你陪我到姚家胡同去访问他，请他给我作诗集的序文，他知道我和师曾的关系，慨然应允。我还记得这篇序文，后来也是由你交来。我打算以后如再刊印诗稿，陈、樊二位的序文，一起刊在卷前，我的诗稿，更可增光得

337

多。我自二十六年丁丑六月以后,不出家门一步,只在丁丑年九月,得知散原先生逝世消息,破例出了一次门。现在你想到长椿寺去凭吊,我很愿意同往,不妨再破例出门一次。"我看他念旧情深,心里钦佩得很。我们二人去过长椿寺后,他画了一幅《萧寺拜陈图》,给了我作为纪念。

不丑长安作饿饕

一九四三年癸未，齐白石八十三岁。春节我又返平。元宵后一日，我去见他，他正在作画，画的是"枯树归鸦"，纯用墨笔，而阴阳正背，非常分明，又用淡墨作月晕情景，清雅淡远之致，可称为前无古人。我看他所画的纸，却很粗糙，遂问他道："向来名画家的润格上，常常规定劣纸不画，你画的这种纸，似乎不是佳品，你这样鼎鼎大名的老画家，劣纸倒能对付着画吗？"他微笑着答道："这不是别人请我画的，是我画了自己留着的。别看这种纸很粗糙，却是大有妙用，因为下笔艰涩，可以见出功力，用浓墨沾水，烘染在纸上，神韵更为超逸。从前陈师曾作画，也喜欢用粗糙纸，我们两人，向来志同道合，这是一证。"说时，他又取过一张类似所画"枯树归鸦"的纸，说："你看我画虾吧！"他画虾确是得心应手，用笔尖蘸墨，笔头的根部，灌上少许的清水，就用中锋偏锋，交叉着信手挥洒。先画虾的头部和胸部，再画腹部和尾部，最后用细硬笔，蘸浓墨，画眼睛、虾须、虾钳、虾腿，虾的姿势不同，画来也不一样。他画虾的躯干时，总是一气写成，笔头饱含水分，笔落纸上，自然晕

339

开，但不让它晕得太多，用吸墨纸吸收，适可而止。画成后非但虾身好像透明似的，而且姿态生动，同在水中的活虾一样。这种粗糙的纸，水分晕开时，较普通宣纸，反可节制，所以他认为大有妙用。那天，有一位京剧女演员李毓芳也在他家里，李毓芳那时才十六七岁，也是拜入他门墙，跟他学画的。他对我说："南方传来消息，梅兰芳留着胡子，不再唱戏了，目前京剧里唱青衣的，后起之秀，男的要推张君秋，女的就算李毓芳了。"他对于戏剧，倒也有点研究，看的戏，也不算少，所以说的话，并不是外行。这时李毓芳将要离平南行，他画了一张藤萝的条幅，又写了一条小篆的挂屏，屏上写的是：

乱离天子郭君在，打鼓君王呼叫天，
人世变迁歌舞是，四十年来弹指间，
京华又见女龟年。

他这五句韵语，似诗非诗，似词非词，大概是他的自度曲。

向来书画家所用的印泥，都很讲究，因为印泥讲究，印泥的盒子也力求精致，不用古瓷，也得用细瓷。我在南京买得一只康熙官窑五彩大印泥盒，配有硬木座子，拿去送给他。他见了虽很喜欢，却说："印泥盒子，瓷的不如玻璃的好，玻璃的不吃油，久藏不变质，价值既便宜，又合实用。今人爱用旧瓷，还看重官窑，这玩的是古董，和画画张口宋元，一样是装门面的。"他画案上陈列的，确是很少细瓷的印泥盒，常用的都是玻璃制的。他生平不说虚伪应酬的话，这是我久所了解的，我送给他瓷印泥盒，引起他反对古董的议论，在旁人看来，好像我是自讨没趣，而他是不知人情，实则这正是他由衷之言，他说这话时，是无顾虑的，足见他胸无城府，心地十分纯洁。

自从卢沟桥事变至今，已经过了六个年头，这六年之中，他闲户深居，天天提心吊胆，在忧闷愁思中过着熬苦受难的日子。敌伪们对他虽很注意，却又找不出他的罪名，故能苟安一时。他在家里，倒还没有大祸临身，但小小的骚扰，三天两头总是不免。最使他难于应付的，是假借买画的名义，常来和他捣乱。他画了一幅"老来少兼菊花"的条幅，题上了一首诗：

愁风苦雨香还溢，冷露严霜色更佳。
一角短墙人迹绝，有时犹惹蝶蜂来。

这诗原是他的自况，可算得婉而多讽。但是这般捣乱的人，哪里能够懂得他的意思。他又画了一幅《钻木虫图》，他说："这虫常在人家的屋梁，钻穴营巢，俗称钻木虫，日子一久，可以断梁倾屋，虽是小虫，为害甚大。"题诗道：

钻木为巢转曲工，瓜花时候长儿虫。
工夫日久能倾栋，堪笑无能作贼蜂。

自注："养蜂者谓蜂中亦有贼。"这是讥刺这般喽啰们，不过同钻木虫一样，比不上元恶大憨那样，同贼蜂似的。可是捣乱的人，仍是懵然不知。他又画了一幅《螃蟹》，挂在上两幅画的旁边，也题的一首诗：

老年画法没来由，别有西风笔底秋。
沧海扬尘洞庭涸，看君行到几时休。

这三首诗，他自己认为是很得意的。他常说：他的诗，在画和篆刻之上，真所谓"文章千古事，得失寸心知"了。只是捣乱的人，并不因为他的讽刺诗画，裹足不前。他想：自己已是八十开外的老翁了，怎有许多精力，去作无谓周旋，不如来个干脆的办法，就从癸未年起，在大门上，贴上"停止卖画"四个大字。从此以后，无论是南纸店经手，或是熟人介绍，一律谢绝不画。他家乡方面的许多老朋友，关心他的生活，来信问他近况。他回答了一首诗：

晚学糊涂郑板桥，那曾清福及吾曹。
老云（原注：东坡呼朝云为老云）扶病逃吞药，
小米啼饥苦骂庖。
名大却防人欲杀，年衰常梦鬼相招。
寿高不死羞为贼，不丑长安作饿饕。

他是立定脚跟，宁可挨冻受饿，决不甘心去取媚敌人的。

》》第二辑 齐白石的一生《

又遭逢一场失意的事

　　齐白石正在停止卖画，愁闷难遣时候，又遭逢了一场失意的事，他的继室胡宝珠于一九四三年二月十二日病故，年四十二岁。胡宝珠自十八岁进他家门，二十多年来，照顾他起居，寒暖饥饱，随时随地，刻刻留心。他作画之时，给他理纸磨墨，安排得井井有条，他作过一首诗：

　　谁教老懒反寻常，磨墨山姬日日忙。
　　手指画中微笑道，闲鸥何事一双双。

因为见了他的作品多了，也能指出他笔法的巧拙，市上冒他名的假画，一望就能辨出，他也有过一诗：

　　休言浊世少人知，纵笔安详费苦思。
　　难得近朱人亦赤，山姬能指画中疵。

他偶或有些小病，总衣不解带地昼夜调护。胡宝珠的身体，原很单薄，并不强健，常常扶病侍奉，他早先也曾有诗纪事，诗道：

> 痴拙谁言百不能，相从犹识布衣尊。
> 分离骨肉余无补，怜惜衰颜汝有恩。
> 多病倦时劳洗砚，苦吟寒夜惯携灯。
> 此情待得删除尽，懒字同参最上乘。

老年遭此不幸，自不免悲伤万分的了。

他八十四岁时（一九四四年甲申），有感于国难深重，环境恶劣，满肚子的积怨，无可发泄，就在文字方面，时时吐露些不平之气。那时，从收音机里听到的，尽是敌方广播的无耻谰言，把侵略战争说成是"圣战"，自称是"皇军"，他听得又厌烦，又生气，在画的《虾蟆图》上题诗道：

> 四月池塘草色青，聒人两耳是蛙鸣。
> 通宵尽日挝何益，不若晨鸡晓一声。

他事后对人说，晨鸡报晓，是希望胜利到来的意思。朋友请他题山水画册，他写了一首七绝：

> 对君斯册感当年，撞破金瓯国可怜。
> 灯下再三挥泪看，中华无此整山川。

这首诗，更是写得很有感慨。他虽停止卖画，但作画仍是天天的

日常功课,并无一天间断,所作之画,除了送给至好的亲友以外,分给他儿女们保存。他画的"鸬鹚舟",题诗道:

> 大好江山破碎时,鸬鹚一饱别无知。
> 渔人不识兴亡事,醉把扁舟击柳枝。

他以前题他门生李苦禅画的鸬鹚鸟,也曾写过一段短文道:"此食鱼鸟也,不食五谷,鸬鹚之类。有时河涸江干,或有饿死者,渔人以肉饲其饿者,饿者不食。故旧有谚云,鸬鹚不食鸬鹚肉。"这是说汉奸们同鸬鹚一样的"一饱别无知",但"鸬鹚不食鸬鹚肉",似乎比汉奸们的自戕同类,还觉得略胜一筹。他题《群鼠图》诗:

> 群鼠群鼠,何多如许!何闹如许!
> 既啮我果,又剥我黍。
> 烛炧灯残天欲曙,严冬已换五更鼓。

又题画螃蟹的诗:

> 处处草泥乡,行到何方好!
> 昨岁见君多,今年见君少。

又题画螳螂的诗:

秋风来了，叶落草枯。

后边有雀，当路有车。

他见敌人自发动侵略战争以来，泥脚愈陷愈深，日暮途穷就在眼前，所以拿老鼠、螃蟹、螳螂等东西来讽刺他们的。他还有一首《某园看菊归》的诗：

曾傍东篱著老苗，主人何幸隐名高。

菊花节比先生硬，开尽秋风不折腰。

据说，这位种菊花的某园主人，是用菊花作为交际工具，和当时的敌伪们，拉拢得很亲近，他的诗是有感而作的。

六月七日，他忽然接到艺术专科学校发来的通知，并附领煤条，叫他去领配给煤。艺专本已升格为学院，沦陷后又降为专科学校。那时各学校的行政权，都操在日籍顾问之手。各校又都聘有日文教员，也是很有权威，实际是日籍顾问的助手，人皆侧目而视。他脱离艺校已有七年，沦陷后从未和艺校发生过关系，现在忽然给他这份配给煤，这明明又是敌方使的花招，他立即把通知条退了回去，并附了一封信道："顷接艺术专科学校通知条，言配给门头沟煤事。白石非贵校之教职员，贵校之通知误矣。先生可查明作罢论为是。"煤在当时，市上很难买到，敌方利用这点，想勾引他，却不知他是正气凛然的人，岂是贪得小便宜的，真是看错了人啦。九月间，朋友们见他老年需人照料，介绍一位夏文珠女士去任看护。

胜利幻梦

一九四五年（乙酉）三月十一日，齐白石在天将明时，做了一个很奇怪的梦。梦境是在他的家乡：他立在余霞峰借山馆的晒坪旁边，看见对面小路上有抬殡的过来，好像是要走到借山馆的后面去。殡后随着一口没有上盖的空棺，急急忙忙地抢着走到殡的前面，直向他家走去。他梦中自想，这是自己的棺，为什么走的这样快，是不是他将不久于人世呢？心里头很纳闷，不知不觉间就惊醒。醒后，回想梦境，从头到尾倒还都能记得，愈想愈觉离奇，就作了一副自挽联道：

有天下画名，何若忠臣孝子；
无人间恶相，不怕马面牛头。

朋友跟他开玩笑说："有句迷信话，梦见棺材，是发财的预兆，可惜是空棺，只怕发的是有名无实的空财。"后来因为币值跌落，他卖画收入，真的是有名无实，历年略有微蓄的现款，也都成了废纸，和他朋友所说的玩笑话，可算是巧合的了。

到了八月十四日，传来莫大的喜讯：抗战胜利，日军无条件投降。他听了，顿时觉得心花怒放，松了胸中一口闷气，直乐得一宵都没睡着。十月十日是华北军区受降的日子，熬了八年的苦，受了八年的罪，一朝拨开云雾，重见天日，人人都是面有喜色。虽说国民党反动派又发动了反共反人民的内战，物价飞涨，兼之贪污风行，一团稀糟，人们又大大地失望，但在当时，老百姓们确是振奋得很。就在北平军区受降的那天，他的许多朋友来看他，他留住朋友们在家小酌，谈得特别高兴。他又作了一首七言律诗：

柴门常闭院生苔，多谢诸君慰此怀。
高士虑危缘学佛，将官识字未为非。
受降旗上日无色，贺劳樽前鼓似雷。
莫道长年亦多难，太平看到眼中来。

当时他和一般人同样的看法，以为太平日子，已经到来，谁知胜利原是"昙花一现"的幻梦，何尝是真正的太平年月！

他在八十六岁时（一九四六年丙戌），又恢复了卖画刻印生涯，琉璃厂等处的南纸店，把他的润格，照旧地挂了出去，生意又源源地来了。十月间，南京方面来人，请他南下一游，他以为政府新近还都，一定朝气蓬勃，倒想前去看看，遂偕第四子良迟和夏文珠女士，同坐飞机而往。先到南京，中华全国美术会举行了他的作品展览。后到上海，又开了一次展览。他带去的二百多幅画，在两次展览期间，被人抢购一空，按说成绩真算不坏。回到北平，带回来的"法币"，花花绿绿，一捆一捆的，倒是好看之至，点点数目，更是大有可观。等到拿向市上去买东西，就不免倒吸几口冷气，原来这一大笔数目很好听的"法币"，竟连十袋面粉都买不到手，这真是天大的笑话。他活了八十多岁，这还是初次遇见的新鲜怪事，有苦说不出，深悔多此一行。他回来不久，十二月十九日，他的女儿良欢死了，年十九岁。良欢从小很聪明，所以乳名叫作小乖。他因良欢之死，想起了他的继室胡宝珠，心上难过得很。

▶天趣匠心：齐白石自述 》》

何处清平著老夫

一九四七年丁亥，齐白石八十七岁。胜利初期，他满心欢喜，以为从此可以过着太平日子，但不久，他就大失所望，耳闻目见，都是些出乎他意料之外的糟心之事。"接收"变成了"劫收"，到处都是贪污的声浪，这已使得他摇头叹息，连说"太不争气"。他感觉到这样的拖延下去，太平已是无望，国家的前途，也将不堪设想的了。在南方的朋友和学生们，因见华北战云弥漫，怕他高年经不起战争的惊吓，常有人劝他迁往南京、上海等地。他倒看得非常清楚，认为华北可以打仗，南京、上海，也一样可以打仗的，就用旧作的两句诗，作为答复。这两句诗是：

北房南屋少安居，何处清平著老夫。

十多年前，正值"九一八"东北沦陷之后，有位姓王的朋友，从杭州写信给他，邀他去主持西湖美术院，意思是劝他避地南行，来信写得极漂亮，说："极盼我丈南来主持，则中画前途，希望无量。"他当时用了题友人山水画的一首诗，回信去辞谢了。这首诗的开头两句,就是他此刻用来答复劝他迁往南京、上海等处的朋友和学生们的。他意料到南京和北平,已都不是清平的地方,哪有什么心绪,去奔走风尘呢?

他不接受朋友和学生们的劝告,是有他的主见的。他一生事业的成就,就得力在于能有主见。他作画、刻印、写字、作诗,既不袭人皮毛,也不拾人牙慧,都是自抒性情,独具风格,就是有主见的缘故。前四年,他题赠门人邱石冥的一篇短文,写道:"画家不要(以)能诵古人姓名多为学识,不要(以)善道今人短处多为己长。总而言之,要我行我道,下笔要我有我法。虽不得人欢誉,亦可得人诽骂,自不凡庸。借山之门客邱生之为人与画皆合予论,因书与之。"(括弧内两个"以"字,原文没有,是别人代他加的。)他虽"我行我道",下笔又"我有我法",但始终十分认真,决不肯草率从事。只因目力衰退,刻印章早已需要戴上两副眼镜,才能动刀。这几年作画,也专画大写意的花卉,偶或画些虾、蟹、鸡鸟之类,草虫是很少画的了。他画的草虫,设色淡雅,姿态生动,向为人们所珍爱。恭维他的,都说是前无古人,空前杰作。却也有一小撮人,背地指摘,说他画的都是侧形,而且方向总是朝着一面。他题画的《钟馗搔脊图》道:"不在下,偏搔下,不在上,偏搔上。搔在皮毛外,焉能知我痛痒。"他这几句话,是说那般指摘他的人,是搔不着他的痒处的。

他八十八岁时(一九四八年戊子),市面上金融,紊乱得令人头昏目眩,"法币"到了末路,简直成了废纸。十万元一个烧饼,二十万元一个最起码的小面包,吃顿早点,总要好几十万元,上馆子吃一餐普通便饭,更得千万元以上,这样大而无当的数目，真是骇人听闻。接着改换了"金圆券"，一圆折合"法币"三百万元，一眨眼间，物价飞涨，一日千变，波动得大，崩溃得快，比"法币"，可说是变本加厉。这种烂纸，信用既已扫地，没有人肯留在手中，票子到手，惟一的出路，就是争先恐后地去抢购实物。却有一批神经过敏的人，异想天开，把他的画，也当作货物看待，囤积起来。纷纷拿着一堆废纸似的"金圆券"订他的画件，一订就是几十张几百张的。起初，他虽觉得有些奇怪，倒还来者不拒，但接踵而来的，愈订愈多，案头积纸如山，看着不免心惊肉跳。他耗了许多心血，费了许多腕力，所得的代价，尽是些不值钱的票子，数目听看大得惊人，实则一张画还换不到几个烧饼。到此地步，他只得叹一口气，贴出"暂停收件"的告白，所有订件的，一概谢绝不画了。

第二辑　齐白石的一生

光明来到眼前

一九四九年,齐白石八十九岁。上年年底,北平城内,纷传人民解放军兵临城下,人人在漫长的黑夜里苦闷不堪,都有盼望天亮的感想。到了一月三十一日,即阴历己丑年正月初三日,北平正式解放了,这是惊天动地、令人兴奋的一件大喜事。他这几年来,深居简出,与世隔绝,虽尝一度南行,到过南京、上海,但是出于被动,迫不得已而去的,而且白费了许多力气,没有得到一点实惠,回来后深悔长途往返,多此一行。这次听到街上锣鼓声喧,夹杂着欢呼的人声,不由他不想出去看看。他支了拐杖,站在胡同口,看了一会儿。只见男女老少,个个笑容满面,潮涌似的排齐了队伍,欢乐沸腾地走着。走过一队,又来一队,秧歌队"冬冬切切"地响着乐器,还有高跷和小车会等,跟在后面看热闹的人,真是人山人海,拥挤不动。大家都是从黑暗中过来的,一旦光明来到眼前,哪不欢腾雀跃。他回到画室,高兴得遏制不住,连画了十几幅画,一点也不觉得疲倦,不是他家里人怕他过度劳累,拦着他叫他休息,他一鼓劲地还想画下去哩。十月一日,中华人民共和国宣告成立,定北京为国都。从此,北平就又改称为北京了。中央美术学院聘他为名誉教授,院长徐悲鸿,原是他的好友,又因黑暗换了光明,眼面前一片喜气洋洋照得他亮堂堂的,心里头有说不尽的舒畅,他就高高兴兴地接受了聘书。

一九五〇年,他九十岁。从那年起,改用公元纪年。三月间的一天下午,章行严(士钊)先生奉毛主席命,约他到中南海丰泽园去会见。北京解放后,党和政府对他深切地照顾,他感觉到新时代的新气象,和过去时常遇到的欺骗、压迫、剥削的情形,真是大不相同,自己到了风烛残年,今天才有真正幸福的日子,可算得"蔗境弥甘"的了。他曾因转达同乡友人的信给毛主席,得到主席的复信,此次又蒙主席召见,他喜出望外地去了。丰泽园内有海棠两株,各高三丈余,那时花正盛开,主席和他谈了很多的话,还一起进了晚餐。章行严先生当时即席赋诗,成了七言绝句五首。其一云:

赤制由来出素王,汉家图箓凤开张。
(原注:东汉纬学家谓春秋为汉制作,赤制字见《史晨碑》。)
微生也解当王色,粉粉朱朱壮海棠。

其二云:

棠梨本色自婀娜,海外移根作一家。
莫怨东风多顾藉,却教异种出檐牙。

其三云：

故苑春深花满畦，重来亭馆已凄迷。
残年不解胡旋舞，好下东郊入燕泥。
（原注：海棠花入燕泥干——剑南句。）

其四云：

七年曾住海棠溪，门外高花手自题。
（原注：重庆故居，余咏海棠诗甚夥。）
高意北来看未已（原注：用荆公句），分甘原属旧棠梨。

其五云：

相望万里羽音沉，海曲羁人怨诽深。
几句低回旧词句，海棠开后到如今。
（原注：时余将于役香港。）

诗前附有小引云："北京故宫丰泽园，有海棠两株，各高三丈余，庚寅三月花盛开，毛主席约余与齐白石共赏之，余即席成五绝句。"章先生的诗，他读了又读，佩服得很。他回家以后，把会见主席的经过，一字不遗地告诉了他的家里人，朋友或学生们

355

去访他，也总喜欢谈起那天的情形，他的心情，确是兴奋极了。他说："这一天，是我一生最不能忘的日子。我一辈子见过有地位有名望的人，不计其数，哪有像毛主席那样的诚挚待人，和蔼可亲，何况是人民的领袖，国家的元首哩！"他这个90老翁，顿时朝气蓬勃，好像还有九十年可活。到了十月，他把历年自存的认为精彩的作品中，拣出两件：一是一九三七年写的篆联，一是一九四一年画的鹰幅，加题了本年的年月和上下款，专诚呈给毛主席。篆联的联句是：

海为龙世界，
云是鹤家乡。

鹰幅是巨鹰雄立，顾盼生姿，大有叱咤风云的气概。这是他生平最得意的作品，原是想自己留看的，此次呈送给主席，是他对于主席表示敬佩爱戴的意思。他又写了一条字幅，句云："从群众中来，到群众中去。"是代表中华全国美术工作者协会和人民美术出版社，送给中央美术学院的。他给东北博物馆也写了一条字幅，写了七个大字道："愿天下人人长寿。"他的意思，是人们身逢了幸福的时代，日子越过越好，一定人人都会长寿的。他又撰成一副对联道："城乡处处人长寿，风雨时时龙一吟。"有人请他写字，他总喜欢写上这么两句。他还自己刻了两个印章：一是"为人民服务"，一是"乐此不疲"。他热爱社会，热爱生活，在这两方印章的词意思，可以概见的了。

那年冬天，他写了一张"白石画屋"的横额，挂在家里进门的地方，附有跋语道："南岳山上有邺侯书屋，尚存千秋，敬羡。予五十岁后，因避乡乱，来京华，心胆尚寒。于城西买一屋卖画，屋绕铁栅，如是年九十矣，尚自食其力，幸画为天下人称之。其屋，自书白石画屋，不遗子孙，留为天下人见之一叹，而后或为保管千秋，亦如邺侯书屋之有幸也。"他的愿望，很想在他身后，把画屋由公家保管，永久存在，跟南岳山上的邺侯书屋，同样地留给后人追念。

晚年的幸福生活

一九五一年，齐白石九十二岁。过去日常护理他的夏文珠女士，辞去看护职务，同乡介绍一位伍德萱女士继任。伍女士原籍江苏武进，她的父亲一向在湖南做事，她是在长沙生长大的，和他有点世交。伍女士文学很有些根底，他用了聘书，聘她为秘书，还给她取了个别名，叫作伍影。

李印泉（根源）先生上年来到北京，曾去看他，此时他画了一个扇面送了去，画的是几个葫芦。印泉先生题了一首很风趣的诗：

木人老画师，画为天下知。

这些黄葫芦，装些啥东西。

第二年（一九五二年）的春天，有人约他到颐和园拍摄电影，到了园门，因为年老行走不便，由招待的人用藤椅小车把他推了进去，在长廊的东边，乐寿堂附近的藤萝架下憩坐。晤见了汪霭士、梅兰芳等人。梅兰芳是喜欢养鸽子的，对于鸽子的品种和习性，很有经验。拍完电影，梅兰芳讲了许多关于鸽子的故事，又亲自放了几只鸽子在天空盘旋。他仔细观察鸽子飞翔的姿态，耽了半天，才兴尽而回。那年，亚洲及太平洋区域和平会议在北京召开，他为拥护世界持久和平，并庆祝大会的胜利起见，费了几个整天的时间，画了一张"丈二匹"的大幅，画的是百花与和平鸽。他用盛开的百花象征胜利，鸽子象征和平，作为对大会的献礼。

中央文史研究馆成立，聘他为馆员。十一月，苏联木偶剧院艺术指导、人民演员、斯大林奖金获得者C.奥布拉兹卓夫，以苏联艺术工作团代表身份，来到我们中国，参加中苏友好月，特去访问他。他画了一幅《三蟹图》，送给这位远道而来的苏联朋友。C.奥布拉兹卓夫很高兴地接受了，说他的画是"一个创造了自己风格的革新者"。又说是"在画中表现出对于自然的理解。然而他的作品整个风格，他的技巧，虽说实际上是个人的，但在性质上则是具有深刻的民族性的。"C.奥布拉兹卓夫回国后，著有《我在中国的日记的一部分》，其中有一段是看齐白石作画，记这事极详，刊载于《苏联文学》一九五四年二月号中。

一九五三年一月七日，即阴历壬辰年十一月二十二日，中华全国美术工作者协会和中央美术学院，在文化俱乐部，为他九十岁的寿辰，举行庆祝会。那天，参加的人很多。中央人民政府文化部周扬副部长代表文化部，授给他荣誉奖状，称他为"中国人民杰出的艺术家，在中国美术创造上有卓越的贡献"。周扬副部长在讲话时指出："齐白石先生的艺术，继承了中国绘画的现实主义传统，发挥了形神兼备的特色。由于他出身劳动者，他的作品，多取材于一般人民日常生活相接近的自然风物，具有健康、朴素的色彩。"周扬副部长又指出：三年来国画界的同人做了很多对人民有益的工作，今后应更加亲密地团结一致，共同为改进和发展中国画而努力，并向齐白石先生的艺术和他的刻苦劳动的精神学习。老舍先生在祝寿会上，从自己收藏的几幅画，谈到白石老先生艺术创造的精神和表现方法，说是去年端午节，给白石老先生送去一些粽子，老先生说："我也送给你几个粽子吧！"说着，提起笔来，就画了几个粽子，并加上了枇杷和樱桃。老舍先生说："画粽子是不容易的，我从来没见过哪个画家画过粽子，但是，人们喜欢粽子，他就细心地观察它，并表现了它。"他给老舍先生画的《雏鸡出笼图》和水墨画《蛙》，都是非常传神动人的。老舍先生又说：有一次，我用一句"蛙声十里出山泉"的诗句，请他作画，老先生为了这个题目，两夜没有睡觉，他想，蛙声怎样去表现呢？于是他没有画蛙，而是在泉里画了蝌蚪，让人们想象到，在这里是可以听到蛙声的。他就是用这种独创的精神去从事艺术创作的。田汉局长用白石老先生在九十岁时给美术学院学生的诗："半如儿女半风云"这一句来说明他的艺术风格，在他的画里，有细如儿女之情，又有如风云变化的气魄。徐悲鸿院长也说：他的笔法，有的细如雕刻，有的气势磅礴。

　　当时，参加祝寿的人，除了文艺界知名人士外，周总理于百忙中，也赶来出席，和他交谈了好久。在他生日以前，政府又把他跨车胡同的住宅，修理油饰一新。他对人说：共产党和人民政府对他这样的殷切关怀，又给他这样的荣誉，真是他一辈子做梦所没有梦到过的，叫他怎样去报答党和政府的恩情与厚德呢？过了生日，他画了两幅画：一是《旭日老松白鹤图》，一是《祝融朝日图》，把这两幅画，献给了毛主席。旭日是象征党的光明和温暖,老松和白鹤是祝颂毛主席长寿;祝融朝日是说明太阳出在湖南的意思。

他过着这样的幸福生活,衷心表示十分感谢,愿意尽他最大的努力,好好地为人民服务。那年他作的画很多,差不多画了六百来幅,是他最近十几年来,画得最多的一年。中国美术工作者协会和北京中国画研究会,都选了他当主席。全国国画展览会开幕,他挑选了几幅自认为精品之作,参加了展出。苏联《星火》杂志副总编辑维·谢·克里马申,是当今第一流水彩画家,来我国访问,特去看他,给他画了一幅像,画得神情毕肖。他看了很喜欢,说是把他的性格,都画了出来,可算得是神来妙笔。这幅画像,后曾刊载于一九五四年十二月十六日出版的《新观察》第二十四期中。他在这一年中,生活更舒适,心境更开朗,显得精神更健旺了。只有一桩使他伤心的事,九月十五日,徐悲鸿死了。徐悲鸿是他的好友,也是他作画的知己,他的画,悲鸿是十分推崇的。早年,骂他的人很多,悲鸿独排众议,有时又仗义执言,帮着他反击,不避嫌怨。他送给徐悲鸿的诗,曾道:

少年为写山水照,自娱岂欲世人称。
我法何辞万口骂,江南倾胆独徐君。
谓我心手出异怪,鬼神使之非人能。
最怜一口反万众,使我衰颜满汗淋。

他同徐悲鸿的交谊,是很深的,悲鸿死后,他悲伤得很。

幻住幻愿

三十多年前，齐白石初到北京时，住过龙泉寺，离陶然亭很近。那时，陶然亭四周，除了苇塘，便是荒冢，夏天蚊蝇丛集，秽气熏蒸。解放后，人民政府为了人民的健康，关心人民的福利，把陶然亭附近一带，大加整理，辟作公园。苇塘改成湖泊，刨出的土，堆成小丘，种了不少花木，所有坟墓，一律迁移。于是昔日一片污浊荒凉的境界，一变成为清静幽雅的地方，气象崭新，遂为城南胜境。前十年，他在陶然亭旁边，营置了生圹，因在公园范围之内，坟墓且须迁出，生圹当然不能保留，他的原来计划，也就作罢。一九五三年，我先父的遗榇，原厝在张园内的，也因城内坟墓必须迁走，就迁到西山四平台番禺叶氏的幻住园去。他知道这个消息，特意对我说："你给尊公篁溪学长和你们同乡曾刚甫等迁坟，迁到西山幻住园，这倒是块好地方，亡友罗瘿公原也葬于彼处。我想：我陶然亭生圹计划既已打消，能不能在幻住园中，乞得一席地，追附尊公及曾罗诸君之后呢？倘能办到，他年死后，与尊公及曾罗诸君，共此青山，泉下当不寂寞了。"幻住园是番禺叶遐庵（恭绰）丈的别墅，在西山山麓四平台北,面对灵光寺,风景幽美,地势高爽。别墅隙地,除了叶氏的几座坟墓之外,原只有罗瘿公借厝其中,先父和曾刚甫的迁葬,是叶丈笃念旧交,允许了我的请求。我既受他之托,再把他的愿望,去向叶丈商量,叶丈慨然答应割地相赠,嘱我转告,约期同去丈量地段。他知事已办妥,高兴得很,亲笔写了一封回信,并画了一幅《幻住园图》,托我偕同他的第五子良已,面致叶丈。叶丈答了他四首七言绝句,诗云:

> 人生有分共青山,卖画痴呆只是顽。
> 幻住那如无住好,剩添话靶落人间。

> 青山好处即蒗裘,归骨何须定首邱。
> 漫与蜉蝣争旦暮,艺灯明处照千秋。

> 人表从何位此翁,屠龙刻鹄两无功,
> 藤阴醉卧无南北,更费先生酒一盅。

> 高冢麒麟计本迁,况兼梓泽易邱墟。
> 结邻有约何须买,试写秋坟雅集图。

所谓"秋坟雅集",就是说的先父和曾罗诸公都埋葬于此。他屡次对我说起,拟趁天气晴暖之时,亲到幻住园察看地形,先去种些树木,终因他病躯不耐跋涉,因循未果。后来他逝世后,他的家人,为他卜葬于西郊湖南公墓,幻住之愿,终未能偿。

崇高的荣誉

一九五四年三月间，沈阳东北博物馆举办了"齐白石画展"，包括了他早、中、晚三期的作品一百多件。四月二十八日，中国美术家协会在故宫博物院承乾宫，也举办了"齐白石绘画展览会"，历时三星期。他选送的作品，计一百二十一件，从前清光绪二十七年辛丑他三十九岁起，到最近止。以民国二十一年（一九三二年壬申）他七十岁，到民国三十一年（一九四二年壬午）他八十岁，这十年间的作品为多。他曾经说过："予之画，稍可观者，在七十岁前后。"但他的画，总是不断改进，一九四八年他八十八岁时又曾说过："今年又添一岁，八十八矣，其画笔已稍去旧样否？"他越到老年，画笔越见"炉火纯青"，真是到了"化境"的地步。前年他为亚洲及太平洋区域和平大会所作的那幅"百花与和平鸽"大画，也在那次承乾宫里的展览会上展出，参观的人，都是啧啧叹赏，认为不可多得。八月，他的家乡湖南省的人民代表，选了他为全国人民代表大会代表，他谦虚地说："家乡人民给我最大的光荣与信任，叫我怎么能顶当得起呢？"他画了一幅画，寄给长沙《新湖南报》，请为制版印在报上，算是对于家乡人民感谢的意思。九月十五日，全国人民代表大会在中南海怀仁堂开幕，他抱着感奋的心情出席了。那天，他静听毛主席的开幕词，深恐老年善忘，他不断地用笔摘录在笔记本上。二十日，大会通过了中华人民共和国宪法，他也郑重地投了光荣的一票。

一九五五年三月底，他得到消息，黄宾虹于二十五日病逝杭州。他感觉到老朋友又少了一位，不免有点"既伤逝者，行自念也"的想法。他自那年起，体气渐见衰弱，作画刻印，常觉精力不继，脑筋也差得多了，事情很难记住，往往转身就忘。许多朋友，劝他多多休息，他总抑制不住满腔愉快的心情，仍是乘着高兴，伏案挥毫，虽比上年画得少些，这一年也仍画了三百多幅。政府关切他的生活，在地安门外雨儿胡同布置了一所精雅舒适的住房，请他搬了去住，一切饮食起居，照顾得无微不至。他感谢政府殷切的关怀，时常对人说："希望能够活到一百二十岁，多给人民贡献点薄艺，于心才安。"那年，伍德萱女士辞去，朋友介绍了一位张学贤女士继任看护的职务。十二月十一日，德意志民主共和国总理格罗提渥，副总理兼外交部长博尔茨，到我国来访问，慕他盛名，特去看他，并代表德国艺术科学院，授给他德国艺术科学院通讯院士荣誉状。这是国际间极高的荣誉。他在旧存的作品中，选出了两幅画，一幅画的是鹰，送给格罗提渥总理，一幅画的是菊花蝴蝶，送给博尔茨副总理。

一九五六年一月十四日，《北京日报》载新华社讯：苏联艺术研究院、苏联对外文化协会、美术部和东方文化博物馆等，于一月十二日晚间，在莫斯科举行晚会，庆祝中国著名画家齐白石九十六岁寿辰，参加的人很多，场面十分热烈。四月七日，世界和平理事会国际和平奖金评议委员会在斯德哥尔摩举行了会议，决定把一九五五年度的国际和平奖金，授予四位对维护世界和平事业有卓越贡献的人士，他是得奖人之一，这是我们中国获得这项荣誉的第一人。这项奖金是一份荣誉奖状，一枚金质奖章，五百万法郎。按当时的币值，五百万法郎，折合我国人民币三万五千元。消息传播，中外人士致电给他祝贺的纷纷而来。九月一日，首都隆重举行授奖仪式，世界和平理事会郭沫若副主席代表举办这次授奖仪式的中国人民保卫世界和平委员会、中国人民对外文化协会、中国美术家协会，向他致以热诚的祝贺和敬意。茅盾代表世界和平理事会国际和平奖金评议委员会，把奖金授给了他。授奖后，会上又宣读了国际友人的贺电，在京的朋友们和他的学生们，也在会上致了贺词。他接受奖金时，兴奋地说，他是"把一个普通中国人民的感情，画在画里，写在诗里"。又说："我虽已年老，但艺术的生命，是无穷无尽的。我很愿意尽一切力量，使我国有优良传统的国画，更加发扬和进步。"当场他把所得奖金的一半，长期存在银行里，每年所得利息，用"齐白石国画奖金"的名义，作为优秀国画家的奖金。这次典礼，除文艺界人士参加外，其余各界的著名人士，到的也不少，周总理也到了。他眉开颜笑，沉浸在一片欢乐的气氛中。他对于住了三十来年的跨车胡同旧居，总是时刻想念，恋恋不舍。家里又是四代同堂，儿孙曾等绕膝承欢，也是舍不得离开。所以住在雨儿胡同，并不太久，就自动请求，迁回跨车胡同旧居去了。迁回的那天，天正下着小雨，他有一个随身的大柜，也跟着他，一起搬回了家。

《 第二辑　齐白石的一生 》

身后的哀荣

　　一九五七年，齐白石九十七岁，实年九十五岁。一月间，受了点凉，医生检查，心脏血压，都还正常，只因岁数太大，身体衰弱，行动不很灵便，就不常出门了。二月十五日，文化部所属的中国木偶艺术剧团，知道他喜看木偶戏，特地选派二十多位熟练技术的同志，到他家里，专为他演出了《小放牛》《猪八戒招亲》《秧歌舞》等几个著名节目，戏台是在他住的正房院子里临时搭起来的。他往年每逢生日或过年，常常邀请皮影戏等到家演出，喜欢听戏看杂技，是他小时候相沿下来到老没变的嗜好。那年，中国画院成立，他被选为名誉院长。五月二十二日，毛主席派了两位同志去问候他起居，他当时并不觉得有什么显著的异样。但他的健康状况，却已大不如前，虽有党和政府时时刻刻悉心关怀，想尽方法来护理他，特约中西名医定期检查身体，每月又专送特别丰厚的生活必需品，还为他二次修饰住房，但总因年迈气衰，精神一天比一天地萎顿下去。不过他心里是明白的，口口声声感谢党和政府的厚待，还不断地自言自语道："毛主席太看得起我了！"直到临终，仍是这样地唠叨着。

九月十五日清早，他感觉精神恍惚，身体也很不舒适，以为还不致有多大妨害。过了中午，渐渐地有些支持不了。他的家属，请来一位中医，服了一剂汤药，并未见效。他有病请医的消息，传到了中国美术家协会，会里的负责同志，急忙请了北京医院的专任大夫来诊治，又由中西名医联合会诊，服药打针，也未好转。延至十六日下午，病势加剧，呼吸困难。四时护送至北京医院，因心脏过于衰弱，六时四十分与世长辞。十七日，各报刊出了他逝世的消息："全国人民代表大会代表、中国美术家协会主席、北京中国画院名誉院长、中央美术学院名誉教授、一九五五年国际和平奖金获得者、人民艺术家齐白石，于一九五七年九月十六日下午六时四十分在北京医院病逝，享年九十七岁。"治丧委员会委员凡二十五人，推郭沫若为主任。就在那天，遗体在北京医院入殓，灵柩是用湖南杉木所制，是他二十多年前亲自设计预先制就的。殉葬的东西有两种：一是刻着他姓名籍贯的两方石章，一是他用了三十来年的一支红漆拐杖。遗体入殓后，当日移灵北黄城根嘉兴寺殡仪馆，政府首长和各方面人士，致送花圈挽联的，多不胜计。二十二日举行公祭，国务院周恩来总理、陈毅副总理、全国人民代表大会常务委员会林伯渠副委员长、陈叔通副委员长、最高人民法院董必武院长、中共中央统战部李维汉部长、中共中央宣传部周扬副部长、文化部沈雁冰部长，以及各有关单位、各人民团体的代表，他生前的友好和他的学生，参加的共有四百多人。全国人民代表大会常务委员会沈钧儒副委员长，也在公祭前，曾来吊唁。各国驻华大使馆的代表，和他生前的外籍朋友，也都参加了。公祭时，治丧委员会主任郭沫若主祭,并致悼词,中国美术家协会副主席蔡若虹介绍了他的一生经历,钟灵代表治丧委员会宣布收到世界和平理事会和苏联等十七个国家的许多单位、团体、个人发来的四十多封唁电以及国内各地发来的许多唁电。他的家属,向与祭者行礼致谢后,移灵到西郊湖南公墓安葬。湖南公墓在西直门外魏公村附近,魏公村旧名畏吾村,明朝李东阳曾葬于此。中共中央宣传部周扬副部长,文化部夏衍副部长,齐白石生前友好、学生及家属等多人,参加了他的安葬仪式。墓地是用水泥砂石构筑的,墓前立了一块花岗石墓碑,上面刻着"湘潭齐白石墓"六个大字。墓的右侧,是他继室胡宝珠的墓。他逝后,各地报纸先后刊出悼念他的文字,连外国报纸,也有刊登的。

一九五八年,他逝世后一年。元旦起,文化部和中国美术家协会,在北京展览馆内的文化馆,举办了"齐白石遗作展览会",展出他一生所作的艺术精品,包括画件、画稿、手稿、诗集、画集、印谱及所刻石印,还有他生前所用的画桌、文具等。除了国家博物馆、艺术团体和文化部以及个人收藏的以外,都是他的家属,遵从他的遗嘱,捐献给国家的。遗作展览会在北京一再延期结束,结束后又到上海展出。沈阳、天津也都举办了展览会。苏联发行纪念世界文化名人的邮票,他也是其中之一。他一生的高尚品质和他的艺术成就,光辉灿烂,是永垂不朽的。

余 记

  齐白石的一生，可以说是与勤俭相始终。他一辈子持家和律己，处处不忘"勤俭"两字，他的生活，朴素而严肃，丝毫没有过去封建士大夫和资产阶级艺术家那样奢侈、浪漫、疏懒、颓废等种种的坏习惯。他每天起床很早，夏天，清晨四点来钟就起来了，冬天，也不过六点钟。无论冬夏，他起身总在天刚放亮，晨曦未上的时候。晚上入睡，差不多在九点钟前后，除了身体不适卧床患病，和偶或在外看戏应酬以外，从没有晚起晚睡的一天。他作画是每天的日课，向来没曾间断过，从早晨到夜晚，不是默坐构思，就是伏案挥毫，尝有诗句道："未能老懒与人齐，晨起挥毫到日西。"又有诗道：

  铁栅三间屋，笔如农器忙。
  观田牛未歇，落日照东厢。

  一生中只有几次大病和遭逢不幸事故像父母之丧等，才停笔过几天。平常日子，偶因心绪欠佳，停了一天或三两天，事后总要补画的。他题画时尝写道:"昨日大风,未曾作画,今日作此补足之,不叫一日闲过也。"他是十分珍惜时间,不让光阴虚度的。他常对学生们讲着,引用韩退之的话"业精于勤",自勉勉人。并说:"我由木匠而雕花匠,又改业画匠,直到如今,靠着卖画为生,略有一点成就,一句话概括,就在一个'勤'字。"他的画上,有的题着"白石夜灯"四字,都是在晚上灯光之下画的。到了晚年,戴着两副眼镜,照样地工作。他这种勤劳刻苦的作风,确是数十年如一日。

他的衣食用品,向来是力求俭省。穿的既不讲究,一件衣服,总得穿上好多年;吃的也很简单,平日喜欢吃的,是"炒窝瓜酱"。他早年在家乡时候,亲自种果树,种瓜豆蔬菜,一年四季,吃的水果和蔬菜,几乎都是用自己的劳力种出来的,很少花钱去买。定居北京以后,沿着旧例,照样栽种。他住在跨车胡同宅内,有葡萄树,就是他亲手种的。秋天,客来访谈,他总要摘些葡萄,请客尝尝。院内空地,又种了许多瓜菜,尝有《种瓜忆星塘老屋》诗云:

青天用意发春风,吹白人头顷刻工。
瓜土桑阴俱似旧,无人唤我作儿童。

又题画芋头的诗云:

叱犊携锄老夫事,老年趣味休相弃。
自家牛粪正如山,煨芋炉边香扑鼻。

又云：

> 万缘空尽短灯檠，谁识山翁不类僧。
> 但得老年吾手在，芋魁煨熟乐平生。

这几首诗，都是写出他种菜的意趣。他又有"饱谙尘世味，尤觉菜根香"的诗句。三十年前，他画过一页"白菜"扇面，送给我，题着："他日显扬，毋忘斯味。"又尝题画云："余有友人常谓曰，吾欲画菜，苦不得君画之似，何也？余曰，通身无蔬笋气，但苦于欲似余，何能到。"他总认为咬菜根是人立品的要著，而所说的"蔬笋气"，确能道出他的个性。他有《燕市见柿忆及儿时复忆星塘》的诗，句云："紫云山上夕阳迟，拾柿难忘食乳时。"他幼年贫苦，拾柿充饥，到了老年，景况虽是好了，依然不忘寒素。

他幼时牧牛耕田，又曾学做木匠，这些经历，老来非但并不讳言，而且还时常回味，在题画时，往往形诸笔墨。他画过《残蓑破笠图》，题句道："残蓑破笠，乃白石小时物也。老大长居燕京，以避故山兵乱，徒劳好梦归去披戴耳。"另有诗说：

> 奔驰南北复东西，一粥经营老不饥。
> 从此收将夸旧话，倦游归去再扶犁。

这是他说明自己出身于农家。他刻过几方印章，如"鲁班门下""大匠之门"等，表示他幼年学过木匠。他在七十岁左右，有时高兴。还常取出斧锯钻凿等一类的木匠工具，做些木盒等小件东西，笑着对人说："这是我的看家本领，虽说好久不动这份家伙，使用起来，有点生疏，但总不至于把师傅教的能耐，都给忘了。"他是处处不忘其本，所以这样热爱他的劳动。

他中年以后，声名渐渐地大了起来，认识的人多了，和当时的士大夫阶级，不断有了来往，但对于官僚们，却从不去趋承联络，反而深恶痛绝。他有题雁来红的诗道：

老眼遥看认作霞，群芳有几傲霜华。
陶潜未赏无人识，颜色分明胜菊花。

这首诗表明他不是随流合污的。他还有两句诗道："菰蒲安稳了余生，谋食何须入乱群。"这"乱群"两字，可说是旧社会的确切写照。他题《画鼠》诗云："汝足不长，偏能快行，目光不远，前头路须看分明。"这是劝人眼光须放远大，出处之间，也要注意。他题赠人的画道："九还喜余画，余未以为贪耳。公如为官，见钱如见山人之画，则民何以安生。此戏言也，九还吾弟勿为怒。"又有《小鼠翻灯》的诗云：

昨夜床前点灯早，待我解衣来睡倒。
寒门只打一钱油，那能供得鼠子饱。
何时乞得猫儿来，油尽灯枯天不晓。

他把鼠偷灯油，比作贪官污吏的横征暴敛，猫儿治鼠，就是希望有吏治澄清，贪污绝迹的一天。另有《鸡群》诗云："成群无数，谁霸谁王，猖獗非智，奸险非良，骄鸡轻斗终非祥。"又《斗鸡》诗末两句云："生来轻一斗，看汝首低垂。"原注："鸡斗败则低首丧气。"当时军阀混战，他把鸡斗来作比喻的。他题"不倒翁"诗，附有自注："大儿以为巧物，语余：远游时携至长安，作模样，供诸小儿之需。不知此物，天下无处不有也。"又题《八哥》诗云：

　　太平篱矮无人越，八哥见羊呼盗窃。
　　往日今朝难概论，人人忌讳休偏说。

他是说，这些祸国殃民的坏分子，已是遍地皆是，所以他题《画钟馗》的短文道："余画此钟馗像成，焚香再拜，愿天常生此好人。"希望有钟馗这样的人出来，消灭这些厉鬼。他题《残荷》诗云：

　　山池八月污泥澉，犹有残荷几瓣红。
　　笑语牡丹无厚福，收场还不到秋风。

又题《梅花》诗云：

　　花开天下正风雪，冷杀长安市上人。
　　笑倒牡丹无福命，开时虽暖已残春。

这是说军阀官僚们的好景,决不会太长久了。他题画的诗文,很多是讽刺旧社会人物,意义深长,耐人寻味。

他的绘画艺术,既不赞成"只弄笔墨,不求形似",又极反对"只求形似,不讲神韵"。他主张"形神俱备",要先深入形似,然后不再死求形似,而要讲究神韵,所谓"先入乎内,再出乎外"。他所画的,无论是鸟兽虫鱼,花卉果蔬,甚至于山水、人物,都是他实地观察来的,决不是向壁虚构。他题"画蟹"说:"余寄萍堂后,石侧有井,井上余地,平铺秋苔,苍绿错杂,尝有蟹横行其上。余细视之,蟹行其足一举一践,其足虽多,不乱规矩,世之画此者不能知。"他题"画虾"的诗后附注说:"余少时尝以棉花为饵钓大虾,虾足钳其饵,钓丝起,虾随钓丝起出水,钳犹不解。只顾一食,忘其登岸矣。"又题"画玉簪花"云:"友人凌君直支,前年有人赠以栀子花,故凌君画大佳。余今春有门人赠余玉簪花,画亦不丑。"可见他画的,都有他的根据,不是在别人的画上去抄袭来的。他幼年牧过牛,牛是他最熟悉的,画出来的各种姿态,都能栩栩如生。他曾对他的学生们说过一件故事,大意是:有一个画牛的名手,有一次画了一幅《斗牛图》,角相触,尾高举,怒态十足,自以为得意之笔。有一农夫见而笑曰:牛斗时尾夹于两股,壮夫数人,曳之且不出,今尾高举,怎能算是佳作!名手大惭,从此不敢画牛。他这话,就是说非经目睹,是要闹出笑话来的。他题"画虾"又云:"余之画虾,已经数变,初只略似,一变毕真,再变色分深淡,此三变也。"他的画,原是不断求取进步,他有诗说:"大叶粗枝亦写生,老年一笔费经营。"并不是草率从事的。"大叶粗枝"是当时骂他作品野狐禅的人常常说的,他对于这般自命不凡,而实在并没什么成就,可是嘴里却说得很像一回事的人,是很鄙视的。他题《八哥》诗云:

能言鹦鹉学难成,松下闲人耳惯倾。
两字八哥浑得似,自称以外别无能。

又题金拱北的《栖鸦图》,有句云:"声粗舌硬何人听,切勿哑哑作苦啼。"这都是指着这种人说的。他的《生日》诗,也有句说:"衰年眼底无余子,小技尊前有替人。"他说的"余子",就是"自称以外别无能"的人,"替人",指的是他的学生。他的学生中,确有很多高材,称得起他的替人。

他的跨车胡同住宅,从一九二六年迁入之后,直到他晚年,除了临终前的一两年,住过雨儿胡同不多日子外,一直住在那里。这所房屋,是北京旧式的中型住宅,不算太大。大门是向东的,平时总是关着。在一九三七年以后,为了避免敌伪们常来麻烦,大门上还贴过许多字条。进了大门,东屋三间是客厅,中间放着一条长约七八尺的红漆画案,另外一张方桌,四只藤椅。墙上贴有卖画及刻印的润例。润例的价码,在过去因为币值不稳定,他随时调整。他七十多岁时的润例,我还记得,其文如下:"余年七十有余矣,苦思休息而未能,因有恶触,心病大作,画刻日不暇给,病倦交加,故将润格增加,自必扣门人少,人若我弃,得其静养,庶保天年,是为大幸矣。白求及短减润金赊欠退换交换诸君,从此谅之,不必见面,恐触病急。余不求人介绍,有必欲介绍者,勿望酬谢。用棉料之纸,半生宣纸,他纸板厚不画。山水、人物、工细草虫、写意虫鸟皆不画。指名图绘,久已拒绝。花卉条幅,二尺十元,三尺十五元,四尺二十元(以上一尺宽)。五尺三十元,六尺四十五元,八尺七十二元(以上整纸对开)。中堂幅加倍,横幅不画。册页,八寸内页六元,一尺内八元。扇面,宽二尺者十元,一尺五寸内八元,小者不画。如有先已写字者,画笔之墨水透污字迹,不赔偿。凡画不题跋,题上款者加十元。刻印,每字四元,名印与号印,一白一朱,余印不刻。朱文,字以三分四分为度,字小不刻,字大者加。一石刻一字者不刻。金属、玉属、牙属不刻。石侧刻题跋及年月,每十字加四元。刻上款加十元。石有裂纹,动刀破裂不赔偿。随润加二。无论何人,润金先收。"客厅西边,有一个小院,院内种着一架葡萄,葡萄架下,养着一缸金鱼。葡萄架的北面,对着北正房,是他的画室,也是他的卧室。北房前面的廊子,装有铁制的栅栏,晚上拉开,是为了防备宵小觊觎而设的。铁栅栏内,置着一具棺木,在北京沦陷之时,深恐敌伪们无理威胁,他表示了视死如归的决心。现在这所住宅,他的后人,有一部分仍是住在里边。

我和齐白石老人的关系,在本文结束之时,顺便简单地说一说。他是我的世伯,又是我的老师。先父和他有同门之谊,我们交往了差不多四十个年头,一直保持着我们两代世交的深厚感情。他在一九三三年春天,叫我编写他的"自述"稿,原是预备寄给住在苏州的吴江金松岑(天翮)丈,替他撰著传记用的参考资料。因为经过好几次波折,稿子写成了一半,就停顿下来。而抄寄给金丈的,仅仅是这一半成稿中的一小部分而已,后因金丈逝世，给他撰著传记的诺言，无法实现，他虽很扫兴，却对我说："这篇稿子，何必半途而废？"就叫我继续地写下去。这样，断断续续地拖延了十多年，直到一九四八年，才算有了一点头绪。却因我的高血压症，一度十分严重，不能出门，更不能动笔，这事又给搁下。我病愈之后，还想趁他健在的时候，继续地再给他记点下来，不料时隔未久，他就去世了，这是很遗憾的一件事。现在我写他的"一生"，一九四八年以前，是根据他的"自述"整理的，一九四九年以后，是我替他补记的。回想当年斗室相对，促膝谈心的情景，恍然犹在眼前，而我这篇记录他一生的文稿，没有能够让他生前亲自过目，怎不叫我感怆万分呢！他是我国的伟大艺术家，他的正式传记，还有待于更多的力量来共同完成，我的这篇文稿，不过为这个工作，提供一些素材罢了。